الثورة
والحداثة والإسلام

79 نهج فلسطين - 1002 تونس
الهاتف : 179 785 71 (216+) الفاكس : 664 848 71 (216+)

e-mail : sud.edition@planet.tn
www.sud-editions.com

ISBN : 978-9938-01-053-4

عبدالمجيد الشرفي

الثورة
والحداثة والإسلام

حاورته كلثوم السعفي حمدة

دار الجنوب

مقدمة

إن ما حدث في تونس بين يوم 17 ديسمبر 2010 ويوم 14 جانفي 2011 والأيام القلية التي سبقته حدث تاريخي بكل المقاييس، بل هو مقياس في حد ذاته لأنه حدث مؤسس لحقبة تاريخية جديدة ليس لتونس فقط وإنما لكل العالم العربي الإسلامي.

لقد انتظرت تونس عهودا لتعيش هذه اللحظة، لحظة ذهول وجزع مشحون بالأمل حلّق فيها الضمير الجمعي والأنا الوطني في أرقى طبقات الأمل والنخوة والكرامة، حتى وإن أُجبر الجميع على النزول سريعا إلى واقع مرتبك وإلى معترك الحقيقة العارية لخوض معركة الخوف والشك. ولكن ولئن ولّت اللحظة الملحمية فإن ترددادتها ستظل أبدا تعود بهذه الشحنة الخلاقة لتحمي ذاتها بذاتها ومن ذاتها.

لقد فاجأت ثورة تونس العالم والتونسيين أنفسهم من حيث سرعتها وخرقها للأنماط المعروفة تاريخيا، حيث لم تولد من اجتماعات عامة توافقية وخطب تهييجية وشعارات تجنيد، لقد اختارت شعاراتها بتلقائية ولكن بدون ارتجال، وكانت مطالبها جاهزة وواضحة المعالم، شحذها طول الانتظار وهيجها الكبت، فنبعت عن قناعة ذاتية ووعي جماعي. لم تستند إلى إيديولوجيات يسارية أو يمينية، سياسية أو دينية. بمطالبتها بالحرية والكرامة وبفرضها إرادة الشعب دشنت ثورة تونس نمط الثورات في زمن العولمة والحداثة.

إشكالية الحداثة مطروحة في العالم العربي الإسلامي منذ القرن التاسع عشر، ويمكننا القول إن ثورة تونس أدخلت هذه الإشكالية طورا جديدا، بعد طرح الحداثة في منظومة النهضة العربية الإسلامية، ثم في إطار الدولة القومية ما بعد الاستقلال ومنظومة التقدم والنمو. واليوم افتتحت ثورة تونس «الربيع العربي» وأسست لخطاب جديد للحداثة يختلف عن خطاب النهوض بالأمة وتحرير الشعوب. شعار «الشعب يريد» و يفعل أخرج الخطاب السائد من العقم واللاّجدوى، وفرض طرحا جديدا للحداثة في بعدها الإنساني، الحداثة المبنية على المواطنة. أصبح الإنسان الفرد المواطن هو المحرك المطالب والمنجز للحداثة. والدليل أن هذه الثورة بدأت برفض فردي على مستوى المدلول، عبر عنه فعل محمد البوعزيزي، تطوّر هذا الفعل الشخصي إلى احتجاج جماعي، تحوّل إلى انتفاضة شعبية سرعان ما ارتقت إلى ثورة متجذّرة في مطالبها، متمسكة بحقّها، مصرّة على فرض إرادة الشعب، والتحرّر من القدر. الشعب يريد والقدر يستجيب، شعار جعل الحداثة مطلب الشعوب وليس فقط مطلب النخبة.

لقد منع الشعب التونسي من ممارسة قيم الحداثة وفي مقدمتها الحرية بأبعادها الفردية والعامة، ومن ممارسة حقّه في الاختيار وفرض صوته في غياب الديمقراطية، ولكنّ ذلك لم يمنعه من الإيمان بهذه المبادئ والانتماء إليها والاعتقاد في أنها حقّه الطبيعي وقدره المحتوم.

بن علي مكن، بدافع الإثراء والتجارة، الشعب التونسي بسخاء من أدوات الحداثة أو الحداثة المادية، مثل شبكات الاتصال الهاتفي والإنترنت التي دخلت أغلبية البيوت والمقاهي في مدن تونس و قراها، ولكنه منع عنهم ممارسة قيم الحداثة وروحها المتمثّلة في الحرية والمسؤولية، في المشاركة وحقّ الاختيار وتقرير المصير، فافتكها الشعب وطرده في أوّل اختيار وأوّل قرار.

لقد تظافرت في ثورة تونس أدوات الحداثة المتمثلة في التكنولوجيا، مع مبادئها وقيمها، وهي الحرية وحق الاختيار ورفض الوصاية، بممارسة الديمقراطية لتصبح ثورة تاريخية حقّقت في وقت قياسي تغييرا مذهلا مهما كانت ملابسات الواقع، لم يتنبأ به العارفون.

صحيح أنّ ثورة تونس مهما كانت تسميتها ثورة الكرامة أو ثورة الشباب أو الياسمين، باغتت الكثير في الداخل والخارج، ولم ينتبه إليها الكثير، ولم يبال بها النظام الحاكم و رئيس البلاد حتى أجبرته على الفرار المرتبك، ولم تترك وقتا لأباطرة الفساد لتأمين المنفى المريح. وصحيح أيضا أنّ الحداثة والعولمة هما معطيان أساسيان في نجاح ثورة تونس، ولكنّ العولمة على أهميتها وخدمتها للقيم الكونية، أي مبادئ الحريّة الفردية وحرية الاختيار وحقوق الإنسان بصفة عامة، لم تكن لتغلغل قيم الحداثة في الأذهان إلى درجة النضج والانتقال إلى الفعل والتطبيق لو لم تجد أرضية قابلة لذلك، أي أنّ العوامل الخارجية لم تكن لتؤثّر في سير الأحداث بهذا الحجم لو لم تكن هنالك عوامل داخلية خاصة بالشعب التونسي، وأرضية مهيأة وخصبة.

هـذه العوامل تتمثّل في رأينا في مجموعة مـن المعطيـات التي بـرزت على السـاحـة التونسية في السنـوات الأخـيرة، مـن أهمها ظهـور حركـة ثقـافية وإبداعية متميزة ورائجة، رغم التضييقات على حرية التعبير والرقابة الخانقة، تمثّلت في مسرح رائد وسينما هادفة رغم قلّة أفلامها، إلى جانب مدارس في الرسم والفنون التشكيلية. بالإضافة إلى ذلك شهدت الساحة الأدبية استفاقة أحيت الذاكرة، فمكّنت الجيـل الذي ترعرع في ظلّ التعتيم على الحقائق التاريخيّة من عناوين وكتابات نفضت الغبار عن فترات تاريخية مهمة في تاريخ تونس، خاصة مرحلة الحركة الوطنية للتحرر من الاستعمار الأجنبي وبناء الدولة الحديثة، وذلك طبعا إلى جانب إبداعات أدبية ذات لهجة متحرّرة.

أما حرية التعبير

والصحافة التي تشكّل المرض العضال للإعلام التونسي فقد وجدت متنفّسا ثمينا في المدوّنات والشبكات الاجتماعية للاتصال عبر الإنترنت، فشكّلت فضاء إعلاميا يراوغ الرقابة ويسمح بتنقّل الأخبار والأفكار.

إلى جانب الحركة الثقافية التي أنعشت المخيلة وساعدت على فتح آفاق المعرفة، هنالك عامل مهمّ جدًّا، وهو أنّ مكوّنات المجتمع المدني في تونس لم تنقطع عن الحركة والاحتجاج، رغم المضايقات الشخصية ومنعها من التعبير وعرقلة نشاطها، فظلّت الجمعيات الحقوقية تدافع عن حقوق الإنسان بصفة عامة، الحق في الحريات الفردية والعامة، حقوق المرأة والحق في الديمقراطية. وظلّت هذه الجمعيات قائمة عبر النضال الميداني تارة أو في الصالونات أحيانا أوعبر المنابر الخارجية أحيانا أخرى، متمسكة بتفعيل المجتمع المدني رغم محاولات النظام الحاكم تمييع وجودها ببعث منظمات وجمعيات صفراء و أطر مدعومة لسحب البساط منها وافتكاك شعاراتها.

ولا ننسى دور العمل النقابي الذي ظلّ قائما خاصة على مستوى الهيئات القاعدية، حتى وإن لم تكن القيادة المركزية دائما في مستوى تطلّعات هذه القواعد. لذلك كان طبيعيا أن تكون الإطارات النقابية حاضرة في صفوف المتظاهرين منذ الساعات الأولى، وأن تكون جمعية المحامين من أوّل المؤازرين لهم. هذه بعض الأسباب التي تتبادر إلى الذهن، وهناك أسباب أبعد وأعمق في حاجة إلى خبرة الباحث ورجل التاريخ يستقرئها، يكشفها لنا الأستاذ عبد المجيد الشرفي.

طبيعي أن نتوجه في هذه اللحظة التاريخية إلى الأستاذ عبد المجيد الشرفي لتقديم محاولة تحليلية، وإن كانت أولية. فتفكيره قائم على مبدأ التطور الدائم والحتمي، وكتاباته تؤسس لقطيعة واضحة مع الأشكال الماضوية ومع الفكر المتحجر وكل أشكال الدغمائية، سواء كانت سياسية أو دينية أو غيرها. وهو يدعو إلى قطيعة كاملة مع السياسات

المتسلطة في الدول العربية الإسلامية التي تكرس احتكار السلطة ومنع التفكير الحر والتعبير.

وفي المقابل يشدد على أهمية التاريخ، وقد نبه إلى تسارع نسق التاريخ الذي يدفع القيم الى التطور حسب الظروف والملابسات التي تحدث لأول مرة في أحيان كثيرة في ما يمكن أن نقول عنه اليوم إنه تنبؤ بهذه الثورات العربية.

الثورة وضعت المجتمع وجها لوجه مع كل المعارك المؤجلة، وكل المسائل المعلّقة، وكل التجارب التي لم تخض. الثورة بصفتها تعبيرا عن إرادة الشعب تحتم رفض الحلول المنقوصة، وتفرض طرحا جديدا للحداثة، حداثة غير منقوصة أو غير «مبتورة» حسب عبارة الأستاذ عبد المجيد الشرفي.

الثورة التونسية أعادت الآنية لإشكالية الدين والسياسة تحت مجهر الحداثة. إشكالية كرّس لها الأستاذ عبد المجيد الشرفي أبحاثه وكتاباته. واليوم عادت هذه الإشكالية ليس على منابر الجامعات وملتقيات النخب الفكرية، ولكن يطرحها الفرد الذي استعاد بعد الثورة مواطنته، يريد أن يفهم ويستقل بالاختيار، ويطرحها الشباب الذي استرجع بالثورة حيوية المشاركة.

من معالم الإشكالية الجديدة للحداثة التي طرحتها الثورة : كيف نؤصل مبادئ الحداثة ومطلب الثورة، في حين لا تزال تيارات تحن إلى مرجعية دينية سلفية ؟ وكيف لا يكون الدين عامل توتر وعنصر تصنيف وتفرقة، ولا يكرس الفكر الكلياني والدغمائية والثقافوية ؟ لقد قامت الثورة على مطالبة آنية وملحة بالحرية والديمقراطية، لفك حصار خانق فرضه تحالف مزمن بين هذه العوامل التي تعرقل الانغراس غير المتشنج لمبادئ الحداثة في المجتمع ولطرح الدين المنسجم مع واقع المجتمع ومتطلبات عصره. مسألة كانت دائما في صلب تفكير الأستاذ عبد المجيد الشرفي.

الفجر الذي انبلج مع الثورة والاستفاقة الشعبية وما نتج عنها من تمرّد على سياسة الأمر الواقع وثقافة القدر المحتوم فتح المجال لبناء مشروع مجتمعي حداثي جديد يعبر عنه دستور جديد للجمهورية، يكون بمثابة الميثاق الاجتماعي والحضاري لمرحلة جديدة في تاريخ تونس، يرسخ هويتها الحداثية وانصهارها في المبادئ الكونية، عمادها الديمقراطية والمبادئ التي ترتكز عليها، والتي تشكل جوهر الحداثة، كحرية الاختيار والتعبير التي تفترض بدورها التعددية الفكرية والحزبية والحريات العامة و الفردية.

رغم القفزة الهائلة في لجّ الحداثة التي عبرت عنها الثورة الشعبية وانعتاقها من الإيديولوجيات السياسية والدينية، عادت هذه الإيديولوجيات مستفيدة من الوضع الذي أفرزته الثورة، وعاد الجدل بين القوى التحديثية العلمانية والإيديولوجيا التي ترتكز على الفكر الديني القائم على دغمائية الفكر الواحد والنمط الواحد والفهم المتحجر للماضي والحاضر، تعبر عنها الحركات الإسلاموية التي تريد إقحام المرجعية الدينية، ولو بشكل صوري ومحدود، في تنظيم المجتمع، ورفع راية الهوية والخصوصية في وجه الحداثة والكونية، يعود معها الإسلام عامل تشنج يعيق التأصيل الهادئ للحداثة في المجتمع، إسلام ينظر قبلة الماضي، حتى وإن أدرك أصحاب هذا الخطاب أنّ الحاضر والمستقبل منسجمان مع واقع الحداثة لا محالة.

مع الأستاذ عبد المجيد الشرفي أردت أن أخوض في هذه الإشكاليات: كيف تساعد الديناميكية التي أحدثتها الثورة على تأسيس خطاب لا يكون معاديا للحداثة معرقلا لتأصيلها في المجتمع، ولا تكون الحداثة معادية للإسلام، ولا تفهم العلمانية على أنها كراهية للإسلام، ولا تعني طرد الدين من المجتمع وإقصاء التدين. ولكنّ هذا لا يعني في نفس الوقت

القبـول بالخطـاب الذي يريـد تقييـد المجتمـع بإسـلام يقوم على مبادئ جامدة تتنافى مع العقل الحديث ولا تنسجم مع واقع العصر وتطور التاريخ.

كيف يمكن أن نفتح أفق الإيمان ومجال العقل بشكل نصبح فيه قادرين على التمييز بين الإسلام الذي يختزل العقيدة في مجموعة من التمثلات الدغمائية والمقولات المتحجرة التي تحصرها في رؤية أحادية ضيقة، والإسلام القائم على مبادئ الإيمان الذي يغذي الروح ويسمو بالذات البشرية ؟

كيف نعمل على تعميم الوعي بإسلام يحمل الحداثة في روحه، وحداثة تتسع للقيم الدينية التي تحفّز على التطور والانفتاح، وتقوم على الحرية والمسؤولية ؟

استخدام الدين لأهداف سياسية انتخابية في الفترة الانتقالية التي تلت سقـوط نظام بن علي، وعـودة الحركـات التي ترتكز بدرجات متفاوتـة على الفكر الديني الإسلامي إلى التشكيك في «المكتسبات» الحداثية للمجتمع التونسي، والتحجج بـ«الهوية» الإسلامية للتحكم في الاختيارات الاجتماعية والاقتصادية، وتضييق الحريات الفردية والعامة، التي كانت أهم إنجاز للثورة، يحتم إعادة طرح السؤال الجوهري : هل يمكن تحديث المجتمع بدون تحديث الفكر الديني ؟ بدون الخـوض في «المسكوت عنه» و«المغيب» و«غير المفكر فيه» ؟ وبدون مواجهة الإسلام بتاريخه ؟

هذه الإشكاليات التي أحيتها الثورة هي في صلب تفكير الأستاذ عبد المجيد الشرفي، وموضوع أبحاثه وكتاباته التي باتت مرجعا منذ أصدر كتابه «الإسلام و الحداثة» منذ حوالي عشرين سنة وأهداه إلى «فتيات تونس وشبانها»، واعتبرتُ نفسي معنية بذلك الإهداء في تلك الفترة، وأجريت معه حديثا إذاعيا في برنامج «تداعيات» حول محور أسلمة

الحداثة وتحديث الإسلام نشرت جزءا منه في كتاب «نحن و الغرب»[*]. منذ ذلك التاريخ أضاف الأستاذ عبد المجيد الشرفي «لبنات» أخرى إلى التفكير في الإسلام والحداثة وضرورة تحديث الفكر الإسلامي. واليوم نعود إلى التداعيات الجديدة لهذه الإشكالية وقد فرضتها الثورة التونسية بشكل لم يعد يتحمل المراوغة والتأجيل.

كلثوم السعفي حمدة

باريس، سبتمبر 2011

---

* برنامج «تداعيات» كنت أنتجته للإذاعة الوطنية التونسية سنة 1990، حاز على جائزة جمعية الصحافيين التونسيين لأحسن برنامج ثقافي إذاعي. ونشرت جزءا من الحوار مع الأستاذ عبد المجيد الشرفي في كتاب «نحن و الغرب» الصادر عن مؤسسات بن عبد الله للنشر سنة 1991.

«لا بدّ عند إثارة قضية الثورة العنيفة من التنبيه الى فساد الآراء المسبقة المتعلقة بها في كثير

من الأذهان :

من الخطإ اعتبار العنف في الثورة مرادفا للحقد والكراهية حتى مع العلم بأن الثورة لا تعرف

التسامح في مرحلتها الأولى وقبل أن تنجح في تقويض أسس النظام الذي تقاومه. فالعدالة قد تلجأ

إلى العنف لتردع المعتدين وتقتصّ منهم وليس العنف فيها حقدا ولا كراهية. وكذلك الشأن بالنسبة

إلى الثورة.

إنّ جميع الثوريين يرفضون رفضا باتا العنف المجاني والفوضوي الأعمى ويعتبرونه تبذيرا

للطاقة فيطلقون عليه مختلف التسميات المحقرة مثل: سبيل المغامرة والرومنسية والطفولية.

إن الثورة ليست نهاية لشيء صالح مسبقا وهو النظام القائم وإنما هي نهاية حالة غير محتملة،

وحرية الإنسان وكرامته هما معيار الحكم على الحاضر، لا الاستقرار بكل ثمن، فالاستقرار قد يدلّ

على الحياة كما يدلّ على الجمود والموت.

إنّ الثورة كثيرا ما تلتبس بحركات العصيان والتمرد التي يحلّ فيها حكم أقلية جائرة محلّ

حكم أقلية أخرى مهما كانت الشعارات التي تنادي بها، وتبقى حالة الشعب على ما كانت عليه

قبل التغيير الحاصل في قمة النظام.

فإذا خلّصنا الثورة من هذه الآراء المسبقة الخاطئة وجب أن نعرّفها بأنها الإستراتيجيا التي

يتبناها المستضعفون لتفكيك هيكل التعسف والاضطهاد عندما يقوم الدليل على أنّ قوى الفوضى

الاجتماعية

والاقتصادية المستقرّة لا يمكنها التطوّر بمحض إرادتها نحو أشكال من العلاقات محرّرة للفرد وللمجموعة. فالثورة إذن ترسم لنفسها هدفا قد يقتضي المرور بفترة من العنف والتخريب، ولكنها تسعى أوّلا وبالذات إلى شقّ سبيل ثابت نحو بناء مجتمع تسوده الحرية والعدالة الاجتماعية، ولا يكون فيه المواطن مجرّد رقم أو بيدق لا حول له ولا قوّة. وأهمّ ما فيها «استواؤها في نظام جديد يصبح فيه تناوب الحكم دوريا وسلميا وقانونيا» [*].

والثورة بهذا المعنى إنمائية بنّاءة أو لا تكون. لكننا نسارع فنقول إن النمو الذي هو هدف الثورة ليس فقط زيادة الدخل القومي ومضاعفته باستمرار، إنه لا يعني الانتقال من نظام تسوده الحاجة الى مجتمع متخم يكون فيه الاستهلاك المطّرد غاية في حد ذاته وتنعدم فيه القيم الإنسانية ويفلت فيه مصير الإنسان من بين يديه و هو مخدّر» [**].

---

[*] جملة لحسن صعب.

[**] عبد المجيد الشرفي، «لبنات» دار الجنوب للنشر 1994، ص. 198

هذا النصّ الذي يخوض في مشروعية الثورة كتبه الأستاذ عبد المجيد الشرفي سنة 1974 ونشر في كتابه «لبنات» سنة 1994 بدا لنا، رغم أنه كتب في ظروف مغايرة، على علاقة بالوضع الراهن للثورة في تونس وفي البلدان العربية، دون أن نقصد أنه نوع من التنظير لهذه الثورات. ولكن نجد في هذا النصّ وصفا ينطبق الى حد بعيد على ما حدث ويحدث في تونس بعد 17 ديسمبر 2011.

الثورة التونسية

ك. س: الواضح أنّ ثورة تونس لم تكن ثورة على النمط الكلاسيكي، أي أنها تقوم على إثر تحضير مخطّط ويقودها زعيم وتستند إلى إيديولوجيا معيّنة. وهو ما ولّد نقاشا وأخذا وردا في صفوف المثقّفين خاصة، حول تسميتها. هل هي فعلا «ثورة» ؟

عبد المجيد الشرفي : مهما كانت تسمية هذه الأحداث لا بد أن نأخذ بعين الاعتبار الخصائص التي تميزت بها، ورغم أن الظروف الذي حصلت فيها هذه الثورة قريبة منّا فإننا سنحاول أن نتفهم ما تتميز به عن غيرها من الانتفاضات وعمّا يجري في البلدان العربية الأخرى كذلك.

إن لم يكن في ثورة تونس زعامة وتأطير ظاهر على الأقلّ فإنّ فيها تراكما لا بدّ من الانتباه إليه. وهو تراكم لعوامل مستمدّة من التاريخ القريب ومن التاريخ البعيد، وأيضا من الأحداث المعيشة في السنوات الأخيرة. الحادث المعزول لا يولِّد شرارة تشعل ثورة. لا بدّ أن نعترف بفضل الذين كانوا وراء هذه التراكمات، هناك أناس ضحّوا بحريّتهم وزُجّ بهم في السجون وعُذِّبوا وقُتلوا. هناك أناس حاولوا بوسائل فنيّة وفكريّة أو عبر تنظيمات بسيطة أو عبر الإعلام عن طريق المنابر في الخارج عندما يستحيل التعبير في الدّاخل. كل هذه حركات وجهود مهّدت

السبيل للثّورة. لم يكن ممكنا للثّورة أن تقوم لولا تراكم هذه العوامل، تماما كما أنّه لولا حركة الأنوار في القرن الثامن عشر لما قامت الثورة الفرنسيّة. لذلك فأنا أعتقد أنّ الثورة التونسيّة لم تكن كثورات بلدان أوروبّا الشرقيّة، لأنّ هذه البلدان كانت بمثابة من يقطف ثمرة ناضجة بعد سقوط الإتّحاد السّوفييتي. بولونيا وتشيكوسلوفاكيا وغيرهما من بلدان أوروبّا الشرقيّة لم تشهد زلزالا أو رجّة في المجتمع، كان الناس يتوقّعون ما حدث ويعتبرون سقوط الأنظمة القائمة أمرا طبيعيّا. الأمر اختلف تماما في تونس. ما يمكن أن يكون دليلا إضافيّا على أنّنا نعيش ثورة أنّ من حاول أن يحكم بوجود رموز النظام الذي أُسقط مُنع من ذلك، فأُسقطت حكومة الغنّوشي الأولى والثّانية لأنّ الأغلبيّة السّاحقة من التونسيين كانت تريد القطع مع النظام السّابق.

ك. س: تهتمّون في تحليلاتكم بصفة عامّة بالعوامل السوسيولوجيّة العميقة في المجتمعات وتعتمدون على التّاريخ كمعطى أساسيّ لقراءة وتفسير الواقع. ما هو تحليلكم للعوامل التي أدت الى ثورة تونس؟ كيف يتحوّل احتجاج فردي يكاد يكون معزولا في البداية إلى تمرّد جماعي؟ كيف حصل هذا الانفجار الذي لم يكن متوقّعا؟

عبد المجيد الشرفي : لا شك أن لهذه الثورة أسبابا بعيدة وأسبابا قريبة. الأسباب البعيدة ربما تبدأ من تجذّر حركة الإصلاح وحركة التحديث في تونس. فمن المعروف أنّ من يكون في وضع بائس ثقافيا وماديا واجتماعيا يكون عادة خانعا خاضعا، وإذا انتفض فإن انتفاضته لا تؤدي إلى نتيجة. لم يكن هذا شأن الثورة التونسية الحالية لأن الذين ثاروا من فئات اجتماعية متعددة لم يكونوا راضين عن الوضع القائم ولكنهم

في الآن نفسه كانو يعرفون ما هو البديل لهذا النظام القائم، على الأقل في خطوطه العريضة. لنقل منذ الآن إن البديل كان نظاما غير استبدادي. هو النظام الديمقراطي بصفة عامة.

من الأسباب البعيدة كذلك أن المجتمع التونسي مجتمع انتشر فيه التعليم بفضل المجهود الذي بدأ منذ بداية القرن العشرين بإحداث المدارس الأهلية التي كانت تسمى مدارس قرآنية وبالخصوص منذ الاستقلال، إذ تم تعميم التعليم على الذكور والإناث. وهذا العامل في نظري أساسي.

نضيف إلى الأسباب البعيدة لهذه الثورة أن الجهات التي قامت فيها الثورة في بدايتها كانت جهات عرفت في تاريخها انتفاضات هامة منذ بداية القرن التاسع عشر بالنسبة إلى ولاية القصرين مثل حركة علي بن غذاهم. بالإضافة إلى ذلك كان للمقاومين المسلحين، «الفلاڤة» بلغة ذلك العصر عند المستعمرين، دور كبير في ولاية سيدي بوزيد مثلا. هؤلاء عندما نُزع سلاحهم في الفترة التي أعقبت اتفاقيات الحكم الذاتي سنة 1955 ثم بعد الاستقلال مباشرة، لم يُعترف لهم كثيرا بالجميل، فلقد تم تهميشهم. ونحن نعلم أنّ الأحداث التاريخية التي لها طابع رمزي تبقى بصفة عامة مخزونة في الضّمير الجمعي وتنتظر الشرارة التي تفجرها.

ك. س: هل تشيرون هنا إلى الأحداث التاريخية أم تقصدون التركيبة القبلية القديمة المتجذّرة في هذه المناطق الدّاخليّة للجمهوريّة التونسيّة؟

عبد المجيد الشرفي: العامل القبلي في نظري هو من الأسباب القريبة لا البعيدة. من الأسباب القريبة لأن الشعور القبلي قد يكون دافعا للذين

تظاهروا في البداية احتجاجا على قتل الشرطة عددا من المتظاهرين.
لقد لعب التّضامن القبلي دورا في تواصل المقاومة والمظاهرات، ولكن لم
يكن هذا العامل وحده حاسما.

ذكرنا بعض الأسباب البعيدة، وهناك أيضا أسباب قريبة. من
بينها أن هذه الجهات من الجمهوريـة التونسيـة شهدت تراكمـات
لحركات مقاومة للنظام الحاكم الذي همّش الجهات الداخلية للبلاد.
بدأت هذه الحركات الاحتجاجية في الحوض المنجمي ثم في بن قردان،
في سيدي بوزيد والقصرين. هذا التراكـم الذي بـدأ منذ سنة 2008
جاء في ظرف يتّسم بالأزمة الاقتصادية العالمية التي كان لها انعكـاس
على تونس. فنظام بن علي كـان يراهـن على أن ازديـاد النمـــو
– وهنا لا بدّ مـن التوضيـح : النمو «la croissance» وليـس التنميـة le
développement – النمـوّ المطّرد من شأنه أن يجعل الناس لا يثورون على
النّظام ولا يعارضونه، لا سيما وأنهم يجدون إمكانية لتلبية حاجياتهم
المادية ومطالبهم في العيش الكريم المرفه نسبيّا. عندما جاءت الأزمة
الاقتصادية كان من نتائجها تفاقم البطالة، وكان هذا ناقوس خطر
بالنسبة إلى أي نظام هشّ كنظام بن علي.

من الأسباب القريبة كذلك أن السنوات الأخيرة بالخصوص من حكم
بن علي شهدت نوعا من التكالب على نهب المال العامّ لفائدة بن علي
وزوجته وأقاربه بصفة لم تعد مقبولة بالنسبة إلى الضمير التونسي مهما
كان، وذلك بصرف النظر عمّا إذا كان الرئيس بن علي مستفيدا أو غير
مستفيد. لقد أصبح هناك نوع من التفاوت في الثروة لم يتعوّد عليه
التونسيون. هذا التفاوت لصالح أناس كانوا قبل مدة وجيزة من أوساط
دنيا ثمّ أصبحوا بين عشيّة وضحاها من أغنى أغنياء البلاد، لا يقبله
التونسي بصفة عامة.

ك. س: لا يقبله التونسي من منطلق طبقي أو مـن منطلـق أخلاقي؟

عبد المجيد الشرفي : من ناحية أخلاقية، التونسي لا يقبل لا الثّراء الفاحش ولا الفقر المدقع، لأن الطبقة الوسطى في تونس أهمّ بكثير من الطّبقات الوسطى في الكثير من البلدان المجاورة والبلاد الشقيقة. لذلك عندما نشأت هذه الفئة الضيقة التي استفادت من حكم بن علي لتكديس الثروات على حساب المال العام فإن ذلك مثّل صدمة للشعور العام لدى التونسيين.

يمكن أن نضيف أيضا إلى هذه الأسباب أن حكم بن علي البوليسي في الأساس أغلق شيئا فشيئا كل المنافذ التي يعبر بها الناس عن آرائهم وعن مواقفهم وتطلعاتهم فضلا عن معارضتهم. ونتيجة لذلك أصبحت البلاد كلها بمثابة القدر الذي يغلي والذي لا بد أن ينفجر في يوم من الأيام. وهذا الانفجار قد حصل بانتحار محمّد البوعزيزي. لقد كان ذلك الانتحار بمثابة القطرة التي أفاضت الكأس، ولكن لولا هذا السلوك الذي منع كلّ مجالات التعبير ومجالات النقد والحرية ، لولا ذلك لما حصل ردّ فعل بهذه الطريقة.

ك. س: من الظواهر الحديثة ومن خصوصيات الثورة التونسيّة، أن حاملي الشهادات كانوا عنصرا مركزيّا وحاسما في الثورة التّونسيّة، في حين أن حاملي الشهادات ليسوا تقليديا من الطّبقات المعدمة الثائرة، فأصبحوا بعامل البطالة من جهة وما حصّلوه من علم عنصر تمرّد، هذه خاصية تاريخية جديدة.

عبد المجيد الشرفي : صحيح هي تاريخيا ظاهرة جديدة، ولكن لا

بد من تحليل هذه الظاهرة أيضا. فأصحاب الشّهادات العليا يحملون بالفعل شهادات عليا ولكن ما هي القيمة الفعليّة لهذه الشهادات التي يحملونها؟ لقد قضى نظام بن علي إما عمدا أو بطريقة لا واعية على النّظام التعليمي التونسي في مختلف مراحله من الابتدائي إلى الجامعي. التقارير المعروفـــة بـ PISA ونشرتها منظمة التعاون OCDE سنوات 2003 و 2006 و2009 - وهى تقارير شاركت في إعدادها الحكومة التونسية نفسها، حيث كانت وزارة التربية طرفا في هذا التقييم لنظم التعليم - تبيّن أن تونس رغم إنفاقها المحترم والمتميّز عن كل البلدان، تحتل مرتبة دنيا، هي في آخر الترتيبات المتعلقة بمردودية التعليم.

من حيث الكيف لم يكن النظام يستجيب لما يتطلّبه أيّ نظام تعليمي حديث من إذكاء ملكة النّقد لدى التلميذ وترسيخ الاعتداد بالذّات وتكوين الشخصية، وإنما كان نظاما يعتمد على التّلقين والحفظ، وكان نظاما يأخذ بعين الاعتبار النواحي الشعبويّة فقط. من ذلك أن التلاميذ ينجحون في البكالوريا باحتساب 25 بالمئة من معدّلاتهم أثناء السّنة الأخيرة من التعليم الثانوي، ونحن نعرف أن هذه المعدلات متأثّرة بالدّروس الخصوصيّة التي كان التلامذة مجبرين على تلقِّيها، أي أنّ الشّهادات لم تكن تعكس مستوى التّلاميذ الحقيقي. على مستوى الأساتذة والإطار التدريسي كانت السياسة الرسمية تعمل على إفراغ الجامعة من كفاءاتها، فالقانون الذي سُنّ منذ 1988 يحدد سنّ تقاعد الجامعيين بستين سنة، وذلك للتخّلص من جيل كامل من الجامعيين المتمكّنين والقادرين على أن يقولوا لا. و الإحصائيات التي كانت وزارة التعليم العالي تنشرها في السّنوات الأخيرة تبيّـن أن أكثر من نصف الذين يدرّسون في الجامعة لا ينتمون إلى أي صنف من أصناف مدرّسي التّعليم العالي، فهم ليسوا مساعدين أو أساتذة مساعدين وليسوا أساتذة محاضرين ولا أساتذة تعليم عال.

هم متعاقدون وموظفون من وزارات أخرى ملحقون بالتّعليم العالي، أو أساتذة تعليم ثانوي.

ك. س: يعني أنّ الخلل حصل على مستوى البرامج والإطار التدريسي والتربوي الذي يشرف على التكوين؟

عبد المجيد الشرفي: بالنّسبة إلى هذا المجال بالذات الإحصائيات تبيّن أن لنا في هذه السنة 350 ألف طالب و لنا 1750 أستاذ وأستاذ محاضر، يعني أن نسبة التأطير هزيلة جدا. فأصحاب الشهادات هؤلاء يحملون فعلا شهادات ولكن قيمة هذه الشهادات الجامعية مشكوك فيها لأنّها لا تؤهّلهم للحصول على شغل، وهي لا تعكس مستواهم الحقيقي.

ك. س: يمكن أن نضيف إلى ذلك العامل الاقتصادي أي أن هذه الشهادات لا تتكافأ مع سوق الشغل. الخيارات الاقتصادية موجهة إلى قطاعات لا تشغل يدا عاملة تحمل شهادات جامعية مثل السياحة أو قطاع الخدمات. لم تكن هنالك ملاءمة بين قطاعات التخصّص في التعليم والخيارات الاقتصاديّة للبلاد.

عبد المجيد الشرفي: لا شكّ أنّه لا بدّ من إعادة النظر فيما يتعلّق بمنوال التنمية والاختيارات الاقتصادية للبلاد، ولكن في مستوى التعليم القضية الظاهرة والجديدة نسبيا هي أن الارتقاء في السلّم الاجتماعي لم يعد يستند إلى الكفاءة الذاتيّة بل أصبحت هناك عوامل أخرى تتمثّل في المال والجاه والقرابة من المسؤولين أو الذين بيدهم دواليب الدولة، والرشوة هي التي أصبحت المعيار في الارتقاء في السلّم الاجتماعي.

عندما لا تقوم المدرسة بجميع مراحلها بوظيفة توفير الحراك الاجتماعي فإنها تصبح في أزمة. ولذلك فإن أصحاب الشهادات العليا الذين يعدّون بعشرات الآلاف، نحو 150 ألف تقريبا، هؤلاء هم الآن أنفسهم ضحايا اختيارات اقتصادية واختيارات تربوية، وكانوا بلا شك من الذين قاموا بدور كبير في الأحداث التي شهدتها الثورة، ولكن لا ينبغي أن نعتبرهم هم وحدهم الذين قادوا هذه الثورة أو كانوا فاعلين فيها أو أنّهم كانوا السّبب في اندلاعها.

البطالة بصفة عامة وبطالة حاملي الشّهادات ظاهرة تعرفها تونس منذ عقود وليست جديدة، الجديد هو أنها عوض أن تتقلص قد تفاقمت مع وجود الظلم والاستبداد وغياب الحرية. هذه العوامل مجتمعة ولّدت الانفجار ولكن لا يمكن أن نعتبر أن مجرد وجود أصحاب الشّهادات العاطلين عن العمل سبّب الثورة أو أنّ الثورة قد قامت إما على أكتافهم هم أو بسببهم هم فقط.

ك. س: نتحدث كثيرا عن ثورة الشباب، هل هي بالفعل كذلك؟ من الثابت أنه كانت لشباب تونس الأسبقية في الوقوف في وجه القمع والخروج للشّارع ولكن هل هذا يكفي لكي نسميها ثورة الشباب خاصّة وأنه قد التحم بها غير الشباب منذ المراحل الأولى؟

عبد المجيد الشرفي : أنا لا يحرجني أن تسمّى ثورة الشباب. ولِمَ لا ؟ لأن الشّباب في كل الأحداث العمومية بصفة عامة، التي لا تخص الأفراد فقط وإنما تخصّ الجماعات، هم قوة التغيير. في نهاية الأمر لا يمكن أن نطلب من المسِنّين أن يقوموا بهذا الدّور. المسنّون بصفة عامّة محافظون بينما الشّباب متطلّع إلى التغيير، متطلع إلى الأفضل. فأن تكون هذه

الثورة هي ثورة شباب نعم، لكن لا يعني ذلك أن الشّباب بمفردهم قد قاموا بهذه الثورة، فهم كانوا وقود الثورة أكثر مما كانوا وحدهم الذين أنجزوها. الشباب هم الذين كانوا قادرين على الخروج إلى الشوارع، ولكنّهم كانوا كذلك مؤطرين، فالكثير من الحركات كانت وراء الشعارات التي رفعها الشّباب. التأطير تفاوت من وضعية إلى أخرى، وقد قام به مناضلون قاعديون سواء من النقابيين أو من أفراد المجتمع المدني النّاشطين والواعين. هؤلاء بكل تأكيد كانوا حاضرين وفاعلين في سيدي بوزيد وفي القصرين والمدن الأخرى، لأنّه لا يمكن أن ترفع نفس الشعارات في مظاهرات مختلفة دون أن يكون هناك من يوحي بها ومن يدفع إليها. لقد كان هنالك تأطير في نظري ولكن ليس بمعنى القيادة بل بمعنى الالتحام مع هذا الشباب وهذه الجموع لتمكينها من أن تعبر عن نفسها.

ك. س: الذين تظاهروا في اللحظات الأولى إثر إحراق البوعزيزي نفسه كانوا من أهله وأقربائه وأصدقائه أي الشرارة الأولى للثورة كانت خارجة عن أيّ تأطير بل كانت ردة فعل.

عبد المجيد الشرفي : نعم، ولكن ردة الفعل عادة في مثل هذه الأحداث تكون بالقيام بمظاهرة ثم تنطفئ.

ك. س: لكن في تونس كنا قد فقدنا منذ زمن طويل الخروج إلى الشارع للتظاهر أو ردّ الفعل العمومي.

عبد المجيد الشرفي: عندما تصل الأمور إلى مأزق ووضع تنعدم فيه

الخيارات الأخرى لا يبقى إلاّ التمرّد على السلطة. عندها تشتعل كنار في الهشيم وتنتشر. ويمكن أن تكون الشرارة أيّ شيء، ولقد عشنا هذا في الأحداث التي عرفتها تونس في 26 جانفي 1978 ثم فيما عرف بأحداث الخبز سنة 1984.

ك. س: لكن هذه الأحداث كانت مؤطّرة حيث كانت النقابات حاضرة وهي التي هيّأت الظروف خلافا لما حدث في سيدي بوزيد؟

عبد المجيد الشرفي: هذا صحيح بالنسبة إلى أحداث 26 جانفي، ولكن ليس صحيحا بالنسبة إلى أحداث الخبز سنة 1984. فهذه الاحتجاجات انطلقت من الولايات الداخلية قبل أن تصل إلى تونس العاصمة ولم تكن مؤطّرة. كانت انتفاضة لم تؤدّ إلى ثورة. ما حدث في سيدي بوزيد كان انتفاضة ثم أصبح ثورة عندما عمّت الاحتجاجات ولايات أخرى ثمّ وصلت إلى تونس العاصمة.

عندما ننظر إلى هذه الأحداث لا يمكن أن نعزل عاملا عن العوامل الأخرى المؤثرة فيها. لن نتمكّن من فهم ما حصل إذا عزلنا عامل بطالة حاملي الشهادات العليا وعامل العصبيّة التي كانت موجودة في سيدي بوزيد. لا نستطيع أن نفهم الثورة التي حصلت لو اختزلناها في الصعوبات الاقتصادية والظلم والقهر والاستبداد والتعدي على أملاك الناس والنّهب الذي حصل في آخر عهد بن علي. كلّ هذه العوامل لا تكفي إذا أخذناها منفصلة لتفسير ما حصل. تظافر كل هذه العوامل هو الذي أدّى إلى أن تنقلب هذه الانتفاضة إلى ثورة عندما انتقلت هذه الاحتجاجات من سيدي بوزيد إلى القرى المجاورة مثل منزل بوزيّان والرقاب وقرى ولاية القصرين. كان يمكن أن تبقى في نفس مستوى

الأحداث التي حصلت في الحوض المنجمي أي الرديف وأمّ العرائس والمتلوي، ولا تخرج عن ولاية قفصة. هنالك عوامل اختصّت بها أحداث سيدي بوزيد جعلتها تتحوّل إلى ثورة. نذكر في أوّلها السّلوك القمعي الوحشي الذي تعرّض له الأهالي خلافا لما حصل في الحوض المنجمي حيث كانت السلطة في البداية تحاور وتراوغ ولم تلجأ إلى الحلّ الأمني إلاّ في نهاية المطاف عندما كانت الأزمة على وشك الحلّ أي بعد أربعة أشهر من المفاوضات والأخذ والردّ وبعض التنازلات. في سيدي بوزيد كان ردّ فعل النظام يتّسم بالعسف وبإرادة واضحة لكسر ذراع المتظاهرين، وهو ما ولّد شعورا بضرورة المقاومة وجذّر التمرّد. كذلك كان يمكن أن يقتصر الأمر على هذه الولايات الدّاخليّة لو لم يخرج المحامون في القصرين إلى الشارع للاحتجاج ولم يتم تصوير احتجاجهم وبثّ صور المظاهرات على التلفزات الأجنبية وخاصّة قناة الجزيرة. كان هذا شيئا مهمّا وجديدا بالنسبة إلى النّاس. المحامون كانوا من الهيئات القليلة في تونس التي تستطيع أن تقوم بهذا العمل الاحتجاجي لأنّ عمادة المحامين كانت منتخبة بصفة ديمقراطيّة واضطرّت السلطة إلى قبولها. وقوف المحامين وقفة احتجاجية وتصوير ذلك أدّى إلى تضامن هيئة المحامين في تونس العاصمة ونقل الأحداث إلى العاصمة، فأصبحت المسألة وطنيّة. لم تعد حركة مطلبية مقتصرة على وضع اقتصادي أو سياسي معين أو منحصرة في جهة معينة بل أصبحت وطنيّة تهمّ كلّ التونسيين. عندما تعرّض المحامون للضرب وتم إيقاف عدد منهم على مرأى ومسمع من الصحافيين خرجت المسألة عن نطاق الاحتواء من طرف الشرطة.

ك. س: أشرتم إلى ردّ الفعل العنيف الذي واجه به النظام المتظاهرين، وما يفسّر ردّة الفعل الشعبيّة المفاجئة في الحقيقة، أنّ

عمليّة القتل والعنف الوحشى شيء لا يتحمّله الضمير التونسي الذي لم يعش في تاريخه الحديث أحداثا دمويّة، حتى في فترة مقاومة الاستعمار كانت الأحداث التي شهدت قتلا محدودة نسبيا كما أنّ البلاد لم تعرف حروبا أو اقتتالا داخليّا. ما حصل من قتل متعمّد للمتظاهرين في تالة والقصرين شكّل صدمة في الضمير الجمعي سهّلت الالتحام الشعبي والاتحاد ضدّ النظام وآلاته.

عبد المجيد الشرفي: لا شكّ أيضا أنّ الضمير التونسي لا يقبل هذا العدد من القتلى، وهو غير متعود على ذلك. رفض التونسيين لهذا العنف غير المبرّر يجعلنا ننوّه بخصائص هذه الثورة. لم يكن المتظاهرون يحملون سلاحا، لقد كان العنف من جانب واحد. من مزايا هذه الثورة ومن إيجابيّاتها أنّها كانت ثورة سلميّة. ردّة الفعل العنيفة جاءت من طرف السلطة. هنالك خاصية أخرى لهذه الثورة، وهي أنّ الشعارات التي رفعها المتظاهرون كانت مدنيّة ولم تكن شعارات دينيّة. كما أنّ هذه الشعارات لم تكن في البداية تنادي بإسقاط النظام، ولكنّها كانت منذ البداية شعارات تطالب بالحريّة والكرامة. وهو أمر هامّ جدّا.

ثورة في زمن العولمة

ك. س: بالإضافة إلى العوامل الدّاخليّة التي ذكرتموها هنالك عامل مهم آخر وهو عامل الإعلام والتواصل وقد أشرتم إلى دور التلفزات الأجنبيّة ويمكن أن نضيف إليه قنوات الاتصال التي وفّرتها التكنولوجيا الحديثة عبر الإنترنت وصفحات التواصل الاجتماعي والهواتف النقّالة. ورغم أنّ نظام بن علي كان يحاول جاهدا السيطرة عليها والتحكم في انتشارها فيبدو أنه لم يكن واعيا تماما بأن تطوّر هذه القنوات يجعل الأحداث والمعلومات تفلت من قبضة التعتيم والتشويه مهما حاول. نرى إذن خصوصية حديثة لهذه الثورة حيث لأوّل مرّة يلعب الإعلام والاتصال دورا تاريخيّا ويحوّل أحداثا كان يمكن أن تظلّ معزولة إلى ثورة وطنيّة وإقليميّة.

عبد المجيد الشرفي: لا شكّ أنّ الإعلام وخاصّة القنوات التلفزية لعبت دورا هامّا. يمكن أن نضيف إلى خاصيّات هذه الثورة ما قام به الشباب، وقد قام به وحده تقريبا، عن طريق الفيس بوك والإنترنت من تعميم الشعارات وتنسيق مواعيد المظاهرات. وقد كان هامّا وضروريّا أن تحصل في مدن مختلفة لمقاومة النظام المستبدّ.

لا يمكن أن نقول إنّ التكنولوجيا والإنترنت بالخصوص بما تسهله من

تواصل جماعي كانت عاملا حاسما في الثورة، ولكنّها بالتأكيد عامل هامّ في إنجاح الثورة. لا بدّ أن نربط دور الشباب بدور الطبقات الاجتماعيّة الأخرى التي شاركت في هذه الأحداث وبالخصوص دور القواعد النقابيّة.

ك. س: عندما نستعرض ما كان سائدا في العقليّات بصفة عامّة قبل الرّابع عشر من جانفي، بالنسبة إلى الشباب في المجتمع التونسي نرى أن هذا الشباب الذي لعب دورا هامّا مفصليّا في الثورة لم يكن يتمتّع دائما بصورة جيّدة أو طلائعيّة بالنسبة إلى شرائح مختلفة من الشعب التونسي حيث ينظر إليه على أنّه ضحيّة فساد التعليم والبطالة وتفشي ثقافة الاستهلاك والربح السّهل وهبوط الذوق العام، وهو أيضا الجيل الذي ترعرع في ظل الرداءة التي كان نظام بن علي يعمل على تكريسها وتعميمها. كان هنالك ضغط على الشّعب وتلهية للشباب ودفع نحو الاستقالة الجماعيّة، ترجم بنزعة إلى المغادرة والرّحيل بالنسبة إلى العاطلين الذين اختاروا الرّحيل بأيّ ثمن إلى درجة الذهاب للموت، وكذلك بالنسبة إلى الشباب الناجح والمتفوّق والالتجاء للخارج بدون رجعة.

عبد المجيد الشرفي: كل هذا صحيح وعشناه في تونس. وهنالك دراسات تتعلّق بخيرة الشباب التونسي من الذين يدرسون في الجامعات الأجنبية تبيّن أنّ أغلبهم لا يعودون إلى الوطن بعد إتمام دراستهم. ولكن ليس السبب في ذلك أنّ حسّهم الوطني قد اضمحلّ أو تبخّر، ولكن لأنّ الظروف لم تكن مواتية لتطلّعات هؤلاء الشباب. الشباب العاطل عن العمل أو الذي يحمل شهادات عليا أو مستوى تعليميا متواضعا يطمحون

كلّهم إلى الحريّة وإلى تحقيق الذّات، وعندما لا يجدون ذلك في بلدهم فأرض اللّه واسعة. كانت هنالك سياسة مقصودة في عهد بن علي لبثّ هذا التّمييع في نفوس الشباب، ولكنّ هذه السياسة لم تكن قادرة على القضاء على هذا الحسّ الوطني المتأصّل فيهم. كانت تمسّ السّطح وظاهر الأمور ولم تنفذ إلى الأعماق. عندما جدّ الجدّ عبّر هذا الشباب عن حسّه الوطني بامتياز.

ك.س: عندما ننظر في ما كان سائدا في تونس على مستوى الضمير الجماعي قبل الرّابع عشر من جانفي 2011 نرى أنّ مفهوما كالوطنيّة كاد يفقد قيمته أو أنّه على الأقلّ شهد بعض الاهتزاز بمعنى أننا شهدنا قلّة اكتراث بالمصلحة العامّة وتركيزا على المصلحة الفرديّة، في أحيان كثيرة على حساب النّزاهة والوطنيّة. كانت عمليّة النهب لثروات البلاد تعمّم الشعور بالإقصاء من الوطن. أصبح الشعور بالانتماء إلى الوطن يكاد يقتصر على مباريات كرة القدم، والتواجد على أرض الوطن شبه اضطراري. هذه المظاهر بالإضافة إلى انعدام التفكير في مشروع موحد لإنقاذ البلاد كان يوحي بتراجع الحس الوطني وهو ما يجعلنا نتساءل كيف برز هذا الإجماع الشّعبي المفاجئ؟

عبد المجيد الشرفي : من مزايا الثورة ومن خصائصها أنّها تبرز المكبوت. لا يمكن القضاء على الحسّ الوطني لا ببرامج التعليم ولا بالتمييع أو بسياسة قلب الحقائق وتغييب القيم في سبيل تلميع صورة النظام الحاكم. الحسّ الوطني يكاد يسيل مع دماء التونسيين، وعندما وجد فرصة لكي يتجسّد خرج بشكل تلقائيّ. لا أعتقد أنّه يمكن القضاء على الحسّ الوطني عند أيّ شعب من الشعوب خاصّة إذا كان هذا

الشعب مثل الشعب التونسي الذي له حضارة عريقة، متأصّل في تربته وفي تاريخه وليس مجموعة من الوافدين كما هو الشأن بالنسبة إلى الولايات المتّحدة الأمريكية وبلدان أخرى. لا يمكن القضاء على حسّه الوطني مهما كانت السياسات التي تمارس عليه، فهذا الحسّ الوطني يبقى مخزونا ويطفو على السطح في أوّل مناسبة.

لقد تعرّضنا لدور الشّباب والإعلام والتكنولوجيا، ولكنّي أعتقد أنّه لولا ضغط القواعد النقابيّة على قياداتها لكي تعلن الهيئة الإداريّة للاتّحاد العام التونسي للشغل عن إضراب عامّ في الجهات لما نجحت الاحتجاجات في إسقاط النّظام. بدأت هذه الإضرابات التي كانت حاسمة ومصيريّة بإضراب عامّ في ثاني المدن التونسية صفاقس، حيث خرج مئات الآلاف من المتظاهرين بطريقة سلميّة منظّمة ومؤطّرة، وقد عجز النظام تماما عن مواجهتها، ثمّ تمّ الإعلان عن إضراب عامّ في تونس العاصمة يوم الجمعة 14 جانفي. ولولا هاتان المبادرتان لما انتهت الثورة النهاية التي انتهت إليها. لقد كان التحام الشباب مع هذه الإطارات النقابية التي كانت تؤطّر المظاهرات حاسما. عندما نقول إنّ الإطارات النقابية كانت تؤطّر المظاهرات لا نعني بالضرورة التأطير الإيديولوجي ولكن التأطير العملي الميداني. من مظاهر هذا التأطير أنّ الإطارات النقابيّة منعت بروز شعارات دينيّة. لقد حاول بعض المتظاهرين رفع شعارات دينيّة في البداية، لكنّ المؤطّرين لهذه المظاهرات رفضوا ذلك، وهو ما يدلّ على أنّ غياب التأطير كان في النهاية نسبيّا، إذ لم يكن المتظاهرون يخضعون لتوجيهات من حزب معيّن أو حركة سياسيّة، ولكنّ الفاعلين والناشطين على السّاحة كانوا واعين بالرّهانات التي كانوا يقودونها ويوجهونها. هؤلاء كانوا من الشباب، الكثير منهم كانوا ينتمون إلى مهن مختلفة كقطاع التعليم والإدارة وغيرها، وشعروا إبّان هذه الأحداث أنّ الدور الوطني يفرض

عليهم أن يقوموا بالواجب. لهذا لا يحرجني أن نقول إنّ هذه الثورة ثورة الشباب.

ك. س: هذا التحرّك لافت لأنّه بحكم الظروف السياسية التي كانت تحدّ النشاط السياسي والنقابي والجمعياتي أي في غياب «تربية سياسية» نتفاجأ كيف برزت هذه التعبئة المنظّمة؟

عبد المجيد الشرفي: هذا هو بالذّات بروز المكبوت. فالمكبوت يبقى ولا يضمحل لأنّه مُنع من الظهور. هذا المكبوت المتمثل في المطالبة بالحريّة والكرامة، كانت قد بثّته الحركة الإصلاحيّة في تونس منذ القرن التّاسع عشر، وبثّته أيضا برامج التعليم العصري على عكس التعليم التقليدي الذي كان يكرّس مفهوم الطّاعة وليس الحريّة. هذا ما اختزنه التونسيّون، وعندما وجدوا الفرصة المناسبة لاختراق القيد الذي فرض عليهم بالقمع وغياب حريّة التعبير فإنّهم استغلّوها وعبّروا عن أنفسهم. أي بعبارة أخرى هذه الثورة لم تنشأ من عدم. لا يمكن أن نتصوّر أنّ التونسيين كانوا قبل السابع عشر من ديسمبر 2010 من طينة معيّنة ثمّ أصبحوا بعد الرّابع عشر من جانفي وفي شهر واحد أناسا مختلفين. هوَ نفس الشعب الذي تغيّر ولكنّ عددا من العوامل قد نضجت بسرعة، كانت على نار هادئة ومشتتة واجتمعت في لحظة ما.

الثورة وولادة الأسطورة

ك. س: في كلّ انقلاب لمسار التّاريخ هناك لحظة تكون اللّحظة الصفر واللحظة الصّفر في ثورة تونس كانت احتراق محمّد البوعزيزي. تتفاوت التقييمات حول الدّور الذي لعبه محمّد البوعزيزي عندما حرق نفسه فأعطى بهذا الفعل المأساوي الذي أخذ بعدا تراجيديا تجاوز حدوده الذاتيّة رمزا لمجموعته المحليّة وأصبح بسرعة هائلة رمزا للوطن ثمّ تجاوز الحدود الوطنيّة وأفلت كليّا من حدود الواقع. في غياب الإديويولجيا والزعيم هل يمكن أن نعتبر أنّ البوعزيزي ورمز احتراق الذّات هو الذي عوّض المقوّمات الكلاسيكيّة للثّورة والعنصر الموحّد الضروري لكلّ ثورة؟

عبد المجيد الشرفي: إني أرى فيما ينسب إلى البوعزيزي عندما أحرق نفسه أحسن أنموذج لولادة الأسطورة، أقصد الأسطورة بمعنى الميث لا بمعنى الخرافة. وقد ترسخ في المعرفة الحديثة أنّ الأساطير من مكونات المجتمع ولا يمكن أن نغفل عن دراستها. عندما ننظر في حركة التاريخ نرى أنّ هذا الميث أو الأسطورة انطلق من حادثة معزولة، إذ أنّ الانتحار حرقا ليس ظاهرة جديدة تماما، لقد سبقت انتحار البوعزيزي انتحارات أخرى كانت معروفة وأعلنت عنها الصّحافة، ولحقت هذه

الحادثة أيضا أعمال مشابهة، لكنّ انتحار البوعزيزي أنشأ مجموعة من ردود الفعل التي كوّنت قوة دافعة للمجتمع. هذا الميث أصبح لا يترك أحدا من المواطنين محايدا فإمّا أن يكون معه أو ضدّه. أن يكون معه أي ألاّ يرضى بالذلّ وأن يطالب بالحريّة وبالكرامة، بصرف النظر عمّا حدث فعليّا في حادثة البوعزيزي، وهل كان البوعزيزي مسؤولا فعلا عن السلوك الذي ينسب إليه، خاصّة علاقته بالموظّفة التي أشيع أنها صفعته. ما حدث للبوعزيزي كان قادحا un catalyseur، وبصفته تلك فقد جعل التونسيين في درجة من الوعي جعلت العودة إلى الوراء، أي إلى قبول الظلم والتعسّف والقمع، أمرا مستحيلا. هذا بالنسبة إلى المؤرّخ أمر في غاية الأهميّة من حيث يشهد بصفة ملموسة ولادة أسطورة ولا يرى فقط عملها وقد اكتسبت سماتها الأساسية.

ك. س: تصفون ما يحدث في تونس بأنّه حدث تاريخيّ. مثال البوعزيزي وما أخذه من أبعاد هو أيضا تاريخي وكان عبرة للنّاس خارج تونس. متى يمكن أن نقول عن لحظة ما إنّها تاريخيّة ؟ أو عن حدث ما إنّه تاريخي؟

عبد المجيد الشرفي: تكون الأحداث تاريخيّة عندما لا تكون معزولة في طبقة معيّنة بل تهمّ الشعب بأكمله، عندما تنخرط فيها الفئات الشّعبيّة. هذه سمات الثورة خاصّة عندما لا تكون هذه الثورة مجرّد رفض لإجراء معيّن وإنّما مطالبة ببديل تاريخيّ، كما عبّرت عن ذلك الشّعارات التي رفعت: الحريّة والكرامة. لم يكن ممكنا أن نعتبر هذه الأحداث ثورة لو كانت اقتصرت على المطالبة بإجراء تحقيق محايد لتحديد المسؤولية عن الانتحار، وهو ما يقع عادة عندما يكون هناك حادث، يبحث النّاس عن

معرفة حقيقة ما جرى ومحاسبة المسؤول. في حادث البوعزيزي تجاوز الأمر الرغبة في معرفة ما حدث وأصبح يعبّر عن كلّ مظاهر الاحتقان لدى النّاس. إنّ تجاوز المطالب للظّرف الذي أشعلها يؤدّي إلى تحول نوعي في الأحداث. فلم تعد الأمور مشخّصة بل أصبحت تهمّ الرّأي العامّ الوطني بأكمله. بما أنّ الثورة قد رفعت شعارات تنتمي إلى قيم جديدة لم تكن محترمة، فهي ستحرّك المجتمع، وما الثورة إلاّ المحرّك الذي يدفع المجتمع إلى الأمام لا إلى الوراء. الجذب إلى الوراء هو من قبيل الثورة المضادّة. الثورة تحرّك المجتمع بأكمله لكي يجسّم أهدافا كان يحلم بها ويعتبرها بعيدة المنال، فإذا بها تصبح في متناوله. لقد حقّقت الثورة في تونس هذه المطامح على مستوى الشعارات على الأقلّ، حيث بات الناس يؤمنون بها ويدافعون عنها نظريّا على الأقلّ في انتظار أن تتحقّق كليّا.

الثورة عادة ما تكون مثل الزلزال، أي أنّها تحدث رجّة في كلّ مؤسّسات المجتمع. هذا الزلزال يحدث مرّة واحدة ولكن كما هوّ الشّأن بالنسبة إلى الزّلزال هناك دائما موجات ارتداديّة قد تكون أخطر من الزلزال نفسه، ويمكن أن تكون قريبة المدى ويمكن أيضا أن تكون بعيدة. لقد أحدثت الثّورة زلزالا في تونس وحصلت بعدها موجات ارتداديّة في كلّ ما عشناه من أحداث بعد سقوط نظام بن علي ومن أزمة أمنيّة ومشاكل اقتصاديّة. ولكن كانت هنالك أيضا موجات ارتداديّة في العالم العربي. من هذه الناحية أشبّه الثورة التونسيّة بالثورة الفرنسيّة.

ك. س: عندما نقرأ تحليلاتكم نشعر باقتناع متبادل بالحاجة إلى تغيير جذري لما هو سائد وبأنّ هذا التغيير حتمي. لم تستعملوا كلمة ثورة بأي شكل من الأشكال في أطروحاتكم، لكن طبيعة التغيير الذي ترونه ضروريا للمجتمعات العربية الإسلامية هو لا شك من

النوع الذي تصنعه الثورات. كما أنّكم تبثّون الاعتقاد بأنّ التغيير قد حصل بشكل لا يمكن للبنى التقليديّة على المستوى الاجتماعي والسياسي أن تصمد في وجهه، وهو ما يدفعنا إلى القول إنّكم تنبّأتم بهذا الانفجار؟

عبد المجيد الشرفي: لا أعتبر نفسي داعية إلى ثورة أو تغيير لأني لست مناضلا سياسيّا، لكنني كنت أحاول أن أفهم ما يدور في المجتمع التونسي وسائر المجتمعات العربيّة والإسلاميّة على ضوء ما حدث في التاريخ وما يحدث في العالم بصفة عامّة. التحليل الذي قمت به جعلني أعتقد أن هذا الجمود الذي يبدو سائدا في هذه المجتمعات لا يمكن أن يدوم، لأنني من الذين يؤمنون بحركة التاريخ. أنا أعتقد أنّ التّاريخ لا يسير مسارا خطّيّا linéaire، بمعنى أنّ هناك دائمًا تقدّما مستمرّا كما يقول العلمويّون les scientistes. أنا لا أعتقد أنّ التّقدّم يكون دائمًا بهذه الطّريقة، بل أعتقد أنّ هناك مكتسبات للبشريّة تؤثّر في جميع الشّعوب وفي جميع الثقافات. هذه المكتسبات برزت في البداية في أوروبّا لأنّ الظروف هناك ساعدتها على الظهور. الآن أصبحت هذه الظروف موجودة بأشكال مختلفة خارج أوروبّا. لذلك فعندما أنبّه إلى أنّ التّغيير سيحصل لا محالة وأدعو إلى أن نصعّد هذا التّغيير لأنّه لا يحصل بقرار وإنّما سيحصل بصعوبات وأخذ وردّ واعتراضات، وعندما أدعو إلى التّفكير في هذه المتغيّرات التي بدأت تحصل في مجتمعاتنا، فإنّ ذلك بغاية تجنّب العنف وما يمكن أن يعتري الثورات من مبالغات ومن أعمال هدّامة. بالنّسبة إلى تونس، أعتقد أنه لو سار نظام بورقيبة في نهجه الإصلاحيّ، ولو سار بالتوازي مع ذلك في نهج ديمقراطي، ولو لم يكن نظام بن علي نظاما بوليسيّا قامعا لكلّ الحرّيّات، لما كنّا نحتاج إلى هذه الثورة. كان من الممكن أن تحصل تغييرات أساسيّة وجوهريّة تمكّننا

من تحقيق الحريّة والكرامة والديمقراطيّة بدون أن نخرج إلى الشّوارع، وتقع بعض التجاوزات كحرق المباني وتعطِيل عجلة الاقتصاد.

ك. س: هذا يعني أنّكم تعتبرون ما شهدته السّاحة التونسيّة خلال عهد بورقيبة في نهاية السبعينات وبداية الثّمانينات، ثمّ لمّا افتكّ بن علي الحكم سنة 1987 وأصدر إعلان السّابع من نوفمبر الذي أبدى نوعا من التّفتح على المعارضة واعترافا بحقوق الإنسان، كان يمكن للمسار الحداثي التونسي أن يتجذّر وأن يتحقّق فعلا بدون ثورة شعبيّة؟ هل كان ذلك ممكنا؟

عبد المجيد الشرفي: أنا لا أحكم لا بضرورة الثورة ولا بمحاسن الثورة في المطلق. الثورة تحصل عندما تنسدّ كلّ الأبواب أمام التّغيير، وهذه الأبواب بدأ سدُّها بُعيد الإستقلال عندما أُقصي الحزب الدّستوري القديم، وعندما مُنع الحزب الشيوعي من العمل العلني، وعندما أراد الحزب الإشتراكي الدستوري في مؤتمره سنة 1964 أن يستولي على كلِّ المنظمات الوطنيّة ويجعلها ذيلا لهذا الحزب الواحد والحاكم، ثمّ بعد ذلك سُنّت الرّئاسة مدى الحياة، وعندما رفض بورقيبة ومجموعة من قادة حزب الدستور نتائج مؤتمر المنستير الأوّل الذي طالب فيه دستوريون بالديمقراطيّة داخل الحزب، وبالخصوص عندما تمّ تزييف انتخابات 1981 التي كان من الممكن أن تدخل التعددية إلى البرلمان. كل هذه محطّات جعلت الحراك السياسي مستحيلا بحسب القواعد البسيطة للسلوك المتحضّر، وجعل الاعتراض على هذه الأوضاع السياسيّة، بقطع النّظر عن الاقتصاد والإيديولوجيا، تأخذ منحى عنيفا يتصاعد في كلّ أزمة. لذلك أقول إنّ هناك قيما كونيّة أساسيّة بالنسبة إلى كلِّ المجتمعات، والمجتمع

التّونسي الذي هو في طور التحديث أصبح في مجمله يؤمن بالحريّة والمساواة والعدل كبقيّة الشّعوب. أما النّظم التي لا توفّر الحدّ الأدنى من هذه القيم فإنها آيلة إلى السقوط وعرضة للانتفاضات والثّورات. الأفضل إذن أن نصاحب هذه القيم وأن نحاول تجسيدها على أرض الواقع، إذ لا يمكن التمادي في تجاهلها. هذا هو موقفي وهذه هي نتيجة تحليلي وما يؤديني إلى أن أنبّه قرّائي إلى التغيّرات التي حصلت في المجتمع. لو أخذنا مثال الفقر كيف كان يعتبر قدرا محتوما وأصبح اليوم في عالمنا الحديث لعنة وغير مقبول وأصبح الكثير من النّاس مقتنعين بأنّ للفقر أسبابا سياسيّة وأنّ هناك اختيارات تؤدّي إلى الفقر بينما توجد اختيارات سيّاسيّة أخرى تؤدّي إلى انتشال النّاس من هذا الفقر، فهذا مثال من الأمثلة المعيشة في واقع النّاس والتي تثبت ما حصل في الذهنيات من تحوّل عميق. هذا التغيير لا في الظروف المعيشية فحسب بل أيضا في العقليّات جاء بفضل التعليم ووسائل الإعلام، وبفضل نضج الحركات الاجتماعيّة والسياسيّة التي نشأت في المجتمع التونسي منذ عشرينات القرن الماضي، مثل حركة الشباب التّونسي وحركة محمّد علي الحامّي والطّاهر الحدّاد وغيرهم.

ثورة تونس والثورات العربية

ك. س: الأحداث التي انطلقت في تونس أثّرت بطريقة سريعة في باقي البلدان العربية. فمباشرة بعد أن حظيت التّظاهرات الاحتجاجيّة التونسية بتغطية إعلامية رأينا مظاهرات مشابهة في الجزائر وموريطانيا واليمن ومصر، وفي مرحلة لاحقة في البحرين وليبيا وسوريا والأردن. واضح أن هناك خصوصية لكل بلد نابعة من طبيعة القوى المتفاعلة فيه لكن هناك أيضا عوامل ديمغرافية واقتصادية واحدة تجعل هنالك نقاط تقاطع وتشابه كثيرة بين هذه الحركات الثورية أو هذه الثورات. وهو ما سمح بالحديث عن ثورة عربية لكن الذين يحنون الى الإيديولوجيا العروبية يرون أنّها ثورة عروبية رغم أنها كانت خالية من الإيديولوجيات بما فيها العروبية، وحملت شعارات وطنية ولم تعبِر عن مطالب قومية على النّمط التقليدي والمعروف للإيديولوجيا القومية العربية. ونلاحظ في بعض النّدوات الحالية أنّ هناك عملية إسقاط لهذه الإيديولوجيا على الثورة التونسيّة.

عبد المجيد الشرفي: لا أعتبر أن هناك تناقضا بين أن تكون الشّعارات وطنية تونسية، مصرية، أردنية، يمنية، وأن تكون مؤشرا على حيوية الانتماء القومي في الآن نفسه. لماذا لم تكن للثورة التونسية أصداء

مباشرة في بلدان غير عربية إلى حد الآن على الأقل؟ لأن العرب مهما كانت المنطقة التي ينتمون اليها يشعرون في قرارة أنفسهم بأن هناك رابطا يربطهم، وهذا الرابط ليس فقط رابط التاريخ واللغة والدين ولكن لأنّ الشعوب بصفة عامة تكتنز العديد من القيم التي لا تبرز بوضوح في كل الفترات ولكنها تبقى حيّة. المصير المشترك هوَ شعور يجعل العربي في أي بقعة من بقاع العالم الممتد من المغرب الى البحرين، يعتبر أن ما حصل في بلاد عربيّة يهمه نظرا الى الضغوط التي تتميز بها كل البلدان العربية منفصلة. إذا لم ترفع الثورة التونسية شعارات قومية فهذا لا يعني أنها خالية من هذا البعد القومي، لكن يمكن أن نقول إنّه بعد قومي ايجابي وليس بعدا قوميا في مستوى الشّعارات الإيديولوجية. لقد أصبح ارتباطا حيويّا بمصير مشترك. العرب يعرفون أن المناطق الأخرى القريبة والبعيدة منهم في العالم تسعى الى التوحّد رغم ما يفصل بين شعوبها أحيانا من فروق أعمق من التي تفصل بين أبناء الشعوب العربية المختلفة. الثورات العربية الحالية تفتح المجال لكي يصبح هذا الطموح إلى مصير مشترك، ولأول مرة، مبنيا على أساس متين لأنه قائم على اختيارات حرة لا مفروضة من أنظمة، أيا كانت تلك الأنظمة.

ك. س: و لكنّ هذا الشعور القومي كان قد تبدّد منذ أن أصبح العالم العربي يفكِّر ويتصرّف بحسب مصالح مناطق جغراسياسية لا كوحدة قوميّة : المغرب العربي، الخليج، المشرق... رغم ذلك نرى اليوم شعوبا عربيّة تصر على القيام بثورتها وعلى إسقاط الحكم المستبد حتى تكون مثل تونس ومصر مهما كلّف ذلك. ولنا في سوريا مثال على هذا الإصرار، رغم البطش ودمويّة القمع الذي يلاقيه الشّعب من طرف نظام عائلة الأسد.

عبد المجيد الشرفي: مرة أخرى لا أرى تناقضا بين هذا وذاك، كما أنه لا يوجد تناقض بين الشعور الوطني المحدود والشعور القومي العام. فإن هذه الوحدات الجهويّة داخل الأمة العربية هي وحدات أيضا طبيعية. عندما ننظر الى أوروبا مثلا، نرى أنّ البلدان الأولى التى وحدت حدودها هي هولندا وبلجيكا واللوكسمبورغ، ثمّ عندما نشأت أوروبا بعد ذلك اندرجت بصفة طبيعية في المجموعة الأوروبية ثم في الاتحاد الأوروبي. طبيعي أن تكون وحدة طبيعية تاريخية بين تونس والجزائر والمغرب، وأن تكون هناك بين شعوبها من الصلات ما لا يوجد بين الشعب البحريني والشعب المغربي مثلا. هذا لا يتناقض مع الشعور القومي. عندما تقوم وحدات إقليمية وتكون ثمرة إرادات حرة وديمقراطية فإن مصيرها يمكن أن يكون في شكل فيديرالي أو كنفيديرالي أو سوق مشتركة، و هذا لا يتنافى مع الشعور القومي.

حين ننظر في تاريخ المنطقة وفي النّواحي الجغرافية والسياسية والبيئية، فمن الثابت أن منطقة الجزيرة التي تهم المملكة السعودية واليمن وعمان والبحرين وقطر والكويت والإمارات، تمثّل مجموعة متجانسة من الناحية التاريخية والجغرافية والاقتصادية ومن حيث الموارد، بينما الهلال الخصيب يمثل مجموعة أخرى هي العراق وسوريا وفلسطين والأردن. هذه كلها مجموعة موجودة تاريخيا واقتصاديا وجغرافيّا. حين يسافر الانسان بالسيارة بين هذه البلدان يشعر بالتقارب، عندما تتنقل من لبنان الى سوريا لا تشعر أنّك انتقلت من بلد الى آخر، وكذلك الأمر إذا تنقلت بين تونس والجزائر، وبين مصر والسودان اللذين يربطهما وادي النيل.

هذه مناطق تمثل بدون نقاش وحدة، لكن أن تكون هناك وحدات أخرى داخل هذا الإطار العام فلا ينفي قيام الدولة القطرية عندما تكون لها مقوّمات دولة حقيقية، لا كما هو الشأن في الإمارات البترولية. الإمارات التي فيها

عدد قليل من السكان وغنية فقط بالبترول لا تمثل دولا بالمعنى الحديث أي بمعنى الدولة الوطنية. الدولة لها مقومات في كل أنحاء الأرض، وتفتقر إليها هذه الإمارات. أعتقد أنه ليس من المستحسن أن تنقرض الدولة الوطنية لأنّه مهما كانت أشكال الوحدة أو الاندماج أو التعاون الذي يكون بين العرب فبقاء الدولة الوطنيّة من شأنه أن يقرّب الحكم من المواطن، بالنسبة إلى تسيير الحياة اليومية، أكثر من الدّولة القوميّة، وربما تكون أفضل من أي حكم مركزي على منطقة شاسعة تمتدّ على آلاف الكيلومترات. لذلك لا أرى تناقضا بين المغرب العربي والأمة العربية، ولا بين دول الخليج والهلال الخصيب أو غيره وتلك الأمة. هذه معطيات بشرية وجغرافية ينبغي أن يأخذها المسؤولون بعين الاعتبار، لكن هذا لا يعني أن تكون هذه النزعة القومية كما حصل في التاريخ مع الناصرية ومع البعث، إذ لا ينبغي أن تكون مملاة من فوق، وينبغي بالعكس أن تكون نابعة من القوى الشّعبية. أعتقد أن هذه الثورات بدأت تعبّر عن هذه الإرادة، لكنّ تجسيمها ليس سهلا، سوف يتطلّب عقودا من الزمن، ولا بد أن يتعثر، لكنه بدأ الآن على أسس متينة، بينما كان من قبل على أسس واهية وهذا ما يرضيني ويفرحني في الآن نفسه، إذ كانت تونس سبّاقة في هذا التمشي الصحيح وأدّت دور القاطرة التي تجرّ البلدان العربية الأخرى نحو أخذ الشعوب لمصيرها بأيديها. ولا ننسى أنه قد قامت عدّة وحدات بين الدُول القطرية على تلك الأسس الواهية، ولذلك فهي لم تعمّر ولم تثمر.

ك. س: لمواكبة هذه المرحلة التاريخية الجديدة نشعر أنّنا في حاجة الى مفاهيم وأطر جديدة. لقد رأينا ارتباك الجامعة العربية تجاه مشكلة ليبيا وموضوع التدخل الأجنبي لتحجيم قوة معمّر القذافي، النظام العربي القديم مرتبك ومتهالك.

عبد المجيد الشرفي: جامعة الدول العربية تعكس سياسات الدّول العربية لا سياسات الشّعوب العربية. نحن نطمح الآن إلى أن تكون هنالك جامعة لا للدول فقط وإنما للشعوب. كل ما أنجزته الجامعة العربية إلى حدّ الآن هوَ التّنسيق الأمني بين الأنظمة، لم تنجز شيئا آخر. أما الدول القائمة على الديمقراطية فتستطيع أن تستجيب لتطلّعات الشعوب نحو التكامل الاقتصادي والرقيّ الاجتماعي والتقدم العلمي، ونحو كثير من المشاريع الطموحة المعطّلة الآن والتي من شأنها أن توفّر الحرية والكرامة والمساواة والمناعة.

ك. س: بالإضافة إلى التشابه الجغرافي والثقافي والتاريخي بين الدول العربيّة رغم خصوصية كل بلد النابعة من طبيعة القوى المتفاعلة فيه هنالك عامل آخر يربط بينها هو تشابه الأنظمة التي فرضت نفس الممارسات القمعية على هذه الشعوب وطغيان نفس العاهات مثل التسلط وقمع الحريات والفساد المالي والبطالة، وكلها تجعل هنالك نقاط تقاطع وتشابه بين هذه الثورات. وهنا يمكن أن نقول إن مهمة تونس كانت الأصعب في تحريك هذا الضّمير و«كسر جدار الخوف» حسب قاموس الثورات العربية، لم يكن أمام التونسيين مثال أو أنموذج للاحتذاء به، على خلاف الثورات العربية الأخرى التي وجدت أمامها مثالا تنسج على منواله وتستمد منه الزخم والحماسة بل حتى الشّعارات.

عبد المجيد الشرفي: نعلم أنّ العولمة لها سلبيات ولكن لها أيضا ايجابيات. ومن هذه الايجابيات أن نجاح الثورة التونسية كان بمثابة الضّوء الأخضر للمجتمعات العربية الأخرى لكي تحقق ما حقّقته تونس من قضاء

على نظام استبدادي قمعي بوليسي. لو حدث ما حدث في تونس منذ قرنين لما كان أثره بالحجم الذي شهدناه الآن. وقد حصلت في كل منطقة من المناطق العربية أحداث هامة، مثل ما حدث في المغرب أو في الشام لكن لم يكن لها انعكاس على المناطق الأخرى. هذا يدلّ على أن العرب يعيشون عصرهم بقيمه، وكذلك بالوسائل المعرفية الحديثة. لقد استعمل اليمنيّون والسّوريون وقبل ذلك المصريون الفيسبوك والأنترنت بنفس الطريقة التي استعملها التونسيون. لهذا يمكن أن نقول إن هناك أنموذجا نجح فسارع في تحريك الشعوب الأخرى. وهذا مدعاة فخر بالنسبة إلينا، كأن ترفع الأعلام التونسية في ميدان التحرير في مصر وفي اليمن، وأن تستعمل بعض شعارات الثورة التونسية في بلدان عربيّة أخرى.

ك.س: موضوع الشعارات جديد ولافت. الثورات الإيديولوجية كالماركسيّة أو العروبية أو الإسلاميّة أو غيرها تكون الشعارات فيها جاهزة ومفروضة على الشعب.

عبد المجيد الشرفي: رأينا أن المصريين ردّدوا شعار «الشعب يريد إسقاط النظام» مع أن المصريين عادة يستعملون كلمة «عاوز» عوض «يريد». ولكن «الشعب يريد إسقاط النظام» هو نفس الشعار الذي رفع في تونس وفي مصر واليمن وسوريا. هذا الشّعار خرج من تونس وفرض نفسه على كلّ الشعوب الأخرى بصفة تلقائية لأنه يستجيب لمطلب مشروع ومشترك بين تلك الشعوب.

ك.س: شعار «dégage» (ارحل) أيضا اتخذ بعدا جديدا بعد أن استعمل كشعار في الثورة التونسية وخرج في ظرف قصير عن معناه اللغوي العادي وأصبح يعبر عن تحوّل السلطة ومطاردة الفساد.

عبد المجيد الشرفي : في الحقيقة إن أية كلمة وأي شعار وأي مفهوم في نهاية الأمر يتطور ويستعمل بحسب الظروف وبصرف النظر عن اللغة. المصريون مثلا لا يستعملون بصفة عامة اللغة الفرنسية ولكنهم استعملوا كلمة «dégage»، والشعوب الغربية لا تعرف كلمة انتفاضة ورغم ذلك لم يستعملوها بالنسبة إلى ليبيا مثلا، إنها مرتبطة بالشعب الفلسطيني، وهو مفهوم نشأ في وضع معيّن. و«dégage» من نفس النوع، نشأ هذا الشعار للاعتراض على حكم ديكتاتوري فأصبح يدل عليه مهما كان الوضع.

ك.س: لو نعود إلى المقارنة بين الثورات العربية نلاحظ أن الثورتين اللتين حققتا نجاحا إلى حد الآن هما ثورة تونس وثورة مصر حيث أسقطتا النظام المستبد لبن علي ومبارك. اليمن لها ظروف مشابهة وخصوصيّة في نفس الحين، ليبيا وضعها مختلف، في الأردن أيضا أخذت الأمور منحى مختلفا عن تونس ومصر. سوريا وضعها مختلف إلى حد الآن وإن كنا نرى في السابق تشابها كبيرا بين النظام التونسي والنظام السوري.

عبد المجيد الشرفي : نحن الآن في شهر أفريل، وأي وضع في البلدان العربية سواء التي حصلت فيها قطيعة مع النظام الذي كان قائما أو التي لم تنته فيها هذه الثورة، هو وضع غير مستقر، حتى في تونس. أنا متفائل بالنسبة إلى المدى المتوسط والبعيد، ولكن ليس من المؤكد أننا سنستطيع في الأمد القصير تجاوز الصعوبات العديدة التي تعترض المرور من وضع سياسي واقتصادي معيّـن إلى وضع أفضل منه، باستثناء حرية التعبير التي أعتقد أنها مما أنجزته الثورة بصفة لا رجعة فيها. هذا جديد وأساسي، ولا أعتقد أنّ التونسيين سيسمحون للنظام الذي سيقوم، مهما كان هذا

النظام، أن يقضي على هذه الحرية. أما فيما يتعلّق بالنواحي الأخرى فما زال من السابق لأوانه الحكم لها أو عليها. كل تحليل للأوضاع الأخرى في اعتقادي ينبغي أن ننظر إليه لا على المدى القصير بل على المدى المتوسط والبعيد. يعني أن ما يحصل في الأردن وفي المغرب وفي الجزائر وفي مصر وفي كل البلدان العربية، بما فيها الجزيرة العربية، وبصرف النظر عما إذا كانت الأنظمة القائمة تستطيع مواجهة المشاكل التي تعترضها الآن أو بعد ذلك، وبصرف النظر عمّا إذا كانت ستسقط أم لا وعن الثمن الذي ستدفعه الشعوب مقابل إنجاح التغيير، بصرف النظر عن كل هذا هناك مكاسب جوهرية قد حصلت في الضمير الشعبي باعتبار أن عامل الخوف بدأ يسقط. هو لم يسقط تماما، لأن الأنظمة الاستبدادية تقوم على إشاعة الخوف في النفوس لا في الشارع بالبوليس والجيش فقط. هذا العامل بدأ يسقط، وهو أمر أساسي لأن المواطنة هي أولا وأساسا شعور الإنسان بأن له حقا في وطنه لا يمكن أن يسلبه إياه لا الحاكم ولا البوليس ولا العسكري. أعتقد أن هذا المعطى الجديد أساسي، وأن التغيير الذي سيحصل في كل المنطقة العربية تاريخي من هذه الناحية.

ك. س: بصفتكم أستاذ حضارة عربية ومختصا في القراءة في التاريخ العربي واطّلعتم على لحظات تاريخية أخرى في المنطقة العربية وفي غيرها، ما هي خصوصيّة هذا التغيير الحالي ولماذا يحصل الآن فقط رغم وعينا المزمن بالحاجة إليه؟

عبد المجيد الشرفي: السبب في هذا التحوّل الجذري في موقف الشعوب العربية من الحكام هو أن الأوضاع التاريخية التي تعيشها هذه الشعوب ليست الأوضاع التي كانت سائدة منذ قرن أو قرنين. لقد تغيرت

الأوضاع تغيّرا جذريا وعميقا. ذكرنا العولمة وانعكاساتها وكذلك وسائل الاتصال، ونضيف إلى ذلك تغيّر أنماط الإنتاج وشيوع القيم الحديثة. كل هذه الأوضاع متكاملة متضافرة، وهي التي تؤدي شيئا فشيئا إلى تراكمات وتحوّلات. وهي بالطبع تمرّ بصعوبات وتتطلّب تضحيات، لأن الحرية بصفة خاصة لا تعطى بل تفتك. كل هذا يدل على أن قيمة المواطنة التي تلخِّص في نظري كل هذه القيم التي خرجت من أجلها الجماهير الشعبية إلى الشارع، قيمة المواطنة هذه بدأت تترسخ، وهي التي تغيّر بالضرورة من سلوك الحاكم ومن سلوك المحكوم. ولذلك فإن هذه القيم ستقلب نظرة العربي إلى نفسه ونظرة الآخر إلى العربي.

ك. س: هل يمكن أن نقول إنّ هذه اللحظة التاريخية في الحضارة العربية الإسلامية تشبه لحظة سقوط الخلافة في التاريخ السياسي الإسلامي والعربي سنة 1924 والتي كانت انقلابا على الأنموذج السياسي التقليدي وتُعتبر اللحظة التي دشّنت طور العلمانيّة في البلدان العربية الإسلامية كما نلمسه في كتاب الشيخ علي عبد الرّازق «الإسلام و أصول الحكم». نشعر كذلك أنّ ما نعيشه اليوم بفعل الثورة التونسية والثورات العربية الأخرى لحظة مماثلة، من حيث الشّعور، للحظة التحرّر من الاستعمار ولحظة الاستقلال التي شهدت هبّة شعبية شبيهة بلحظة إسقاط نظام بن علي، وكأن الاستقلال هذه المرّة وقّع عليه الشّعب بنفسه وبدون «الزّعيم».

عبد المجيد الشرفي : أقبل الشّبه بين سقوط الخلافة والتحرّر من الاستعمار والثورة الحالية، لكنه شبه مع وجود فارق كبير جدا، وهو أن سقوط الخلافة لم يكن يعني إلا فئة قليلة من الناس، المواطن العادي لا

يسمع عن الخليفة العثماني في صعيد مصر أو في أرياف تونس أو في المغرب الأقصى أو في اليمن، لا يعنيه هذا الخليفة أو هذا الحاكم أو ذاك. ما فعله أتاتورك لم يكن شيئا يسمع به المواطن العربي العادي إذ ذاك مجرد السماع. أعطيك مثالا عشته بنفسي سنة 1951 أو 1952 على ما أذكر: قبل الاستقلال في تونس كان إمام الجامع الكبير في مدينة صفاقس شيخا صالحا حقيقة، وكان في الخطبة الثانية يوم الجمعة يدعو لـ«سلطان البرّين وخاقان البحرين». كنت صغير السن وسألت والدي، مَن هذا «سلطان البرّين وخاقان البحرين»؟ قال لي: هو الخليفة العثماني. وكان إمام الجامع الكبير يعتقد أنه لا يزال موجودا، أي أنه لم يسمع بسقوط الخلافة بعد أكثر من ربع قرن من هذا الحدث. فما حصل من سقوط الخلافة وسقوط الاستعمار وحلول الحكم الوطني كان في الحقيقة يهمّ النخب أكثر مما يهم الجماهير الشعبية العريضة. الثورات اليوم تهم الملايين من الناس. ولهذا أرى أنّ الشبه موجود، والاختلاف كذلك عمّا حصل من تغيرات تاريخية موجود ولا بد من الانتباه إليه، فسيكون له تأثير عميق في المستقبل. عند سقوط الخلافة كانت الخصومة قائمة بين علي عبد الرازق ورشيد رضا سنة 1925، كم كان أنصار هذا وكم كان أنصار ذاك؟ لنقل مئات الآلاف؟ الآن اختلف الأمر. من يدعو إلى نظرية ما تتفاعل معه جماهير غفيرة إما سلبا أو إيجابا. أنا أتابع بعض الشيء ما يحدث في مصر هذه الأيام، وقد اكتشفت نضج الشباب المصري الذي هو قادر على تعبئة مئات الآلاف بل الملايين من المصريين للمطالبة بوضع حد للفساد. فرضت هذه الجماهير محاكمة مبارك ونجليه وأسرته، بينما كان الجيش يعمل على ألاّ يحاكم لأنه واحد من قادته. فهذا أمر لافت للانتباه. هذا جيل جديد، وهذه وسائل جديدة، وهذه عقلية جديدة.

ك. س: عند المقارنة بين الثورات العربيّة تنبهون إلى خصوصيّة كلّ بلد وقد تحدّثتم عن الخصوصية التونسية ولكن هناك أيضا تشابها بين الحالة التونسية والحالة المصرية التي شهدت هي أيضا حركة حداثية.

عبد المجيد الشرفي: وضع مصر يستحق الانتباه لأنه ربما يكتنز التناقضات الموجودة في البلدان العربية كلها. فمصر من أوائل البلدان العربية التي، مثل تونس، سعت إلى تحديث أنظمتها السياسية والاجتماعية والاقتصادية والتعليمية، وبلاد كانت فيها حركات إصلاح نشيطة. وكذلك هي بلاد نشأت فيها الحركات المحافظة، وخصوصا منذ قيام الإخوان المسلمين. ثم إنّ مصر مرّت من الحكم المطلق إلى نظام برلماني في فترة ما بين الحربين حتى قيام ثورة جمال عبد الناصر الذي أسس نظاما قوميا فحقّق إنجازات عديدة للطبقات الشعبية، وفشل هذا النظام عسكريا في سنة 1967. لقد تبيّن أنّ الإصلاحات التي قام بها هي في الواقع هشة لأنها كانت مفروضة أكثر من أنها كانت نتيجة تطور في آليات المجتمع نفسه. ثم ما حصل في عهد السادات وفي عهد مبارك من استبداد حقيقي واستئثار بالسلطة عن طريق تنظيمات سلطوية أكّد هشاشة تلك الإصلاحات. ظلّت حالة الطوارئ في مصر ثلاثين سنة، وفي سوريا خمسين سنة. لهذا قلت إن مصر تكتنز التناقضات الموجودة في العالم العربي. ولكن مصر فيها كذلك طاقات كامنة قادرة على أن تقلب كل هذه المعطيات وكل هذه الأوضاع، لأن لها تراثا عريقا. الدولة في مصر متجذرة، ولذلك فيمكن أن تكون الدولة في المستقبل بمثابة القاطرة للتغيير والتحديث. هذا الأمر يصعب حدوثه في بلد كالعراق أو كالجزائر لأن الدولة المركزية فيهما ليست مفهوما متجذرا في عقلية المواطن. الدولة حديثة أيضا تاريخيّا في سوريا لأن سوريا كانت مقاطعات تابعة مباشرة للخلافة العثمانية.

نفس الشيء بالنسبة إلى العراق، بينما الدولة في مصر وتونس والمغرب الأقصى كانت دائما إمّا قوة معرقلة أو قوة دافعة. ولهذا فإذا ما استطاعت الأمور أن تستقر في مصر للحد من الاستبداد والفساد بالخصوص، فإن هذه الطاقات يمكن أن تتجمع حول جهاز الدولة. لا يمكن أن يشهد بلد ما تطورا اقتصاديا وتنمية قويّة برقمين كما يقال، دون أن تكون الدولة محور هذه التنمية. حصل هذا في كوريا وفي ماليزيا وفي أندونيسيا وفي الصين، أي أنّ كل هذه المناطق التي حصلت فيها تنمية بصفة سريعة إنما حصلت نتيجة لقوة الدفع التي قامت بها الدولة. مصر في الوقت الراهن يمكن أن تلعب فيها الدولة هذا الدور وتونس كذلك والمغرب. في الدول العربية الأخرى يكون الوضع أصعب.

الثورات العربية والتدخل الأجنبي

ك. س: الدعم الخارجي ودور القوى الخارجية عوامل كانت دائمًا حاضرة في المعادلات السياسيّة والاقتصاديّة العربيّة. وعلى عكس ذلك بدا هذا الدّور الأجنبي غائبا وغير مؤثّر بالدّرجة الأولى في تونس. لم يكن لفرنسا دور في الثورة وقد يكون الدور الأمريكي الذي سارع بدعم موقف الشعب، على مستوى الخطاب على الأقلّ، قد سجّل سبقا على الدّور الفرنسي. بالنسبة إلى مصر بدا الدور الأمريكي مخيما لكن لم يكن قادرا على تغيير مجرى الأمور وإرادة الشّعب. الأمر اختلف في اليمن والبحرين. هل أن نضج الحركات الشعبية سيقلّص فعلا الضغط الأجنبي عل مصير الشعوب العربية في هذه الفترة وفي المستقبل؟

عبد المجيد الشرفي : أنا في هذا الأمر موافق على طول الخط على المقولة التي أصبحت معروفة والتي روّج لها المفكّر الجزائري مالك بن نبي، وهي أن الاستعمار لا يتسلط إلاّ على من هو قابل للاستعمار. ولهذا فالتدخّل الأجنبي ليس له مفعول إلاّ على الشّعوب وعلى الأنظمة الضعيفة التي يمكن لهذا العامل الخارجي أن يبتزّها. عملية الابتزاز غير ممكنة بالنسبة إلى الأنظمة القائمة على قاعدة شعبية متينة مثل الديمقراطيات. من مزايا

الثّورات العربية أنها حدت من هذا الدور الأجنبي، فلم يعد الأمريكان أو الفرنسيون أو الانجليز قادرين على أن يملوا إرادتهم. لا بد أن يأخذوا بعين الاعتبار في المستقبل موقف الشعوب، وقد رأينا كيف كان موقف التونسيين من سفير فرنسا الجديد الذي عيّن بعد الثورة والاحتجاجات أمام السفارة السعودية. لا يمكن أن تكون هذه القوى الأجنبية قادرة على إملاء شروطها، إلا أن هذا لا يعني أننا تحررنا تماما وأصبحت لنا مناعة ضد التدخل الأجنبي. هذا من السابق لأوانه أن نثبته بصفة باتّة، لأن المناعة الحقيقية ليست فقط سياسية بل هي اقتصادية وعسكرية وثقافيّة أيضا. الشعوب التي تتمتع بهذه المناعة هي الشعوب التي تساهم في إنتاج المعرفة الحديثة في العلوم والتكنولوجيا التي تحتاج إليها الشعوب الأخرى على الأقل جزئيا إن لم يكن كليا، وليست تلك التي تنتج الطاقة كالبترول أو الغاز. عندما يستأثر طرَف ما بصناعة بعض المنتجات العلمية التي تحتاج إليها الطائرات أو السفن الحربية وأجهزة الراديو وغيرها يستطيع إذ ذاك أن يساوم بما يساهم به في إنتاج المعرفة. هذا يكسبك مناعة لأنك لا تكون عرضة للابتزاز. الشعوب العربية وإن كانت بصفة عامة أقوى سياسيا مما كانت عليه بفضل الثورات بالخصوص لأن عامل الخوف قد تقلص فيها، فإنها ما زالت في وضع ضعف ولا ينبغي أن نكون متفائلين بقدر مبالغ فيه يمنعنا من النّظر إلى الواقع الحقيقي. وهذا الواقع هو أننا ما زلنا ضعفاء لا نستطيع أن ندافع عن ذواتنا بالصلابة التي نريد. هذا لا ينبغي أن يمنعنا من أن نقيم علاقات ودّية وعلاقات تعاون مع الدّول الأخرى. لا بدّ أن نضمن المناعة ضد التدخل الأجنبي، وهذا لم يحصل إلى حد الآن، ولا يمكن أن يحصل في سنوات قليلة أو في عهد قصير.

ك. س: هل دور البلدان الخليجية المزودة للغرب بالطاقة مثل العربية السعودية وقطر التي تتمسك بالدور الأمريكي وبالوجود

العسكري الأمريكي على أراضيها كعنصر فاعل في السياسة العربية سيعرقل هذا التحرر من الضغط الخارجي، إذا كانت الشعوب تبذل جهدا ثمينا للتحرر وفي المقابل تتمسك هذه الدول الخليجية بالدور الأمريكي، ولقد لا حظنا أثر ذلك في البحرين؟

عبد المجيد الشرفي: هذا معطى يؤخذ بعين الاعتبار، ولكن لا ينبغي أيضا أن نهمل معطى آخر ذكرناه وهو أن الشعوب العربية حتى في ظل هذه الأنظمة أصبحت لها مطالب، وستكون لها في المستقبل المنظور مطالب ملحّة من شأنها أن تقوّض الأسس التي تقوم عليها هذه الأنظمة. لا يمكن أن نتصور أن من يعيش في ظل النظام السعودي سيقبل إلى ما لا نهاية له بهذا النظام*.

إذن هامش التأثير لهذه الأنظمة بدأ يضيق، وبالتالي فإن هامش تدخل القوى الأجنبية سيصبح بدوره محدودا أكثر فأكثر.

ك. س: هل يمكن أن نأخذ المثال الليبي حيث يوجد تدخّل أجنبي عسكري كعامل مؤثر على مستقبل البلد كبداية اهتزاز وربما نهاية النّظام العالمي الذي كان سائدا، إذ يؤكد المثال الليبي الصعوبة التي بات فيها الموقف الغربي الذي لم يعد يستطيع التدخل بالسهولة التي كانت متاحة له مثل ما حصل في العراق وفي أفغانستان، وقد تبيّن ذلك في الانقسامات بين أوروبّا والنيتو في موضوع التدخّل العسكري في ليبيا؟

---

* قد بدأت العربية السعودية تشهد بعد مظاهرات احتجاجية لا يتم التكلم عليها، وعليها تعتيم تام. وقد بادر ملك البلاد بإغداق المال على رعيّته لإلجامها.

عبد المجيد الشرفي: المثال الليبي أكاد أقول إنه حالة مَرَضية، لا يمكن أن نقيس عليها، لأن هذه بلاد شاسعة صحراوية في أغلبها، عدد سكانها قليل وفيها ثروة نفطية استأثر بها شخص وأسرته والمحيطون به. لو كانت هذه الثروة النفطية موجهة لصالح المجتمع الليبي لأصبح في مقدمة الشعوب العربية، ولكنّنا نعرف جيّدا أن القذافي عمل كل ما بوسعه لتجهيل الليبيين، إذ منع تدريس اللغات الحيّة واستيراد الكتب والمنشورات. لقد قضى على كل الحريات في ليبيا بطريقة مخطط لها وممنهجة. يمكن أن نقول إن هذا النظام أنموذج للأنظمة المتخلفة. هكذا تكون الأنظمة المتخلفة، فنظام سيكوتوري في غينيا مثلا يشبه نظام القذافي ولكن بدون أن تكون له نفس الإمكانيات، وهي أنظمة ترتكز على الإيديولوجيا والنخوة والشعارات الجوفاء لتعويض الخواء السياسي والثقافي السّائد. أرى أنّ التدخل الأجنبي في ليبيا يجد صعوبات لا من حيث مبدأ مساندة الثوار لكن من حيث التخوف من أن هؤلاء الثوار ربما يكونون منتمين إلى القاعدة وإلى تنظيمات إرهابية من قبل اندلاع الثورة، أي أنه خوف من توجهات الثوار أكثر من أنه تردد في تأييد الثورة ضد القذافي.

وهذا من بين الأسباب التي أدّت إلى الانقسامات بين أوروبا وحلف شمال الأطلسي، وهو راجع أيضا إلى موازين القوى داخل أمريكا، لأن الكنغرس الأمريكي يعارض الآن التدخل الأمريكي العسكري بسبب الأزمة الاقتصادية في أمريكا، وأي تدخل عسكري مكلف ماديا، والمواطن الأمريكي ليس مستعدا للإنفاق على إنجاح الثورة الليبية، خاصة في ظل المأزق الذي آل إليه التدخل الأمريكي في العراق وفي أفغانستان. الشعب الأمريكي لا يريد أن تكون لأمريكا انزلاقات أخرى في نفس الاتجاه. هذا ما يجعل الوضع الليبي وضعا لا يمكن القياس عليه، لكن مهما كان الوضع الذي ستؤول إليه الأمور في ليبيا فهناك نقاط إيجابية. منها أوّلا

أنّ القذافي لن يتمكّن من إعادة السيطرة على كامل ليبيا. هذا غير ممكن لا ماديا ولا معنويا. ثانيا، إن الثوار ليسوا قابلين بموقف تقسيم ليبيا باعتبار أنها كانت في الماضي مقسَّمة إلى ثلاث مناطق: طرابلس وفزان وبنغازي. وهذا أمر إيجابي.

هنالك عامل ثالث هو أن هذه الثورة قد خلقت لدى المواطن الليبي وعيا بأنه قادر أن يفعل شيئا ما، وأن يؤثّر في الأحداث، وهو لم يكن واعيا بذلك من قبل، حيث كانت الأمور تتسلّط عليه ولا يشعر أنه فاعل فيها. أمّا الآن فحتّى الذين يدافعون عن القذافي مجبرون على كشف أوراقهم، وهذا أمر ستكون له بالتأكيد انعكاسات على مستقبل ليبيا. ومع كل هذا فإنّ التكهّن بما سيحصل في المستقبل في ليبيا صعب. في اعتقادي أن الغربيين لن يتركوا القذافي مهما كان الثمن. لقد وصلت الأمور إلى خط اللّارجعة.

ك. س: في التاريخ القريب جدّا كان المشهد السياسي العربي يبدو متصنما أزليّا، يصعب التفكير في ليبيا بدون القذافي، وفي مصر بدون مبارك، وفي تونس بدون بن علي. كان الموت المخرج الوحيد القادر على إزاحتهم. وبسرعة مذهلة انقلبت الأوضاع وبات الممتنع سهلا، وهو ما يجعلنا نقف مرّة أخرى على المتغيرات التى نبّهتم إليها في تحليلاتكم وفي كتاباتكم. وقد أشرتم أيضا إلى أهميّة التسارع التاريخي وما سيسفر عنه من نتائج و تجليات غير متوقّعة.[*]

عبد المجيد الشرفي: عندما أعود بذاكرتي إلى الماضي الذي عشته أستطيع أن أستحضر ثلاث فترات تاريخية متميزة : بدايةً، شهدت

. أنظر كتاب A. Charfi, *La pensée islamique rupture et fidélité*, Paris, Albin Michel, / Tunis, Sud Editions, 2008.

الاستقلال وعايشت التطوّر السريع والنقلة العميقة اللذين حصلا في المجتمع وفي العقليّات وفي السلوكات. الفترة التّاريخية الأخرى التي عشتها هي أحداث ماي 1968 بأوروبا، فقد تابعت عن كثب ما حصل بعد هذه الأحداث التي أثّرت في العقليات والسلوكات الغربية تأثيرا لم يكن يتصوّر من قبل. العلاقات بين الأوروبيين قبل ماي 1968 وبعده لم تكن هي نفسها، بدأت الأحداث في ألمانيا ثم في فرنسا فبريطانيا وامتدّت إلى أوروبا بأكملها وكذلك الولايات المتحدة الأمريكية. لقد ولّدت هذه الأحداث عقليات وسلوكات مختلفة اختلافا عميقا عما كان سائدا قبلها. وأنا أعيش الآن ما يحدث في الثورات العربية، في تونس وفي بقية البلدان العربية. في كل حالة من هذه الحالات هناك تسارع لحركة التاريخ، بمعنى أن ما كان البارحة غير ممكن أصبح اليوم ممكنا. ذكرنا سابقا حرية التعبير والتغيير الهائل، من انعدامها إلى توفرها: كنا نناضل ونقاوم ونطالب ونفعل كل ما في استطاعتنا لأن يكون هناك على الأقل نوع من التسامح مع المعارضة، فإذا بالإعلام يتحرر بين عشية وضحاها، وأصبحت العناوين والكتب التي كانت ممنوعة تملأ واجهات المكتبات. وانطلقت الكلمة في التلفزات والإذاعات والمنابر الاجتماعية. هذا هو التسارع التاريخي، ما كان غير ممكن البارحة أصبح اليوم ممكنا بل معيشا وملموسا.

ك. س: هل تتوقعون إذن أن يُحدث هذا التسارع تغييرا في نظرتنا إلى ذاتنا، أي انتهاء الإحباط والجلد الذاتي والشعور بالهامشية والهزيمة الداخلية، من جهة، ومن جهة أخرى هل تتوقعون أن تحدث هذه الثورات العربية تغييرا في نظرة الغرب التي حافظت في الكثير من الأحيان على النزعة الكولونيالية تجاهنا؟

عبد المجيد الشرفي: نعم ستتغير هذه النظرة إلى الذات، ولكن باعتبارها حركة سريعة في سيرورة بدأت قبل ذلك. يعني أن منزلة الفرد في المجتمع العربي الإسلامي لم تتغير منذ قيام الثورات العربية الحالية فقط، بل بدأت في التغير مع شيوع التعليم والاختلاط في المدارس بين البنين والبنات، ومع تغيُّر قوانين الأحوال الشخصية وتركيبة الأسرة التي انتقلت من تركيبة الأسرة الواسعة إلى الأسرة النووية التي تعد الأب والأم والأبناء فقط. تراكم هذه التغييرات هو الذي يكوّن شيئا فشيئا قيمة جديدة للفرد الذي لم يعد منغمسا ومغمورا في المجموعة، ليست له قيمة إلاّ بحسب ما تضفيه عليه تلك المجموعة من قيمة. إذا كان ما حصل الآن في الواقع العربي هو تسارع في هذه السيرورة، إذن ستغير هذه الثورات نظرة الفـرد إلى نفسه، أما إذا لم يكـن الفرد مهيّاً لكي يتولى شؤونه بنفسه، أي يكون مستقل الإرادة عن المجموعة التي ينتمي إليها، ســواء كانت القبيـلة أو العشيرة أو الطائفـة أو الجهـة، إذا لم يكن مهيّاً لذلك فإن الثورة ستحدّ فقط من التسلط السياسي ومن الفساد، وستؤدي إلى ترشيد السلوك لدى الحكام، لكنها لن تغير تغييرا جذريا ما بنفوس الناس.

ك. س: حتى وإن كان الحاجز النّفسي والعائق السّيكولوجي قد انكسر وحاجز الخوف قد تقلص ؟

عبد المجيد الشرفي: إذا ما بقيت العشائرية والقبلية قائمة فلا يمكن للفرد أن يتخلّص من طائفيّته، ولهذا نرى أن الشباب خرج في لبنان ينادي بسقوط الطائفية لأنه لا حداثة بدون استقلال الفرد عن القبيلة وعن الطائفة وعن كل القيود التي تحدّ من حريته. وهذا أمر لا يكتسب بين

عشية وضحاها. هذه الهياكل الثقيلة في المجتمع والتي لها وجود تاريخي لا تغيّر إلا بالنضالات وبتغيير الاقتصاد والسياسات ونظم التعليم. إنها لا يمكن أن تتغير بسرعة وبعصا سحرية، ولا بد من الكثير من الوقت والنضج، ولا بد أن تتوفّر لها الظروف المواتية لكي تؤتي أكلها. من حسن حظّنا في تونس أن هذه العوائق الهيكلية غير متينة وغير ثقيلة الوطء، مثلما هوَ الحال بالنسبة إلى بلد مثل العراق أو لبنان أو السعودية أو سورية. ولذلك فإن حظوظ نجاح الثورة موضوعيا أوفر في تونس لهذه الأسباب الهيكلية، ومن بينها قيمة الفرد، لأن المواطنة و قيم الدولة الحديثة لا يمكن أن تكتسب وأن تؤتي أكلها إلا إذا كانت المجموعة التي ينتمي إليها الفرد ليست مفروضة عليه بأية سلطة خارجية عنه، سواء كانت قبلية أو عشائرية أو تاريخية أو دينية أو غيرها، فتكون المجموعة في هذه الحالة ثمرة الإرادة الحرّة في الانتماء إليها وحصيلة ما ترتضيه مجمل الإرادات الحرة للمواطنين. وإذا كانت ثمرة الإرادة الحرة فإذ ذاك يمكن أن نطمئن على المجتمع وأن نقول إنه مجتمع حديث ومستقر استقرارا حيا لا استقرار الموات. إذا كان المجتمع غير قار ولكن حي فذلك يعني أنه يبذل مجهودا ليكون مستقرا، أي أنه يتحرك ولكنه يحافظ على توازنه لكي لا يسقط.

ك. س: هل المجتمع الحي هو الذي لا تجذبه قوى الماضي مثلا ؟

عبد المجيد الشرفي: لا يمكن أن تجذبه هذه القوى، وحتى إن جذبته فيمكن أن يتخلص منها ويحقق استقراره من جديد. قوى الجذب إلى الأمام وإلى الخلف وإلى اليمين وإلى اليسار كلها ستظل موجودة. هذه القوى موجودة في كلّ المجتمعات ولا ينبغي أن نخاف منها. المهم هو أن

يحافظ المجتمع على القدرة على التوازن، وألاّ يقع لا على اليمين المتطرّف ولا على أقصى اليسار. إذا ما كان هذا التوازن الجديد ثمرة الإرادة الحرّة فإنه لا يُخشى على المجتمع لا من الهزات ولا من الاستبداد، لأن النظام الحاكم مضطر لأخذ إرادة الشعب بعين الاعتبار. كانت الأنظمة القائمة في البلدان العربية تعتمد أساسا وفي المقام الأوّل على الدعاية للزعيم الأوحد والمعصوم، هذا الذي منّ به الله على هذه الشعوب! هذا النوع من الخطاب لم يعد له مجال في عصرنا، لذلك فالحاكم مضطر لأن يأخذ بعين الاعتبار ما الذي ينتظره الناس من الحاكم, معنى ذلك أن الفرد اكتسب شيئا فشيئا منزلة لم تكن له في السابق، والثورة لم تخلق هذا الفرد من جديد بل خلقت ديناميكية جديدة. فهذا المخزون الذي يتكون شيئا فشيئا أصبح الآن قائم الذات موجودا بنفسه، أو أنه يبحث بنفسه عما يتدعم به عندما يكون هزيلا ولم ييبس عوده بعد.

ك. س: وبالنسبة إلى الغرب هل تعتقد أن نظرته إلى العربي بصفة عامة ستتغير لأنه قام بثورته بنفسه وبدون دفع أو تدخل مباشر من الأجنبي لأول مرّة وأصبح قادرا على التمرد، وأخيرا قال لا؟

عبد المجيد الشرفي: نعم، بدون شك. لا بد أن موقف الغرب سيتغير، ولكنني شخصيا لا أهتم كثيرا بنظرة الآخر إليّ، أنا من الذين كانوا يقولون عندما يتظاهر الناس وأحيانا يموتون لأن هناك من نشر رسوما كاريكاتورية عن الإسلام أو لأن البابا قال ما قال، إنّ نظرة البابا أو نظرة الصحافي الذي نشر هذه الرسوم لا تهمني. الشيء الذي يهمني أنا هو: ما هو موقفي من ذاتي ومن أخي ومن أختي ومن مواطنيّ. هذا هو الذي يهمني، أما نظرة الآخر فيمكن أن تكون سلبية أو إيجابية، أحبذ

طبعا أن تكون إيجابية ولكنني أعتقد أنها لن تتغير إلاّ إذا ما غيرت أنا من مواقفي ومن سلوكي ومن منزلتي على وجه هذه الأرض. تحدثت عن المناعة التي يجب أن تتوفر بالنسبة إلى الشعوب العربية والإسلامية والتي هي غير متوفرة إلى حد الآن، فهذا ينطبق أيضا على نظرة الآخر. إذا ما كنا متقدمين علميا واجتماعيا وسياسيا وثقافيا فإذاك سيضطر الآخر إلى احترامنا. لن أستجدي اعترافه لا بالثورة التونسية ولا بأي ثورة كانت، لا أنتظر منه ذلك لأنني أعتبر أن التّغيير الجاري في مجتمعاتنا إذا ما نجح وشمل خصوصا كل الميادين، لا فقط الميدان السياسي بل كذلك الميدان الاقتصادي والاجتماعي والثقافي والفني، فإن نتيجته الطبيعية هي تغير نظرة الآخر إلينا. أما إذا نظر إلينا الآن نظرة أفضل من تلك التي كان ينظرها إلينا قبل 3 أو 4 أشهر فيا حبذا، ولكن لا أعتقد أن هذا هو الأساسي.

ك. س: نحن نطمح الى أن ينظر إلينا كطرف في الحضارة الكونية وأن نخرج من مرتبة المستعمر.

عبد المجيد الشرفي: في العلاقات الدولية وبين الأمم لا يكون للعواطف دور كبير، المصالح هي الأساس. و لذلك فإذا ما كنّا ضعافا علميا واقتصاديا وعسكريا وفي جميع الميادين التي هي معيار التقدم في عصرنا فإن الغرب ربما يغيّر نظرته السلبية جزئيا ولكن في نهاية الأمر سيظل ينظر إلينا على أننا لسنا في المستوى. ولهذا السبب أنا لا أهتم بنظرة الآخر إليّ. هذا لا يعني أنني لا أحبذ تغيير هذه النظرة، و لكنني مقتنع أنها لا تتغير لمجرد تغير الأنظمة السياسية أو حتى التوازنات الاستراتيجية وإنما تتغير عندما تفرض احترام الآخرين لك. لا بدّ لك من

أن تفرض ذلك الاحترام فرضا بفضل قوّتك. أما إذا ما كنا ما زلنا متخلفين ومحتاجين إلى الآخر في سياراتنا وطائراتنا وصناعاتنا وفي كل مظهر من مظاهر حياتنا فإذ ذاك لا يمكن أن يعاملنا الآخر إلاّ بما نحن جديرون به. أنا بالطبع أفهم هذه الحاجة إلى اعتراف الآخر بنا وأقدّر هذا الشعور، لكنني في الآن نفسه أنبّه إلى صعوبة تغيير نظرة الآخر، لأنها لا تتغير بصفة كاملة إلاّ إذا تحولت أوضاعنا نحو الأحسن باستمرار، وإذا لم نبق في مستوى التخلف، أو ننحدر إلى أوضاع متردية مثلما حصل في أفغانستان أو ما حصل في العراق. في هذه الحال لن يحترمنا الآخر، أما إذا تقدمنا شيئا فشيئا نحو الارتقاء فإننا سنفرض عليه أن يغير نظرته إلينا بدون أن نطلب منه ذلك. هو الذي ستحمله وضعيتنا على تغيير نظرته. انظر ما حصل للصين، منذ قرن كان الغرب يملي على الصين ما يريد، واليوم الجميعُ يقرأ للصين ألف حساب. لهذا أنا لا أحب الاستجداء ولا أظن أنّ فيه فائدة.

أنبّه فقط إلى أن الناحية السياسية غير كافية، فالثورات العربية غيرت إلى حد الآن النّاحية السياسية، والناحية السياسية هامة لأنها تحدد النواحي الأخرى الاقتصادية والاجتماعية، ولكنها ليست كافية. وإذا ما بقينا في المستوى السياسي فقط فهذا لا يضمن تغييرا ثابتا نحو الأفضل. الهند مثلا بقيت على الأقل أربعين سنة تعيش ديمقراطية شكلية لكنها لم تتقدم على المستوى الصّناعي والثّقافي والعلمي على النحو الذي تقدمت عليه في العشرين سنة الأخيرة. الآن تفرض الهند الاحترام أكثر مما كانت عليه في عهد نهرو. لهذا ألحّ على التكامل بين العوامل التي تولِّد الثقة في النّفس والتى تغير نظرة الآخر إلينا.

الثورة وتحديات المرحلة

ك. س: لاحظنا أن الوضع الذي أفرزته الثورة في تونس اتّسم بالارتباك، هل سبب ذلك يعود إلى غياب العنصر المنظم الإيديولوجي في انطلاق الثورة ولأن الثورة انطلقت بدون برنامج مسبق؟ مما ولد محاولات لفرض برامج قديمة أحيانا وتسابقا في الاستئثار بتقرير مصير الثورة وادّعاء الأحقيّة بتمثيلها، هل هذا طبيعي أم شيء خطير على الثورة نفسها كان بالإمكان تفاديه؟

عبد المجيد الشرفي: هو طبيعي ولا يمكن تفاديه بسهولة. هذا الارتباك طبيعي لأنّ هذه الثورة لم تكن لها زعامات ولم تكن لها إيديولوجيا واضحة. لا يمكن إذن أن نتلافى الارتباك والتجاذبات ولكن نستطيع أن نكون متفائلين بما سيؤول إليه الأمر في المرحلة المقبلة، لأن هذه التجاذبات لا تدور الآن بين أفراد قلائل بل هي مطروحة على الساحة الوطنية وفي وسائل الإعلام بصفة عامة، في الإنترنت، في المحادثات العلنية والنقاشات العامة، ولذلك فلا بدّ أن تتمخض بعد ذلك عن نوع من الاستقرار. سيكون هناك دائما معارضون وهذا طبيعي، لكن على الأقل سيتبلور شيئا فشيئا نوع من الإجماع، ليس إجماعا بالمعنى التقليدي ولكن نوع من الوفاق على حلول لا ترضي الجميع ولا تغضب الأكثرية. إذا أخذنا

مثلا موضوع إقصاء الذين كانوا مسؤولين في الحكومة والحزب الحاكم السابق من الترشح لعضوية المجلس الوطني التأسيسي، لم أكن شخصيا من دعاة الإقصاء الذي يشمل كامل مدة حكم نظام بن علي، لأنني أعتبر أن هنالك في بداية حكمه عددا من الأشخاص الذين دخلوا الحكومة لأنهم يعتقدون أنهم قادرون على أن يغيّروا الوضع من الدّاخل، كما أنّ بعض الذين دخلوا في الحكومة كانوا من التكنوقراط ولم تكن لهم اختيارات سياسية معيّنة، بعضهم لم يختر البتّة وإنما عُيِّن بدون أن يُستشار، لذلك رأيت في هذا الإجراء إجحافا. وبما أن الأغلبية في الهيئة العليا لتحقيق أهداف الثورة كانت مع هذا القرار الإقصائي الشامل لكامل فترة حكم بن علي، فربّما يكون هذا أفضل ممّا حصل في أنظمة أخرى وفي ثورات أخرى عندما قُتل المسؤولون في الأنظمة السابقة، خصوصا أنّه تَمَّ إقصاء الذين كانوا يتحمّلون بالفعل مسؤوليّة داخل النظام لا لمجرد حملهم بطاقة انتماء إلى حزب التجمع، وهؤلاء المسؤولون يتحملون قسطا من المسؤولية في ما حصل من تجاوزات بمجرّد سكوتهم عن الظلم وعن الفساد وعن المآل الذي آلت إليه البلاد. هذا النوع من المسؤولين لا يصلح لعضويّة المجلس التأسيسي الذي سيحدد دستور البلاد، فإذا لم تكن لهم الشجاعة للمعارضة بأدنى الأقوال أو الأفعال كيف يمكن أن نثق فيهم لكي يضعوا لنا دستورا؟ هناك نوع من الحياء نطلبه من هؤلاء المسؤولين القدامى. لا أرى إذن أنّ الارتباك أمر سلبي في المطلق، لأنني أعتقد أن ما يدور من حوار ومن نقاش علني ووطني هو الذي سيحد من هذه الظاهرة. في المستقبل لا يمكن أن تكون الأمور متّسمة بنفس هذه الدرجة من الارتباك، ولكن في نفس الوقت ينبغي أن نتيقّن من أن الاستقرار بالمعنى التقليدي لن يكون موجودا في المستقبل أيضا. ينبغي أن يسعى كل المواطنين إلى أن يكون الاستقرار الجديد الذي سيستتب استقرارا حاصلا على قدر

أدنى من الوفاق على الأمور الأساسية. الاختلاف في الأمور الثانوية سيبقى ولا أظن أنّه يمثل خطرا مهما كان.

ك. س: تحدثنا عن تسارع التاريخ الذي كان من العوامل التي أدت إلى قيام الثورة، بعد الثورة في تونس شهدنا أيضا تسارعا في الأحداث ومجموعة من الإنجازات والتغييرات في الواقع السياسي لم تشهدها تونس في تاريخها الحديث. هناك قائمة طويلة من الإنجازات نذكر من أهمّها : حظر نشاط الحزب الحاكم ثمّ حلّه، الدعوة إلى انتخاب مجلس تأسيسي، حلّ البوليس السياسي، مراجعة المجلة الانتخابية وقانون الأحزاب، حرية التنظيم، وهو ما أدّى إلى تسارع قياسي في عدد الأحزاب. من أسباب ذلك الكبت الذي فرض على الحياة السياسية في تونس وكذلك تزعزع أسس شرعية الدولة والحكومة المؤقتة.

هل هذه عوامل تدلّ على نجاح الثورة ؟ هل هي تغييرات في العمق ستترك أثرا في مستقبل البلاد أم هي إجراءات ظرفيّة يمكن أن تقلّصها أو تلغيها المرحلة القادمة؟

عبد المجيد الشرفي : هنالك وجهتان للنظر في هذه القضية. إما أن نعتبر أن هذه الثورة قد انتهت بسقوط نظام بن علي يوم 14 جانفي 2011، وإمّا أن نعتبر أن هروب بن علي كان بداية الثورة أي التغيير الشامل لكل ما يتعلق بأسس النّظام السابق، سواء النظام الذي أرساه بن علي أو النظام الذي أرساه بورقيبة. إعادة النظر لا تعني رفض كل ما في هذا النظام وإنما رفض النواحي السلبية في النظام السياسي بالخصوص، أعني تركيز كل السلط في يد رئيس الدولة وانعدام استقلالية القضاء والسلطة التشريعية. بالمعنى الثاني، الثورة لم تنته وعملية تغيير البنى التي قام عليها

النظام الدستوري منذ الاستقلال تتطلب بما لا شكَّ فيه كثيرا من الوقت ولا يمكن أن تنتهي بين عشية وضحاها. طبيعي أيضا أن تشهد هذه الفترة تجاذبات مختلفة تبعا للتّعدد الموجود في المجتمع التونسي، حيث يوجد أقصى اليسار وأقصى اليمين وهناك أحزاب الوسط، وهناك مصالح يدافع عنها كثيرون. كلّ هذه أمور طبيعية. هل ستكون هذه الثورة مؤدية الى نظام يخدم المصلحة الوطنية أم سيكون لفائدة شقّ سياسي معيّن؟ أظن أنه من السابق لأوانه أن نعرف ما ستؤول إليه هذه الثورة. أنا شخصيا متفائل، أعتقد أن المجتمع التونسي سيختار في نهاية الأمر النظام الذي يمكّنه من التخلص من مظاهر الاستبداد السياسي ويسمح في الآن نفسه بهامش لا بأس به من الحرية، خاصة حرية المبادرة. هذا ما يفتقده النّظام الاستبدادي الذي لا يعبأ برأي المواطنين وبموقفهم، بل يطالبهم بتطبيق أوامر فوقيّة. الآن أصبح المواطنون من الشّباب وغير الشباب يبادرون بتكوين جمعيات، وبتنظيم حملات. هذه الذهنيّة الجديدة هي الأساس الذي يمكن أن يبنى عليه مفهوم المواطنة الحقّ، لكن هذا قد يكون عرضة للثورة المضادة بطريقة أو بأخرى.

ك. س: من الذي يمكن أن يقوم بهذه الثورة المضادّة ؟ هل هو الحزب الذي كان يحكم البلاد أم القوى المحافظة أم الأقطاب الاقتصاديّة أم تحالفات أخرى؟

عبد المجيد الشرفي : لا أتوقع أن يكون الحزب الذي كان في الحكم بصفته حزبا ومجموعة متجانسة، وإنما بعض التحالفات التي ليس من مصلحتها أن يقوم المواطن بهذا الدّور الفعال في المجتمع. هناك قوى لا تريد هذا، سواء من الإسلامويين أو من أصحاب رؤوس الأموال أو من

النافذين. فهؤلاء لم يتعودوا على أن يحاسَبوا، وعندما يكون للمواطن حق المبادرة فمعنى ذلك أن كل عمل عمومي يقوم به شخص ما في أي ميدان هو عرضة للمحاسبة، وهذا يتطلب تعوّدا لأن الديمقراطية في نهاية الأمر، فضلا عن كونها «أخلاقية»، ليست فقط حكم الأغلبية، ولكنها أيضا إرساء مبدأ المحاسبة على الأخطاء وعلى التّجاوزات التي يرتكبها المسؤول أيًّا كان، سواء في الميدان السياسي أو الاقتصادي أو غيره من الميادين.

ك. س: هل المؤسسات التي أفرزتها الثورة مثل الهيئة العليا لحماية أهداف الثورة وبقية اللجان كلجنة تقصّي الحقائق... كفيلة فعلا بحماية أهداف الثورة كما أريد لها وحمايتها من الثورة المضادّة؟

عبد المجيد الشرفي: لا بد أن ننظر في الطريقة التي تكونت بها هذه الهيئة العليا. إنها كانت في البداية لجنة إصلاح سياسي فقط، فكانت متكوّنة من خبراء في القانون، ثم نشأت لجان لحماية الثورة، وكانت هناك مبادرات كثيرة في هذا المجال. كانت هذه اللّجان تسعى إلى أن تكون لها وصاية على عمل الحكومة وأن تكون لها صبغة تقريرية. وقد أدّى ذلك الى سقوط حكومة محمّد الغنوشي الثانية. وعندما جاءت حكومة الباجي قائد السبسي تمّ التوصّل الى حل وسط، وهو ترتيب هذه الهيئة العليا لا لحماية الثورة ولكن لتحقيق أهداف الثورة. وهناك فرق بين لجنة حماية الثورة وهيئة تحقيق أهداف الثورة والإصلاح السياسي والانتقال الديمقراطي. أصبحت لهذه الهيئة ثلاثة أهداف كبرى: تحقيق أهداف الثورة، المساعدة على الانتقال من نظام استبدادي إلى نظام ديمقراطي، والإصلاح السياسي بمعناه الشامل.

هذه الهيئة إلى اليوم - ونحن في شهر أفريل - لم تكتمل تركيبتها، لأنها أصبحت محتوية على الخبراء القانونيين، وعلى ممثلي الأحزاب السياسية والجمعيات والجهات، وعلى عدد من الشخصيات الوطنية ليس لها انتماء معين. إلى اليوم، بعض الولايات لم تعين ممثليها لأن هناك اختلافات في صلب هذه الجهات حول تمثيلية هؤلاء الذين اقتُرحوا. أصبحت إذن هيئة موسعة تضم أكثر من 150 عضوا، وهذا ليس شيئا يسيرا. ومهما كان الأمر وبحكم مشاركتي في هذه الهيئة من الدّاخل أعتبر أنّها تعبّر عن أهمّ التوجّهات الموجودة في المجتمع التونسي، لا كلّها ولكن أهم التوجهات من جميع النواحي. والدليل على ذلك أن الذين ينقدون عمل هذه الهيئة لم يقدموا أي بديل عنها. لقد توصلت هذه الهيئة إلى حد الآن على الأقل، إلى نتيجتين هامّتين جدا: إرساء هيئة عليا مستقلة لإجراء الانتخابات ومراقبتها عوضا عن وزارة الداخلية، وهو أمر جديد و هام، ثم اقتراح نظام في الاقتراع لم يرض كل الناس كذلك ولكنه ربما يكون أفضل ما هو موجود في الوقت الراهن، وهو اقتراع على القائمات مع النسبية واعتبار أكثر الفواضل. يحتوي هذا المشروع كذلك على تجريم الذين يحاولون في أية مرحلة من المراحل العبث بإرادة الناخبين.

هنالك إجراءان هامّان آخران دار حولهما نقاش مطوّل وعسير في صلب الهيئة وخارجها، وأسال كثيرا من الحبر على أعمدة الصحف، هما: مبدأ إقصاء المسؤولين في الحكومة وفي التجمع الدستوري الديمقراطي طيلة حكم بن علي، ومبدأ المناصفة في عدد المرشّحين بين النساء و الرجال.

ك. س: مرة أخرى نجد أنفسنا أمام خصوصيّة تونسيّة تتمثّل في الطّريقة التي تمت بها إدارة هذه الهيئة واستنباط أشكال جديدة

لمصاحبة الثورة وتسيير البلاد في وضع يصعب فيه القبول بغير الشّرعيّة الثوريّة. من المسائل التي أثارت جدلا حادّا، مستقبل الدستور الذي تسير عليه البلاد منذ الاستقلال. كان هنالك خياران : إمّا تنقيح الدستور وإصلاح ما وقع فيه من عبث، أو الدّعوة إلى مجلس تأسيسي ووضع دستور جديد. فوقع الاختيار على انتخاب مجلس تأسيسي.

بحكم معايشتكم لهذه الأحداث التاريخية هل تعتقدون أن هذا هوّ الاختيار الأفضل والأكثر ضمانا أو ربما كان يمكن المحافظة على الدستور وتنقيحه مثلما حصل في مصر؟

عبد المجيد الشرفي : لا أخفيك أنني كنت في البداية من دعاة تحوير الدستور لا إلغائه، لأنني كنت متخوّفا من الفراغ الدستوري. ولحسن الحظّ أن هذا الفراغ الدستوري قد تم ملؤه بطريقة ربما ليست فيها الشّرعية الكافية، ولكنها نالت قبول مختلف الأطراف، وهي أن يواصل رئيس الجمهورية الموقّت بعد 15 مارس تحمل المسؤولية حتى انتخاب المجلس التأسيسي. ولو لم يتمّ الوفاق حول هذه النقطة لوقعنا في خطر الفراغ الدستوري. وبالتوصّل الى هذا الحل أعتبر أن قيام دستور جديد أمر مفيد، لأن فيه إشعارا للمواطن بأن هناك أمورا أساسية ستتغير. لو حوّرنا الدستور فقط لكانت هذه العملية شبيهة بما تم في عهد بورقيبة وفي عهد بن علي. لديّ قائمة بالفصول التي تم تغييرها المرة الأولى والثانية والثالثة والرابعة ... تحويرات متتالية حتى غابت ملامح الدستور. هذا يجعل قيام دستور جديد أمرا محبذا، وأرجو أن يكون إيجابيا.

التفكير في دستور جديد بدأ يثير نقاشات هامة في المجتمع حول العلاقة بين الدين والدولة مثلا. وتلك العلاقة من المستحسن أن تطرح على رؤوس الملأ وأن لا تكون فقط أمرا يهم السياسيين، بل يهم كل المواطنين. وبقدر ما كانت المواقف متباعدة في البداية فإنها تدرّجت

نحو نوع من الحل الوسط فيما يخص العلاقة بين الدين والدولة، لأن الفصل الأول من دستور 1959 أصبح لدى الكثيرين يعتبر نوعا من الخط الأحمر لا ينبغي تجاوزه لا بالأكثر ولا بالأقل، وأصبح هناك شبه إجماع على الإبقاء على هذا الفصل الأول. وهذا أمر إيجابي (الفصل الذي ينصّ على أن تونس دولة ذات سيادة، العربيّة لغتها والإسلام دينها). فيما يتعلق بنوعية النظام هل هو رئاسي أم برلماني، فهذه خيارات إذا ما تمّت بعد النقاش العلني فسيساعد ذلك المواطنين على تحمل مسؤوليتهم. وهذا ينطبق على كلّ الخيارات الأخرى، إذ لا يوجد خيار مثالي، كما لا يوجد نظام مثالي. نظرا إلى كل هذه الاعتبارات، يمكن القول إن المرحلة الحالية حبلى بكثير من المفاجآت، ولكنها كذلك حبلى بإمكانيات إيجابية لتطوير الحياة السياسية في تونس.

الثورة والحداثة

عادة حين نريد التأمل في الثورات لتصنيفها نعود إلى أدبيات زعمائها والكتابات التنظيرية وإيديولوجيتها التي وجهتها برامجها أو حتى الخطب التي ألقيت لتعبئة الجماهير، أما ثورة تونس فلم تترك لنا إلا الشعارات التي حملتها وما انطوت عليه من مطالب. نحكم على شعاراتها التي اختلط فيها الخبز بالكرامة منذ لحظاتها الأولى في سيدي بوزيد والتحمت بها شعارات المطالبة بالحق في الوجود والكرامة التي يضمنها الشغل، وبالحرية والحق في التعبير عن الرأي وفرض الإرادة والمشاركة في صنع وتقرير المصير، وهو ما تحققه الديمقراطية وهذه كلها مقومات الحداثة.

لهذا نقول إن ثورة تونس دشنت نمط الثورات في زمن العولمة والحداثة. وأيضا بطبيعتها الحداثية التي جاءت لتكسر القوالب ولتفند بعض المقولات الرائجة في الأوساط الفكرية والسياسية في الغرب أن العالم العربي يستعصي على الحداثة نظرا إلى وجود الإسلام في تركيبته الثقافية، ولعمق تأثير الاستعمار الغربي بأشكاله القديمة والحديثة فيه. هذه المقولات أصبحت شبه مدخلنة في الضمير العربي الحديث خاصة بعد فشل الإديولوجيات القومية وانتكاساتها المتتالية وخيبة الأمل في الأنظمة المنبثقة عن حركات التحرر الوطني من الاستعمار، وبعد أن أصبحت الأرض العربية المسرح المفضل للحروب والاعتداءات الغربية،

وبعد أن أحبطت الانتفاضة بمختلف مراحلها في فلسطين. لقد تدعم هذا الشعور أمام استبداد الانظمة العربية وتفردها بالتحكم في المصائر والثروات وقدرتها على البقاء وتضييق الخناق بمساعدة الصمت الداخلي والدعم الخارجي.

لقد اتسمت الحركة الحداثية العربية الإسلامية منذ بدايتها في نهاية القرن التاسع عشر بالتردد تجاه الحداثة واعتماد الانتقائية والتوفيقية بدافع الخوف على الهوية، على اعتبار أن هناك تناقضا بين الهوية والحداثة. ولكن الاتجاه الجديد الذي حصل في الفكر التحديثي منذ السبعينات انخرط بأكثر جرأة في القطع مع هذا التردد وانتقد النزعة التوفيقية التلفيقية وانفتح كليا على الحداثة بدون عقد أو مركبات أو تابوهات ومحدودية يفرضها أصلها التاريخي باعتبار أن إنسانيتها وكونيتها تسقط التحفظات باسم الهوية والخصوصية و تعلو على الانتماءات.

يقول هشام جعيط في هذا المجال : «حين نطرح على العالم العربي المفاضلة بين بقاء الإسلام والولاء للماضي من جهة و بين الانطلاق في طريق المستقبل والتجديد من جهة أخرى فإننا نحصره في جدلية البؤس»(*) نجد في طرح عبد المجيد الشرفي ردا على هذه الجدلية بضرورة ملازمة الحذر والنقد من الجانبين.

الأستاذ عبد المجيد الشرفي لا يؤمن بغير الحداثة بكل مقوماتها منهجا للحياة والتقدم والتطور والتأصيل. سنقف على حداثة ثورة تونس وكيف لن نخطئ الحداثة هذه المرّة. الشعب مؤمن بها، لا مجال للتشكيك في خياره هذه المرة لا لأن نخبة تعتقد أنّها هي التي تقرّ ما يستحق وما هوَ نصيبه من الحداثة، تقتّر عليه ما انتقته لمصالح سياسية أو باسم أصالة محروسة وقداسة مفتعلة.

---

* أنظر «أسئلة النهضة العربية» د. كمال عبد اللطيف، مؤسسة الوحدة العربية، ص.7.

ك. س: رأينا أن الثورة التونسية لم تكن قائمة على إيديولوجيا سياسيّة أو دينيّة. المطالبة بقيم الحداثة كانت عفوية و بدون تنظير مسبق. هل يمكن أن نقول إن الحداثة شكلت هذه اللحمة وعوضت الإيديولوجيات التي فشلت في تحقيق مبادئ الحرية والكرامة والديمقراطية؟ هل يمكن أن نقول إنّ الحداثة فرضت نفسها اليوم في صلب المجتمع وبين عامّة الشّعب كعامل موحّد؟ و هل يمكن أن نقرأ المطالبة العفويّة، أي بدون إيديولوجبا مؤطرة، بتحقيق مبادئ الحداثة خلال الثورة في تونس ومصر، أن هذه المبادئ و بعد جيل أو جيلين بلغت مرحلة الهضم والاستبطان في الضمير الجماعي وأصبحت حداثة كمطلب شعبي بعد أن كانت مطلب النّخب؟

عبد المجيد الشرفي: تماما، وهذا من المظاهر الإيجابية جدّا في هذه الثورات العربيّة الحاليّة. ولئن اختلفت الأشكال من بلد إلى آخر بحسب الظروف، فإن هذه القيم الحديثة أصبحت الآن مُدخلَنة لدى الشّعوب العربية ويعسر أن تتخلى عنها في المستقبل. هناك نقلة نوعية حصلت في الضمير الجمعي العربي لا يمكن أن يقبل بعدها بالديكتاتورية ولا بتوظيف الدين ولا أية مظاهر أخرى من المشروعيات الزائفة.

المشروعية اليوم، لا الشرعية الشكلية، أصبحت قائمة على هذه الأسس الجديدة. وإذا ما تحققت على أرض الواقع بعد هذه الانتفاضات وبعد هذه الأحداث في أيّ قطر من الأقطار، ونأمل أن تتحقق في تونس هي الأولى، فإنها ستكون مُعدية - بالمعنى الإيجابي للعدوى - في المجتمعات العربية الأخرى. وإذ ذاك لن يشعر العرب بالغربة في عصرهم.

هذا أمر أساسي. كان العرب يشعرون أنهم غرباء عن العصر، لأنهم لا يشاركون في حضارته، ولأنهم مقهورون ومحتقَرون، لا فقط بسبب العدوان الإسرائيلي وما حصل في غزة وفي لبنان وفي العراق، بل هم

مقهورون بصفة مزدوجة، من الداخل ومن الخارج، من الأعداء لا محالة، ومن الحكّام كذلك. حينما يتخلصون من الشعور بأنهم محتقَرون وأنهم لا يساوون شيئا في هذه الحسابات السياسية، فإنّ ذلك سيغيّر الكثير من المعطيات، نحو الأحسن بطبيعة الحال. ولكن، مرة أخرى، لا ينبغي أن نستعجل النتائج، لأن هذه الرجّة التي حصلت في النفوس، وهذه النقلة النوعية، لن تأتيا أكلهما إلا بعد عقود، لا فقط بعد بضع سنوات. استعجال النتائج طبيعي عند الشباب، لكن لا بد أن نعترف بأن هذه النقلة لن تتجسم بسهولة، لأن المجتمعات في تركيبتها الحالية وفي بناها الأساسية وفي أنماط إنتاجها ليست حديثة بحسب ما تقتضيه هذه المؤسسات. عندما توجد المؤسسات الحداثية في مجتمع غير حديث فإنّها لا تبقى مدة طويلة، ولن تكون قوية ومبنيّة على أساس متين. لذلك فان تحديث البنى الاجتماعية والاقتصادية والثقافية وغيرها ينبغي أن يتمّ بالتوازي مع هذا التحديث السياسي.

ك. س: ثورة تونس ثورة وطنيّة وثورة عربيّة، وهناك من أطلق عليها اسم الثورة العالمية. يقول هوبر فدرين وزير خارجية فرنسا الأسبق: «إن ما حدث في تونس سيغير العالم العربي الإسلامي بل حتى الأنظمة في العالم». هل ترى في الثورة التونسية بعدا كونيا؟ يتم تشبيهها بالثورة الفرنسية، هل هذا دليل على أنّها ثورة حداثيّة؟

عبد المجيد الشرفي: إني من الذين يعتقدون أنها ثورة حداثية بالفعل. وما حدث في البلدان العربية إثر الثورة التونسية دليل على أن ما حرّك التونسيين من قيم كان هو بالأساس المحرّك للشّعوب في مصر واليمن وسوريا وليبيا والجزائر والمغرب والأردن والبحرين. بالطبع، لكل شعب

خصوصيته من حيث مكوّناته وتركيبته المجتمعية، لكن الطموح نحو القضاء على الاستبداد والفساد، والطموح نحو تحقيق الحرية والكرامة هو شعور حداثي وحديث في الآن نفسه، بمعنى جديد على العالم العربي وغير مألوف. عندما يفتي المفتون الوهابيون بأن التظاهر حرام فإنهم في الحقيقة يكرّسون النظرة التقليدية التي هي ضدّ هذه الحداثة، لأن التظاهر هو شكل من أشكال التعبير الحديث عن مطالب مجتمعية تختلف تماما عن مفهوم النصيحة لأولي الأمر، وعن مفهوم الأمر بالمعروف والنّهي عن المنكر. هذه الثورات العربيّة هي ثورات حداثية، لأن هناك جيلا من الشباب يحمل مُثُلا مغايرة.

إنّ ما حصل في اليمن أمر لافت للانتباه، فلقد استطاع الشباب أن يتجاوز التنظيم القبلي المتأصل في اليمن، وأن يقنع زعماء العشائر واليمنيين بصفة عامة بأن يتركوا أسلحتهم في بيوتهم وأن يخرجوا للتّظاهر في الشّوارع عزلا، بدون سلاح. فهذا أعتبره ظاهرة تدل على أنّنا نعيش حركة تسارع في التّاريخ، لأن اليمن هو من الشعوب التي التحقت بالركب الحداثي بصفة متأخرة. في بداية السّتينيات كان اليمنيّون لا يزالون يعيشون في القرون الوسطى من جميع النّواحي، وإذا بهم بعد جيل فقط يتبنّون هذه القيم الكونيّة والوسائل التي تمهّد لتجسيمها، وذلك بصرف النظر عمّا إذا كانوا سينجحون أو لا ينجحون، فلِمجرّد أن توجد هذه الطّموحات وهذه القيم، وأن تؤمن بها شرائح عريضة من المجتمع اليمني، فهذا مؤشّر على أنّها أمور تتعلق بقيم لا ينبغي بعد اليوم أن نقول إنها غربية أو مستوردة أو ما أشبه ذلك.

ك. س: فيما يتعلق بالمقارنة بين ثورة تونس وثورة مصر لاحظنا أنّه في ثورة تونس لم ترفع شعارات دينية. أول مرة رأينا فيها مظاهرة

دينية أو بالأحرى ترفع شعارات دينيّة، كان ذلك في مرحلة متأخرة، أي بعد ما سقط نظام بن علي، وكان مشبوها في الجهة التي كانت وراء تنظيمها. في مصر، لم تكن هناك شعارات دينية في المرحلة الأولى، حيث كان شباب الثورة هم المنظمون للمظاهرات، ثم شهدنا في مرحلة موالية شعارات دينية عندما قررت حركة الإخوان المسلمين الالتحاق بالثورة بعد أن كانت محترزة في الأول على المشاركة، فرفعت على الأقل «الله أكبر». كنّا نقول إن هذه الثورات حداثية، فهل وجود شعار ديني في ثورة مصر يتعارض مع كونها ثورة حداثية؟

عبد المجيد الشرفي: لا أعتقد أن الدين يحدّ ضرورة من الصبغة الحداثية، لأن الدين، أيّ دين، كان تاريخيا إما عامل استلاب وإما عاملا مضادا للاستلاب، و إذ ذاك فهو عامل إيجابي. الاستلاب بمعنى حجب الواقع عن ضمير المؤمن، هذا هو ما نقصده بالاستلاب. عندما يقوم الدين بوظيفة أخرى، وهي كشف هذا الواقع الفاسد المستبد وتعريته فإنه يؤدي وظيفة إيجابية. ليس الدين في حد ذاته هو الذي ضد الحداثة أو مع الحداثة، وإنّما كيف يُستغلّ الدين إما لتثبيت نظام ما، وإما لإرساء نظام أفضل منه. هذا هو المهمّ في نهاية التحليل. ماذا يعاب على الحركات الدينية، الإسلامية وغير الإسلامية؟ في إسرائيل هناك حركات دينية متطرفة، في المسيحية الحركات الإنجيلية المحافظة، في الإسلام الحركات الإسلاموية، يعاب عليها أنها ترمي في الحقيقة إلى المحافظة على نظام اجتماعي تقليدي لا يؤمن بالقيم الحديثة، قيم العدل والمساواة والحرية وما إلى ذلك. هذا ما يجمع بينها وما يعاب عليها. لكن هناك في كل الأديان إما فترات وإما حركات أدّى الدين فيها دورا آخر. نرى مثلا أن حركات التحرر في أمريكا اللاتينية كانت تستند إلى ما يسمّى بلاهوت التحرر، وفي الإسلام هنالك عدد من المناضلين الذين دافعوا منذ

خمسينات القرن الماضي عن قيم حداثية باسم الإسلام، ومن منطلق إيمانهم بأن القيم الإسلامية لا تتعارض مع القيم الكونية. وقد دشّن خالد محمد خالد بكتابه «من هنا نبدأ» هذا التوجّه.

ك. س: ولكن منذ الثورة الإيرانية وما آل إليه حكم السياسة والإسلام والدور السلبي للدين وما شكله من تهديد للحريات الفردية والعامة، صار استعمال الدين في السياسة خطيرا على مستقبل الحداثة، ليس على مستوى القيم أو المفاهيم ولكن على مستوى أرضية استعمال الدين كإيديولوجيا. نقول هذا في سياق الحديث عن الثورات العربية الحالية وما يمليه ذلك من احتراز وتخوف من عودة استعمال الدين في السياسة، أي كإيديولوجيا.

عبد المجيد الشرفي: هذا احتراز مشروع، لأن النزعات المحافظة هي التي تستنجد بالدين وتوظّفه أكثر من النزعات التقدمية. وأنا أعتبر أن هذا خطأ جسيم وقعت فيه الحركات التقدمية بصفة عامة، أنها لا من حيث المنطلقات المبدئية ولكن من حيث الاستراتيجيا، تركت للجهات المحافظة الاستئثار بالخطاب الديني، بينما كان يمكن للتقدميين أن يكون لهم خطاب مضادّ، وربما خطاب له مفعول إيجابي في نفوس العامة. أنا لست داعية إلى ذلك، فأنا لا أدعو لا إلى هذا ولا إلى ذاك، ولكن ألاحظ فقط أن الدين قابل لأن يوظف في اتجاه آخر. صحيح تاريخيا أن الثورة الإيرانية بالخصوص، ولكن أيضا ما حصل في أفغانستان وفي السودان، وكذلك ما حصل من سلوكات عندما حاولت جبهة الإنقاذ الإسلاموية في الجزائر الاستيلاء على الحكم، كل هذه الأمور تجعل الناس يحترزون من استغلال الدين في السياسة. هذا طبيعي، لكنه لا يغيّر من طبيعة الأشياء،

وهي أن الدين عامل تجييش وعامل تعبئة ، وإذا استُعمل الدين فإن ذلك لا يعني أنه في جوهره لا يكون إلا محافظا على النظام القائم أو داعيا إلى نظام قديم. أنا شخصيا أعتبر أن الدين يمكن أن يكون مساعدا على الإيمان بالقيم الحديثة، بالقيم الكونية التي جاءت بها الأديان والفلسفات والأنوار، أو على الأقل ألاّ يكون معرقلا لها. في الحالة التونسية لم يكن هذا العامل موجودا بكثافة، ولم يكن هو العامل الأساسي. أمّا بالنسبة إلى ما حصل في ميدان التحرير في القاهرة فلقد كان الدين عاملا مضادا للاستلاب، وهو من هذه الناحية إيجابي، بصرف النظر عن من سيجني فيما بعد ثمار ذلك التخلص من الاستلاب، ولو جزئيا.

ك. س: عندما نقول إن ثورة تونس أو الثورات العربية المماثلة حداثية، هل هذا يعني أنّنا نختزل الحداثة في قيم الحرّية والمسؤوليّة الفرديّة والمساواة، أم باعتبار طبيعة مقوّمات الثورة، أم أنّنا ننظر إلى ما ستفضي إليه؟ ما الذي يجعلنا واثقين أنها ثورة حداثية، والحال أن الحداثة متعددة الأبعاد؟

عبد المجيد الشرفي : هي ثورة حداثية على الأقل في عدد من تجلّياتها، ولا نستطيع أن نتأكد من أنها ستكون في المستقبل القريب وفيّة لكل مظاهر الحداثة في كل الحالات، لأن الحداثة لا يمكن أن تُفصَل فيها المنجزات المادية عن المنجزات المعنوية وعن القيم. لا يمكن أن تنتشر هذه القيم وأن تتأصّل في مجتمع زراعي يقوم على نظام القبيلة والعشيرة، فضلا عن الأنظمة الريعية. ستكون هذه القيم عرضة بسرعة للاندثار والنسيان. ينبغي أن نذكر في هذا الصّدد ما حصل في اليمن الجنوبي، ففي ذاك البلد كانت هناك إيديولوجيا ماركسية لينينية «تقدميّة»، وكانت هناك

بعض التشريعات الحداثية، مثل المساواة في الإرث بين النساء والرجال، لكن التربة التي ظهرت فيها تلك التشريعات لم تكن تربة مناسبة، لأنها كانت قائمة على نظام قبلي عشائري، فانهارت بسهولة. لكي تتوفر شروط النجاح للحداثة لا بد أن تكون في الآن نفسه معتنية بناحية القيم وبالعلاقات المجتمعية كالمساواة بين الرجل والمرأة بالخصوص، وأيضا بالنواحي الاقتصادية، أي أن تكون أنماط الإنتاج أنماطا حديثة مساعدة. بدون توفر هذه الشّروط الثلاثة، وإذا ما عزلنا القيم عن المرتكزات المادية والمجتمعية للحداثة فإنها تصبح معلّقة في الهواء ولا تدوم. لا يمكن أن تكون مؤثرة في العمق. ربما تبقى فاعلة في النفوس، لكن يمكن، كما يقال في قاموس الثورة، الالتفاف عليها بسرعة.

في تونس الوضع يختلف عن اليمن، لأن الظروف المجتمعية والمادية الاقتصادية مساعدة. من الناحية المجتمعية، المجتمع التونسي متجانس ووسطي، أي أن الطبقة الوسطى، بما هو معروف عنها في كل الحالات من خوف من التطرف مهما كان اتجاهه، هي التي تحتلّ فيه النصيب الأوفر، وهو مجتمع قد أنجزَ بعدُ تحولا في أنماط الإنتاج الزراعي وعصرن الاقتصاد، إذ أصبح شقّ كبير منه يقوم على الخدمات وعلى التصنيع. فلا ننسى أن الكثير من الصناعات الكهروميكانيكية التي تتطلّب تقنيات عالية، أصبحت الآن من مقوّمات الاقتصاد التونسي، وكذلك التّجهيزات التي تحتاج إليها السيّارات، حتى الفخمة منها، في أوروبا تصنع شبكاتها في تونس بتقنيات عالية، وكذلك بعض تجهيزات الطائرات، وما إلى ذلك من التقنيات المتطورة. إلى جانب هذا التحوّل الاجتماعي والاقتصادي، أنجزت تونس تحوّلا ديمغرافيّا، والعامل الديمغرافي مهمّ جدّا: بلد كاليمن ما زالت نسبة الولادات فيه مرتفعة، وهذا يمنع المجتمع من أن يستفيد من النموّ لأنّ الأفواه الجديدة التي تتكاثر كل يوم تستهلك الثروة

بسرعة. هذا ما حصل في مصر أيضا. منذ عهد عبد الناصر أحدثت مصر ثورة، أو على الأقل تطوّرا في تنظيم المجتمع من الناحيتين الاجتماعية والاقتصادية، لكن لم يحدث فيها ترشيد ديمغرافي، فكانت المنجزات المجتمعية والاقتصادية مهدّدة، وتمّ فعلا التراجع عنها لاحقا. هذا لم يحدث في تونس بسبب التحكّم في النموّ الديمغرافي عبر سياسة يمكن حقّا أن ننعتها بأنها رشيدة، باعتبار أنها لم تقم لا على ترك الحبل على الغارب ولا على القمع والتعسف، كما حصل في الهند في عهد انديرة غاندي، وكما حصل في الصين أيضا عندما فُرض على الأُسَر ألاّ يكون لها أكثر من ابن واحد. وهذا لم يحصل في تونس، بل حصلت توعية.

ك. س: ولكن كانت هناك أيضا ضغوط على النساء لإجبارهنّ على تحديد النسل. وكانت سياسة «التنظيم العائلي» تصطدم في بعض الاحيان بالثقافة التقليدية والمعتقدات الدينية، ممّا خلّف بعض التوتّرات لدى بعض النساء.

عبد المجيد الشرفي: لا أستبعد وجود ضغط، ولكنه لم يبلغ قَطّ درجة الإكراه. الضغط شيء والإكراه شيء آخر. وحسب ما أعلم لم تحصل حالات إكراه للنّساء أو للأسَر على ممارسة التنظيم العائلي. كانت هناك مجهودات بيداغوجية ملحوظة. عدد كبير من المسؤولين، من الأطباء بالخصوص أو من المرشدات الاجتماعيات، قاموا بمجهود لا يُنكَر في مجال التوعية. السياسة الرسمية اعتمدت على هذا أكثر مما اعتمدت على الإكراه، وهذا لا ينفي وجود تجاوزات.

نحن نحاول أن نتبيّـن ما في هذه الثورة التونسية من خصائص قابلة لأن تكون أنموذجا لبلدان أخرى شبيهة بأوضاعنا، وما تفردت به الوضعية

التونسية. إذا ما اعتبرنا ما في هذه الثورة التونسية من صفة أنموذجية فأنا أعتقد أنها أحسن دليل على أن الأجيال الجديدة العربية، لا التونسية فقط، قد دَخْلَنَت عددا من القيم الحداثية الأساسية. وهذا أمر هام جدا لأنه لا سابقة له. فعندما نقارن ما يحصل الآن بما حصل في فترة ما بين الحربين في مصر بالخصوص فإننا نلاحظ أنّ تبنّي هذه القيم كان منحصرا في طبقة ضيّقة من المثقّفين، بينما نرى الآن شرائح عريضة من المجتمع ومن الشّباب بالخصوص تتبنّى هذه القيم.

ك. س: وما هو السبب في ذلك ؟ هل هو توسيع وانتشار الأنموذج الغربي والدور الذي تلعبه وسائل الاتصال والقنوات الفضائية التي لعبت دورا هامّا خلال العشرين سنة الماضية وساهمت في تسارع التاريخ؟

عبد المجيد الشرفي : لقد أصبح العالم قرية. العولمة لها انعكاسات سلبية، ولكن لها أيضا انعكاسات إيجابية. ولهذا أعترض فقط على اعتبار أن قيم الحداثة هي قيم غربية. فهي ليست كذلك إلا من حيث أن الغرب قد بلورها وأعطاها دفعا قويا انتشرت بفضله في كامل أنحاء المعمورة. ولا أوافق على أن «الأنموذج الغربي» هو الذي انتشر كما ذكرتِ، لأن الغرب طبّق هذه القيم بالنسبة إليه لا بالنسبة إلى المستعمرات أو الآخرين عموما. وهذه القيم هي أيضا نتيجة تراكم لخبرات البشريّة ولما اعتمل في الحضارات المتعاقبة على البشرية، وهو ما أدى مثلا إلى أن يكون مفهوم الحرّية أومفهوم المساواة ممّا يؤمن به الناس بصرف النظر عن أنهم ينتمون إلى هذا الدين أو ذاك، وإلى هذه اللّغة أو تلك، وإلى هذه الأمة أو غيرها.

ك. س: يعني أن العوامل التاريخية الخاصّة بكلّ منطقة لا تقف وراء ذلك؟ مع أن الأحداث التاريخية، وتطوّر التّاريخ تختلف في الطبيعة والنّسق بين البلدان الغربيّة والبلدان العربيّة والإسلاميّة؟

عبد المجيد الشرفي: العوامل التاريخية في الغرب ليست سوى العوامل المباشرة فحسب. التراكم للتّجارب البشرية منذ الحضارات القديمـة إلى اليوم هو الذي أدّى إلى شيوع هذه القيم التي نعتبرها حداثية. هل مفهوم العدل مثلا غائب في الحضارة الإسلامية أو في الدّيانات التوحيدية؟ لا، ليس غائبا، ولكنّه اكتسب مدلولا جديدا. عندما نأخذ مثلا الخطاب الإصلاحي الإسلامي نقرأ استشهادا بقولة عمر بن الخطاب «متى استعبدتم الناس وقد ولدتهم أمهاتهم أحرارا». ففي هذا الاستشهاد إسقاط لمفهوم جديد على مفهوم قديم، عمر كان يقصد العبودية ضدًّا للحريّة، بينما المقصود اليوم هو حرّية القول، حرية التنظيم، حرية العمل السّياسي، الخ. هناك فرق كبير، لكنّ النّاس لا يشعرون أنهم يبنون على الماضي مفهوما جديدا. ومن الطبيعي أنه لا يمكن أن نبنى على فراغ، وكل شعب يبحث في مخزونه التاريخي والثقافي والديني عن مرتكزات لهذا المدلول الجديد، ويجدها عند بحثه. إذن فالعدل والحرية والكرامة والمساواة هي قيم حداثية، دون أن يعني ذلك أن الفضل فيها يعود إلى الغرب وحده وإلى عبقرية غربية مزعومة. عندما نقرأ الأدبيات الغربية التي تمجّد الفصل بين الدين والدولة نجد توظيفا لقولة شهيرة لعيسى، وهي: «أعطوا ما لقيصر لقيصر وما لله لله»، وفي الحقيقة لا صلة لهذا القول بالفصل بين الدين والدولة. هذا القول قيل في ظرف معيّن والمقصود به التخلّص من الوقوع في الفخ الذي أراد الصيارفة اليهود الذين في الهيكل أن يضعوا فيه عيسى، وهم يدافعون عن مصالحهم المادية. لم ينكر عيسى بهذه القولة دفع الضرائب

بالنقود التي عليها صورة الامبراطور الروماني، ولكنه رفض المتاجرة بها لغرض ديني. كل ثقافة تحتاج إذن إلى أن تجد مرتكزات في ماضيها لتدعم الاختيارات الجديدة. في ثقافتنا العربية الإسلامية عندما نتعرّض لموضوع الفصل بين الأمور الدينية والدنيوية نستشهد بحديث «أنتم أعلم بأمور دنياكم»، وهو في الأصل حديث قاله النبي عن تأبير النّخل، أي عملية التخصيب، عندما مرّ بقوم يؤبرون النّخل، فقال لهم: لو تركتموه، ولمّا كانت النتيجة سلبية رجعوا إليه فقال لهم: «أنتم أعلم بأمور دنياكم».ونحن اليوم نفعل كما يفعل الغربيون: نبني على هذا القول الفصل بين الأمور الدينية والأمور الدنيوية في شؤون الحكم.

هذان مثالان عن تبيئة القيم الحديثة، القيم الجديدة التي تبلورت منذ عصر النهضة الأوروبية ومنذ عصر الأنوار بالخصوص في بيئة غربية مخصوصة وأصبحت الآن قيما كونية هي في حاجة إلى أن تجد لنفسها جذورا ولو وهمية في كل مجتمع. ولذلك لن تجد من الذين شاركوا في الثورات العربية اليوم من يقول لك إنني أؤمن بالحرية لأن روسو أو فولتير دعَوا إليها، وهو قد لا يعرف من يكونان أصلا. وبهذا يتّضح أن هذه القيم وإن وجدت رواجا في الغرب نتيجة لظروف خاصة ولتراكم خبرات بشرية بأكمل ها، فإنها تجاوزت الغرب لكي تصبح قيما كونية، وكل شعب يحاول تبيئتها بحسب عبقريته الخاصة.

المشروع الحداثي بعد الثورة

ك. س. الكثير من التحاليل النقدية التي تتناول المشروع الحداثي الذي ظهر في الدول الناشئة عن حركات التحرر الوطني تعتبر أنه من أسباب فشل اندماج الحداثة كمشروع مقبول وناجح كون الحداثة فرضت وأقحمت أحيانا إقحاما قسريا وعنيفا في التركيبة الاجتماعية التي ظلت في أعماقها تقليدية أي أنها جاءت عكس الواقع والنمط الاجتماعي والثقافي، مما أخذ شكل العدوان، أي أن التحديث كان مفروضا ولم يكن مطلبا أفرزته حاجة نابعة عن مجموعة عريضة بشكل يترجم عن رغبة ومطلب الوعي الجماعي.

بعد الثورة في تونس يدور الحديث عن مشروع حداثي جديد يواكب الأحداث ويستجيب لمطالب الثورة. وبالمناسبة الحديث يتم أيضا عن المشروع الحداثي لدولة الاستقلال الذي تم إرساؤه في تونس بزعامة بورقيبة الذي هو بمثابة المرجع للحداثة في تونس. لقد واكبتم بداية المشروع الحداثي الأول وكنتم شاهدا على إخفاقاته أيضا، وتشهدون الآن على ميلاد مشروع حداثي جديد. كيف تنظرون إلى المرحلتين؟

عبد المجيد الشرفي : لا شك أن لبورقيبة فضلا كبيرا في تجسيم مشروع مجتمعي حداثي في تونس، ولكن المشروع الحداثي التونسي

لم يبدأه بورقيبة، بل بدأ منذ القرن التاسع عشر، وساهم فيه الكثير من رجال السياسة ورجال الفكر والدين، من أمثال الشيخ سالم بوحاجب وخير الدين وبيرم الخامس وحركة الشّباب التّونسي ومحمد علي الحامّي والطّاهر الحداد وغيرهم . هؤلاء كلهم مهّدوا لهذا المشروع الحداثي، ولو لم يكن الظرف مواتيا والبيئة التونسية قابلة لهذا المشروع الحداثي لما استطاع بورقيبة أن ينجح في إرساء هذا المشروع، أي أنّ هناك خصوصية لهاذا المشروع منذ البداية لأنها متأصلة في التّاريخ. وتاريخ التحديث في تونس أقدم مما هو في كثير من البلدان العربية الأخرى. يمكن أن ننظر إلى هذا المشروع التحديثي من زوايا مختلفة، ولكن لا يمكن أن ننكر فيه ثلاث خصائص أساسية هي التي غيّرت وجه تونس: الخاصيّة الأولى هي سنّ مجلة الأحوال الشخصية، والخاصية الثانية هي تعميم التعليم، والخاصية الثالثة هي سنّ سياسة التنظيم العائلي. فكل خيار من هذه الخيارات الثلاثة ساهم في تجسيم هذا المشروع. كانت هنالك إنجازات أخرى هامّة أيضا، ولكنها كانت استجابة لظرف معيّن فقط، مثلا حلّ الأحباس الذي قرّره بورقيبة منذ بداية الاستقلال ولكن مفعوله كان محدودا. هناك ظواهر أخرى في هذا المشروع المجتمعي ربما ليست ظاهرة على السّطح ولكنّها هامّة جدا ومؤثّرة في العمق، مثل توحيد القضاء، إذ كانت في تونس محاكم شرعية ومحاكم الأحبار لليهود بالإضافة إلى المحاكم المختلطة بين الأجانب والتونسيين. فتوحيد القضاء هو كذلك من الأمور الأساسية، لكن ربما حتى لو لم يكن بورقيبة في الحكم لكان هذا التوحيد ضروريا على كل حال .

ك. س: هذا لم يحدث في البلدان العربيّة الأخرى التي لم تر ضرورة لتوحيد المحاكم .

عبد المجيد الشرفي : توحيد القضاء مرتبط ارتباطا وثيقا بمجلة الأحوال الشخصية، لأن المحاكم الشرعية كانت تنظر أساسا في قضايا الطلاق والزواج والإرث. لذلك فتحديث التشريع هو بُعدٌ من أبعاد مجلة الأحوال الشخصية. يجب أيضا أن ننظر إلى المشروع البورقيبي من الجهة الاجتماعية، لا ننس أن مفهوم التضامن الاجتماعي والتغطية الاجتماعية قد سُنّ في أواخر السنوات الستين، وهذا جعل العديد من المنتمين إلى الطبقات الضعيفة في المجتمع تستفيد من التغطية الصحية ومن الجرايات، حتى وإن كانت متواضعة. فاقتصاد البلاد أيضا كان متواضعا. ومن الاختيارات الأساسيّة الأخرى التي تُحسَب لبورقيبة أنّه سرّع في تعصير الإدارة التونسية، وهو أمر أساسي لأنه لا وجود لدولة عصرية بدون بيروقراطية معقلنة.

ك. س : وهنا كان الاقتداء بالنموذج الفرنسي مؤثرا.

عبد المجيد الشرفي : إن البيروقراطية المعقلنة هي خاصية الدولة الحديثة، ودراسات ماكس فيبر تؤكد ذلك، بصرف النظر عن أنها طبّقت بطرق مختلفة في الأنموذج الفرنسي أو البريطاني أو الألماني أو الأمريكي. لكن لا دولة عصرية بدون بيروقراطية عصرية. والبيروقراطية العصرية فيها التصور والتخطيط والإنجاز، وهي تتكون من سلّم رُتَب معيّن، وبالطبع قد تكون ثقيلة بالنسبة إلى العمل الإنتاجي، ولكنها ضرورية. لقد كانت هناك في فجر الاستقلال بداية بيروقراطية، لكن بورقيبة ثبّتها، وهذا يحسب له كذلك .

لم أتحدث في الإرث البورقيبي عن مظاهر السيادة التي تتمثّل في بناء مؤسّسة عسكريّة وجيش وطني وفي تونسة الأمن. فهذا شيء قامت به

كل الدول المستقلة بنسب متفاوتة، لكن ما تميّز به بورقيبة هوَ أنّه حاول في بداية الأمر إرساء مؤسسات دولة حديثة تتمثل في سلطة تنفيذية وسلطة تشريعية وسلطة قضائية، ولكنّ هذه المؤسسات، من سوء الحظ، قد أفرغت من محتواها منذ البداية. بورقيبة لم يؤمن قطّ باستقلالية القضاء، وقد وظّف القضاء منذ بداية حكمه. من أوّل من حاكمهم بورقيبة الطّاهر بن عمار، لأنه أمضى وثيقة الاستقلال بصفته وزيرا أول. عندما كان محمد فرحات وكيلا عاما للجمهورية، كان بورقيبة يتدخل شخصيا في كلّ القضايا السياسية لإملاء الأحكام التي تصدرها المحاكم. تونس عرفت في عهد بورقيبة الكثير من القضايا، مثل محاكمة بعض رموز العهد الاستعماري، ومثل محاكمة اليوسفيين، ومحاكمة الأزهر الشرايطي وبقية المشاركين في مؤامرة 1962، وفيما بعد محاكمة بن صالح ومجموعة آفاق، والعامل التونسي، والوحدة الشعبية، وغيرها. محاكمات عديدة تدخّل فيها بورقيبة لأنّه لم يكن يؤمن باستقلالية السلطة القضائية. بورقيبة لم يكن كذلك يقبل طيلة فترة حكمه أن يكون للسلطة التشريعية أيّة استقلالية، ولذلك فقد أفرغ مؤسسات الدولة الحديثة من محتواها الديمقراطي. بالإضافة إلى ذلك، لقد حاول منذ البداية توظيف الإعلام لخدمة سياسته، فلقد منع منذ البداية الجرائد الهزلية التي كانت تصدر بتونس في بداية الاستقلال، مثل جريدة «الوطن»، لأنها جرائد انتقادية ساخرة.

المشروع الذي تزعّمه بورقيبة كان مشروعا تحديثيا، ولكن هذا التحديث كان ناقصا منذ البداية. لم يكن تحديثا كاملا لأن التحديث الكامل يقتضي من جملة ما يقتضيه الثقة في الفرد وفي المواطن، وبورقيبة كان يعتبر أن الشعب التونسي لم يصل بعد إلى درجة من النضج تسمح له بأن يسيّر نفسه بنفسه. كان بورقيبة وكل المحيطين به يعتبرون أنفسهم

أصحاب رسالة، يريدون أن يقودوا الشّعب التونسي نحو الازدهار والكرامة واللحاق بركب الحضارة. وما دام يؤمن بأن الشعب غير مؤهل لأن يحكم نفسه بنفسه عبر ممثليه المنتخبين انتخابا حرا نزيها شفافا، فكل التجاوزات تصبح ممكنة. والذي حصل في عهد بورقيبة من تجاوزات هو نتيجة لهذه النظرة إلى الشّعب، بصرف النظر عن كونها مصيبة أو مخطئة. غاندي ونهرو لم تكن لهما نفس النظرة إلى الشعب الهندي، ولم يكن الشعب التونسي أكثر تخلفا من الشعب الهندي الذي مورست فيه الديمقراطية باطّراد منذ استقلاله.

ك. س : هل كانت قلة الموارد لبناء الدّولة وانطلاق بناء الدولة والمجتمع على أكثر من صعيد وفي نفس الوقت، بالإضافة إلى حداثة عهد المؤسسات، من العوامل التي يمكن أن تبرر مركزية القرار في تلك الفترة؟

عبد المجيد شرفي : لا شك أن وضع البلاد في أوائل الاستقلال كان يقتضي تجميع الطاقات حول بناء الدّولة ومؤسساتها بصفة عامة. وهذا ما فعله بن صالح في المخطط العشري في الستينيات. هذا كله مفهوم في البداية، لا سيما وأن المعارضة لم تكن معارضة شعبية بل معارضة من لهم مصالح في الإبقاء على مخلفات العهد الاستعماري، أو لأنهم لا يؤمنون بالمبادئ التحررية التي يؤمن بها الفريق المحيط ببورقيبة. هذا كان يمكن تبريره في البداية، لكن عندما انتشر التعليم وارتفع مستوى الحياة والمستوى الثقافي للشعب التونسي كان يتحتّم على النظام أن يغيّر نظرته، ولا سيما عندما عبّر الشعب بوضوح في انتخابات 1981 عن رغبته في إرساء التعددية الحزبية والتداول على الحكم عن طريق

صندوق الاقتراع. ولكن عوض أن يتطور النظام ويساير تطوّر الشعب، فإنه ما انفك ينغلق على نفسه. لولا هذا الانزلاق المستمر الذي حصل في مستوى الحزب وفي مستوى الدولة ما كان الرفض الذي نشهده هذه الأيام للدّستور الذي سنّه بورقيبة. المبرر لهذا الرّفض هو التناقض الذي يحمله نظام بورقيبة. فهو يريد الحداثة، ولكن حداثة مسلّطة من فوق. والحداثة لا تكون كذلك. لهذا كانت الحداثة التي أرادها بورقيبة منقوصة منذ البداية. لم يكن نظام بورقيبة حداثيا بأتم معنى الكلمة. كان نظاما انتقائيا، وككل نظام انتقائي فإنه يؤدي إلى ما عبّرت عنه بالبتر. فالحداثة كلّ لا يتجزأ، وإذ ما أخذنا منها فقط الجانب المادي أو الجانب الشكلي للمؤسسات، ولم نأخذ بروح الحداثة ومقتضياتها، وهي أساسا الإيمان بالفرد وبطاقاته وبحقوقه، فإننا لسنا حداثيين. وبورقيبة من هذه الناحية لم يكن حداثيا، فقد كان إعجابه اللامتنهي بذاته يمنعه من أن يتصوّر أنه يمكن أن يعود مواطنا من جملة المواطنين بعد أن قاد معركة التحرير وأرسى قواعد الدولة الوطنية.

ك. س : من الغرابة أن كل الدول العربية ما بعد الاستقلال تصرفت بنفس الطريقة وكأن التراكمات اللاّزمة للخيار الحداثي لم تستكمل بعد. كانت هناك تحليلات تؤكد على أنها كانت إرادة المستعمر الذي ظل مؤثرا حتى بعد الاستقلال الوطني في الخيارات حتّى لا تنتقل الحداثة ولا تستتب الديمقراطية ولتسلب الشعوب حقّها في تقرير المصير الذي من المفروض أنها انتزعته بطرد الاستعمار.

عبد المجيد الشرفي : في نظري ينبغي أيضا الاعتراف بأن شيوع قيمة الديمقراطية هو شيوع جديد نسبيّا حتى في صفوف النُخَب نفسها. لم

تكن الديمقراطية المطلب الرئيسي في البداية، بل كانت مقتضيات التنمية والرفع من مستوى الحياة، وربما المشاركة السياسية الواسعة، هي التي تستقطب الاهتمام أكثر من الديمقراطية. حين ننظر في مسار الدول التي هي اليوم متقدمة، فإننا نلاحظ أنها قد مرّت بفترات من الحكم الدكتاتوري مثل كوريا الجنوبية وإسبانيا والبرتغال وغيرها. ليست الديمقراطية هي التي خلقت التنمية في هذه البلدان، بل ربما كان الحكم الوطني المستبد هو الذي يوفّر الظروف للانخراط في العصر الحديث. نقول هذا لكي لا نظلم النّخب ونرميها بالخيانة. القضية ليست قضية خيانة. والاستبداد كان من ناحية أخرى يستجيب لممارسات تاريخية معهودة، والنمط السياسي الموروث هو نمط مستبد. كانت ممارسة الحكم بهذه الطريقة شبه طبيعية، خصوصا وأن المطلب الشعبي للديمقراطية كان ضعيفا. وهو ما أحدث مفارقة تتمثّل في خلق النظام البورقيبي لأجيال واعية ثم عدم الاستجابة لمقتضيات وعيها. ومن هنا جاء المأزق الذي عرفته تونس في آخر عهد بورقيبة، وخصوصا عندما أصبح رئيسا مدى الحياة وعندما مرض ولم يعد قادرا على ممارسة الحكم بل واقعا تحت تأثير حاشية ضيّقة مهوسة بخلافته. لقد تفاقم الوضع في عهد بن علي، إذ تعاقبت أجيال واعية ولكن محرومة من ممارسة حقوقها. الحكم على العهد البورقيبي اليوم حكما أقرب ما يمكن إلى الموضوعية لا يكون بتمجيده ولا باعتباره كارثة وطنية، فهو لم يكن لا هذا ولا ذاك. تقديري الخاص أن حسنات هذا النظام أكثر من سيئاته. له نقائص مؤكدة ذكرنا بعضها، و لكن الخيارات التي ذكرناها والتي تهم المرأة والتعليم والصحة والعائلة وغيرها من الإصلاحات كانت جوهريّة، ولم تشهدها العديد من البلدان العربية الأخرى.

ك. س : إذا عدنا إلى المشروع الحداثي الذي يتم الحديث عنه أو

التحضير له الآن في تونس بعد الثورة، هنالك طبعا نواحٍ من المشروع البورقيبي ستتواصل بصفة تلقائية لأنها أصبحت مكسبا ...

عبد المجيد الشرفي : لا أعتقد أن هناك مكتسَبا واحدا من مكتسبات الحداثة يمكن أن نقول إنّه مكتسب بصفة نهائية. كل المكتسبات في حاجة إلى يقظة مستمرة للدفاع عنها وترسيخها وتطويرها. أؤكد أن لا واحد من مكتسبات الحداثة يمكن أن نعتبر أنّه قد استتبّ بصفة ثابتة ولا رجعة فيها. لا الحرية ولا الديمقراطية ولا المساواة ولا حقوق المرأة ولا غيرها. هذه سيرورة يمكن أن تتعطل إذا ما لم تجد القوى الاجتماعية التي تدافع عنها. ولذلك فأنا لا أؤمن بالحتمية التاريخية من هذه النّاحية، بل أؤمن بأن هناك قواعد عامة يسير حسبها التّاريخ، لكن هذه القواعد العامّة تهمّ المدى البعيد، أما على المدى القصير والمتوسط فإن تأثير الأفراد والمجموعات أساسي، ويمكن أن يحوّل الوجهة إلى حين، ويمكن أن يعطل السّير نحو الأمام، نحو التقدم والحرية والانعتاق. لهذا فأنا لا أعتبر أن هناك أمورا مفروغا منها ومكتسبات نهائية.

ك. س: من النقاط المهمة والتاريخيّة في نظري التي طرحها المشروع الحداثي لتونس بعد الثورة هو تحقيق المناصفة النيابية بين الرّجل والمرأة وهو قد يشكل في نظري أحد الضمانات لعدم التراجع عن المكتسبات القانونيّة للمرأة التونسيّة. نعرف أن موضوع المناصفة في أوروبا و العالم المتقدم تحقّق بطريقة متفاوتة. هناك من انتظر قرونا للوصول إلى هذا القرار وهنالك من لم يطرحه بعد. هل يمكن أن نقارن قرار الهيئة العليا لتحقيق أهداف الثورة والإصلاح السياسي والانتقال الديمقراطي في موضوع المناصفة بما حصل في المشروع الحداثي الأول لدولة الاستقلال ونشبّهه بمجلة الأحوال الشخصية،

باعتبار أن مجلة الأحوال الشخصية أعادت الاعتبار لحقوق المرأة على المستوى الشخصي والعائلي، في حين أن هذا القرار المتعلق بالمناصفة في المجلّة الانتخابية يمثّل اعترافا بحقوقها السياسية، أي لأول مرة يطرح الحق السياسي للمرأة بهذا الحجم ؟

عبدالمجيد الشرفي: أظنّ أن هذا القياس مبالغ فيه، لأنه لا يمكن مقارنة نظام انتخابي أيّا كان بمجلة الأحوال الشخصية، ولكن يمكن مقارنته بتمكين المرأة من أن تكون ناخبة ومنتخَبة منذ دستور 1959، بينما في بلاد كسويسرا مثلا، وهي بلاد متقدمة على تونس أشواطا عديدة، لم تحصل المرأة على هذا الحقّ إلا منذ 15 أو 20 سنة فقط. لقد خطونا بالتأكيد خطوة جديدة تجعل التجربة التونسية حقيقة تجربة فريدة من نوعها لا في البلدان العربية والإسلامية فقط، بل في العالم. وليس هناك ما يمنعنا من أن نفتخر بأننا أرسينا أو نحاول أن نرسي هذه الحقوق المدنية للمرأة بالمساواة مع الرجل. طبيعي أن تكون هناك اعتراضات جدية على هذا المبدأ، فكل حزب وكل فريق له حساباته ويعتبر أنه يستطيع أن يستفيد من هذا التناصف في تقديم القائمات الانتخابية. أؤكد على أهميّة التناصف مع التّناوب، أي أنه لا بد أن يكون لكل قائمة نفس العدد من الرجال والنساء، وأن يكون هناك رجل ثم امرأة أو امرأة ثم رجل، لأن المناصفة بدون التناوب لا معنى لها، وتصبح النساء في آخر القائمة في أغلب الحالات. هذا المبدأ هام جدا وسيحمل النساء على أن يشاركن في الحياة العمومية مشاركة ربما قد تبدو في بداية الأمر صعبة، خصوصا في الولايات الداخلية. النساء اللاتي لهنّ مسؤوليات عائلية قد يترددن في الترشّح، لأنّ ذلك يجبرهنّ على الابتعاد عن أسرهن لمدة معيّنة أثناء انعقاد المجلس الوطني التأسيسي. ولكن أظن أن هناك من النّساء والرّجال من هم واعون بأن التضحية في سبيل إنجاح هذه المبادرة تستحق أن يقوم بها المجتمع بصفة عامة.

ك. س: هل تعتقدون أنه يمكن أن يرتد اختيار المناصفة النيابيّة، كطريقة لفرض إشراك المرأة التونسية في صنع القرار والمشاركة في مراكز قيادية كان ينفرد بها الرجل، ليس فقط في الانتخاب، يمكن أن يرتد في المستقبل سلبا على المرأة، لأنّه فُرض بقرار سياسي؟ ولقد رأينا في السابق أنّ مجلّة الأحوال الشخصيّة وما تمنحه من حقوق للمرأة تعرّضت للانتقاد في عديد من الفترات في تاريخ تونس الحديث، ومن أطراف يمينيّة محافظة وغير محافظة أحيانا بسبب أنّها لم تكن إفرازا طبيعيا في المجتمع، بل فرضها بورقيبة بقرار سياسي لا يخلو من الاعتبارات المصلحيّة، كونها عربونا للحداثة لإرضاء الغرب. فاعتبرت المرأة ومجلّة الأحوال الشخصيّة مسؤولة عن ارتفاع نسبة الطلاق والبطالة وغير ذلك من المشاكل الاجتماعيّة. هل يخشى اليوم من ردة فعل من هذا النوع على النساء؟

عبدالمجيد الشرفي: لا أعتقد ذلك. لأن ما حصل في بداية الاستقلال مع بورقيبة لم يكن ليحصل في بيئة أخرى غير البيئة التونسية، البيئة التي شهدت منذ 1930 كتاب «امرأتنا في الشريعة والمجتمع» للطّاهر الحداد الذي نادى بكل الإصلاحات التي أنجزها بورقيبة لصالح المرأة، بل وأكثر من ذلك بما أنه دعا منذ 1930، أي منذ 80 سنة، إلى المساواة في الإرث بين المرأة والرجل. وفي اللائحة الاجتماعيّة الصّادرة عن المؤتمر التأسيسي للاتحاد العام التونسي للشغل، وهو مؤتمر يضم العمال أساسا وعددا من الموظفين والمعلّمين، طالبت هذه اللائحة بتحويل القوانين إلى الاتجاه الذي كرسته مجلة الأحوال الشخصية. لذا فالمجتمع التونسي كان مهيّأ لقبول هذه المجلة، ولم تكن هناك ردود فعل قوية. فالردة التي تعتبرين أنها حصلت هي على كل حال رد فعل طبيعي على تغييرات ثورية جريئة في المجتمع. والمحافظون لا ينطلقون دائما من مصلحة ذاتية ولا من

مصلحة وطنية، وهم في كثير من الأحيان واقعون تحت وطأة الدعاية التي تبثها وسائل الإعلام الخارجية التي لها مصلحة في أن تبقى منزلة المرأة الدونيّة قائمة في كل البلاد الإسلامية لتبرير هذه المنزلة لدى الأنظمة التي تموّلها. فالردة لم تحصل إذن بسبب عوامل داخلية فقط.

قلت لك إنني لست موافقا على أنّ هناك ردة في ما يخص مجلة الأحوال الشخصية، والذين يصرّحون اليوم بمعاداتهم لما جاء في هذه المجلة هم من المتطرفين، وهم أقليّة لا وزن لها عدديا وإن كانت حركية. أما حزب النّهضة الذي هو أقوى التيارات الإسلاموية فان أغلب قياداته تصرّح بالعكس بأن هذه المجلة التي هي قانون وضعي هي اجتهاد في الفقه الإسلامي، وأنه لا سبيل إلى التراجع عنه. لا يمكن أن نعتبر أنّ هناك موقفا عاما يشمل كل التونسيين بمجرّد أنّ بعض السلفيين أو حزب التحرير يدعون إلى التراجع عن المكتسبات التي تحققت للمرأة بسبب مجلة الأحوال الشّخصيّة. هم يعبّرون عن مواقفهم هم فقط.

في اعتقادي، لا خوف على مجلّة الأحوال الشّخصيّة من التراجع، لأنّ تطوّر المجتمع هو الذي أدّى إليها. لا ننس أنّ القوانين بصفة عامّة يمكن أن تؤدي دور القاطرة التي تجرّ المجتمع إلى الأمام، كما يمكن أيضا أن يتطوّر المجتمع وتبقى القوانين متأخرة عنه. يمكن في حالة أخرى، وهذا هو الأفضل، أن تكون القوانين متناغمة مع وضع المجتمع في فترة تاريخية معيّنة. فهل هذا المشروع من الصّنف الأول أم الصّنف الثالث؟ أنا أميل الى اعتباره ينتمي الى الصنف الثالث، أي أنه لم يجرّ المجتمع بقدر ما هو متناغم مع أهم ما يعتمل في المجتمع من تيارات.

ك. س : دائما في موضوع المقارنة بين المشروع الحداثي الأول البورقيبي، والمشروع الحداثي الجديد، وكذلك التواصل بينهما، ما

هي المجالات التي تستوجب القطيعة والمجالات التي يجب الوفاء لها؟

عبد المجيد الشرفي: نأمل أن تحصل قطيعة مع النواحي السلبية لمشروع بورقيبة، لا مع النواحي الإيجابية فيه. بالعكس، لا بد من تأصيل النّواحي الإيجابية، وإذا ما تلافينا النواقص التي أصبحت ظاهرة للعيان، وأصبح الشعب التونسي واعيا بها، فإذ ذاك نكون قد خطونا خطوة هامة في سبيل التحديث الحقيقي. وهو الذي يكون فيه الفرد ذا قيمة لا تناقش، في حريته، في اختياراته، في كل ما يتعلق بحقوقه وواجباته.

لن يكون الوضع بدون شك مثاليا في المستقبل القريب، لأن قوى الجذب إلى الوراء والمحافظة موجودة في المجتمع التونسي. وهنا ربما نستطيع أن نستعين بالدراسات في نطاق العلوم السياسية التي تؤكد لنا أنه ما من مجتمع في عصرنا الحديث وصل إلى درجة من النمو إلا وكانت الديمقراطية ملازمة لذلك المجتمع، والحالة التونسية كانت تعتبر في السنوات الأخيرة استثناء وخرقا للقاعدة العامة، لأن دخل الفرد التونسي هو ثمانية آلاف دولار إذا ما اعتبرنا المساواة في القدرة الشرائية. ورغم ذلك فلم تكن لنا ديمقراطية، بينما كل المجتمعات التي تتمتع بهذا المستوى من الدخل مجتمعات ديمقراطية. هذا من شأنه أن يجعلنا نتفاءل، مع وجوب الحذر واليقظة المستمرة، لأنه يمكن أن يتم التراجع عن المكتسبات الحداثية إذا لم تَجِدْ من يدافع عنها.

الثورة والديمقراطية

ك. س : أثرتم موضوع الديمقراطية، وهي النقطة الأساسية والمفصلية التي سوف تحدد إذا ما كنا سنظل نراوح المكان نفسه أو سنتراجع. عندما نتحدث عن مستقبل الديمقراطية في تونس والبلدان العربية يتم عادة الاستشهاد بنماذج خارجة عن هذه البلدان: النمط أو الأنموذج الأوروبي، الفرنسي، البريطاني، الألماني، الخ. أنتم من ناحيتكم تشدّدون على أن الواقع المحلي يجب أن يكون دائمًا المنطلق، لكن في تاريخ البلدان العربية البعيد كما القريب لا توجد تقاليد ديمقراطية. كيف نكون محليين في حلولنا ؟ ما هو المثال الممكن ؟

عبد المجيد الشرفي : الديمقراطية قيمة وليست أنموذجا. وبصفتها قيمة فهي تقتضي مؤسسات لتجسيمها. والمؤسسات وحدها بدون الاستناد إلى القيمة تكون شكلية، كما كانت في عهد بورقيبة وعهد بن علي. ثم إن قيمة الديمقراطية مرتبطة بقيمة الفرد كما رأينا. والديمقراطية هي إيمان بأن الأقلية ينبغي أن تخضع لحكم الأغلبية لا محالة، ولكن مواقفها المعارضة تُحترم ويُسمح لها بإمكانية تجسيمها إذا ما تحصلت في يوم ما على الأغلبية. إذن مبدأ التداول السلمي المنظّم على الحكم هو

جوهر الديمقراطية. أما أن يكون ذلك على الشكل البريطاني أو الفرنسي أو الإيطالي، فذلك لا يهم. المهم أن المعارضين في وقت من الأوقات للتوجهات السياسية والاقتصادية والاجتماعية والأخلاقية وغيرها وفي كل الميادين بدون استثناء، يعتبرون أن حقوقهم مضمونة في أن يصلوا يوما ما إلى الحكم إذا ما تجاوب الناس مع برنامجهم.

أمّا العامل التاريخي غير المناسب لإرساء الديمقراطية فلا ينبغي عزله عن سائر العوامل الأخرى، سواء المعوّقة أو المساعدة. وفي رأيي أن العوامل المساعدة اليوم أقوى في المجتمع التونسي مما كانت عليه قبل انتشار التعليم وتغيّر بنية الأسرة، وارتفاع مستوى المعيشة، وتجذّر الوعي في المجتمع المدني عموما بضرورة الديمقراطية على الصعيد السياسي، وكذلك على الصعيد الاجتماعي والاقتصادي. فليست هناك حتمية تاريخية تفرض على العرب أو المسلمين أن يعيشوا في ظل أنظمة استبدادية. تلك نظرة ماهوية (essentialiste) مرفوضة علميا واختباريا.

ك. س : هنالك نقطة أخرى وهي أن الديمقراطية حتى تحيا وتتأصل لا بد أن تكون الأطراف السياسية والاجتماعية مؤمنة بها. كيف نضمن أن يتم احترام هذا الموقف المبدئي ونحن عرفنا ممارسة غير ديمقراطيّة لما يزيد على عشرين سنة، وليست لنا تربية ديمقراطيّة؟ أجيال من التونسيين تربّت على عكس هذه القيم .

عبد المجيد الشرفي : لذلك قلت إنها أوّلا وبالذات قيمة. وبصفتها قيمة وليست فقط مؤسسات فإذا ما استتب للسّلط الموجودة في المجتمع كسلطة الإعلام والسلطة القضائية، والسلطة التشريعية، نوع من الاستقلالية الفعلية، وإذا ما توفّر التكوين الملائم للقضاة - طبعا لا

ينبغي أن نؤمن بالقضاء المطلق - والتوازن بين السلطة التنفيذية والسلطة التشريعية، فسيكون هناك مناخ يمكن أن تتجسّم فيه هذه القيمة. بالإضافة إلى هذا، لا يجب أن ننسى الامتحان الاقتصادي، لأن العدوّ الأوّل للديمقراطية هو الفقر والحاجة. لا يمكن أن تكون هناك ديمقراطية عندما تكون شرائح عريضة من المجتمع خارج الدورة الاقتصادية الحديثة، ولا يمكن وجود الديمقراطية مع وجود فقراء معوزين، ومرضى لا يلقون العلاج، ومهمّشين بأعداد كبيرة. ولذلك فالتنمية الاقتصادية شرط ضروري، وفي الآن نفسه غير كاف.

ك. س : و لكن معدّل النموّ حسب دخل الفرد يصنف تونس من ضمن البلدان التي أصبحت جاهزة للديمقراطية، وقد أشرت إلى ذلك؟

عبد المجيد الشرفي: هذا الرقم المتعلق بالدخل الفردي هو معدّل، ولكن يجب أيضا أن نقرّ بأن نسبة كبيرة من أفراد الشعب التونسي كانت تحت هذا المستوى، لأن الثروة في السّنوات الأخيرة لم تكن توزع توزيعا عادلا. هذا التفاوت الكبير غير مقبول، وجعل شريحة كاملة من الشعب التونسي مُعدَمة أو تكاد. البطالة الهيكلية أيضا لا تتماشى مع الديمقراطية. أريد أن أضيف فيما يخص الديمقراطية أنه لا يجب أن نضع نصب أعيننا الأنموذج الغربي. التطبيق الغربي للديمقراطية يشكو الآن في كل الدول الأوروبية تقريبا بدون استثناء من تراجع نسبة المشاركة في الانتخابات، وهي لم تنفك تتضاءل، وفي الكثير من الأحيان لا تصل حتى إلى نصف عدد الناخبين، حتى في الولايات المتحدة. وسيطرة المال المطلقة في تلك الدول أضحت خطرا حقيقيا على الديمقراطية. وحتى وسائل الإعلام فيها

فقدت حريتها بحكم سيطرة رؤوس الأموال على جل الجرائد والمجلات والإذاعات والتلفزات. فينبغي أن نكون حذرين.

ك. س : مشكلة انخفاض نسب المشاركة في الانتخابات تضاف إلى الأزمات التي عاشتها الديمقراطية الأوروبية بالخصوص ووصلت إلى حدّ انهيار النظام السياسي في بلجيكا وانهيار النظام الاقتصادي والمالي في اليونان ويكاد ينهار في البرتغال وإسبانيا وربّما إيطاليا أيضا، نتيجة فشل النظام الرأسمالي الليبرالي الذي ترتكز عليه الديمقراطيّة الغربية في أوروبا والولايات المتّحدة الأمريكيّة.

عبد المجيد الشرفي : الأزمات طبيعية، لكن المهمّ أنّه لم يأت أحد بعد الحرب العالمية الثانية في الدول الغربية ليقول أنا ربكم الأعلى، باستثناء فرانكو وسالازار والعقداء في اليونان .

مشكلة الديمقراطية أنها لم تستطع بعدُ التأقلم مع التطورات التي حصلت في بنية المجتمع التي لم تعد تقتصر على الطبقة العاملة، البروليتاريا، والطبقة البرجوازية، وطبقة الملاك الكبار، وأصحاب رأس المال. هناك أصناف جديدة من الفئات الاجتماعية لا بد من أخذها بعين الاعتبار. وينبغي لنا نحن أن ننطلق من واقعنا ونعي ما هي تركيبة مجتمعنا وكيف يستجيب النظام الديمقراطي لمقتضيات مشاركة أوسع فئات المجتمع. لهذه الأسباب قلت إنّه لا يوجد أنموذج ديمقراطي جاهز يمكن أن ننسج على منواله وكفى. الأنموذج الديمقراطي الذي علينا أن نبنيه هو النابع من طموحنا إلى تحقيق الكرامة والحرية والمساواة والعدل الاجتماعي والتضامن والرحمة والتقدم والإبداع العلمي والتقني والفني والمناعة، وغيرها من المثل العليا التي هي في متناول أيدينا متى أحسنّا

التصرف في الطاقات التي كانت مكبوتة ولا تنتظر غير الظروف المناسبة لكي تتفجّر وتبدع.

قلت إنه يجب أن ننتبه للأخطار المحدقة بالأنموذج الغربي الذي يسيطر عليه رأس المال الخاص والنظام البنكي، وهو مشكل تعاني منه الديمقراطية في كل البلدان الغربية، ولكن الديمقراطية رغم ذلك أفضل الخيارات والأنظمة، ويجب أن ندافع عنها بكل جهودنا. ومع ذلك لا بد لنا من اليقظة التامة حتى لا نقع فيما يقع فيه الغرب منذ انهيار الاتحاد السوفياتي بالخصوص وشيوع الإيديولوجيا اللبيرالية الوحشية الجديدة، فهذه الإيديولوجيا حطّمت العديد من الأسس التي يقوم عليها النظام الديمقراطي.

ك. س : هل يمكن أن نفرق بين الديمقراطية كقيمة، من حيث أنها منتوج للتاريخ الغربي وللنظام الغربي، والديمقراطيّة كممارسة ونهج تسير عليه مجتمعات لم تنشأ فيها ولم يفرزها تاريخها وواقعها؟

عبد المجيد الشرفي : الديمقراطية هي كما قلت قيمة بالأساس، ولكنها مضطرة دائما إلى أن تتكيف مع الظروف. إذا لم تتكيف مع الظروف الواقعية فإنها تكون في أزمة حقيقية. والديمقراطيّة في نظري تعيش في الغرب أزمة حقيقية. وذلك لا ينفي أنّها تظلّ صالحة بصفتها قيمة. إلا أنها تبقى في حاجة إلى أنماط جديدة ومتجددة باستمرار، وإلاّ فإنها تكون معرضة للخطر، ويمكن أن تؤول في الغرب إلى أنواع أخرى من الدكتاتوريات. ولنا مؤشّرات على ذلك في صعود اليمين المتطرف في انتخابات العديد من الدول الأوروبية. وهذا يحتّم علينا أن نكون واعين

بالأخطار القادمة في أوروبا إذا عجزت عن تدارك أزماتها الهيكلية في الإبان، وأن نبدأ على كل حال بعدم تركيز السلطات في يد شخص واحد أو مجموعة ضيّقة حتى نضمن أوفر حظوظ النجاح في التصدي للأخطار القادمة في أسوإ السيناريوهات.

مسألة التمثيلية هي أيضا من المسائل المهمّة بالنسبة إلى الديمقراطيّة، لكن الأشكال التي تتخذها، إن كانت على أساس النسبية أو القوائم أو غيرهما، تتطوّر ويمكن أن تتغير من مجتمع إلى آخر ومن ظرف إلى آخر. في تونس، تاريخ الاتحاد العام التونسي للشغل سيفرض عليه في نظري بطريقة أو أخرى أن يؤيد تيارا أو حزبا له توجهات عمّالية، ومهما كان الأمر سيضطر إلى تأدية دور سياسي ما.

ك. س : لكن الإتحاد العام التونسي للشغل لعب في السابق، أي التاريخ القريب، دورا سياسيا وكان يساند الحكومة وسياساتها وليس دائما وبالضرورة المصالح الشّعبية ؟

عبد المجيد شرفي : هناك فرق بين القيادة النقابية والقواعد النقابية. وهناك صراعات داخل الاتحاد، والدليل على ذلك أن الخصومات العلنية والخفية في الأشهر الأخيرة كانت حول الفصل العاشر من النظام الداخلي الذي لا يجيز ترشح القيادات التي تولت نيابتين متتاليتين من جديد، ولكن الاتحاد العام التونسي للشغل بماضيه وبوزنه، باعتباره مؤسسة عريقة مهيكلة منظمة ولها تقاليد في العمل، لا يمكن لأي نظام سياسي أن يهمّشه في المستقبل. يمكن أن يغازله، يمكن أن يتحالف معه أو أن يجنّده، ولكن لا يمكن أن يعاديه في توجهاته الجوهرية.

ك. س : هذا يعني أن الاتحاد العام التونسي يمكن في غياب منظمات مهيكلة أن يلعب دور المنظم الذي يعدّل التوّازنات!

عبد المجيد الشرفي : لهذا قلت إن المهم أن تكون المؤسسات المختلفة ممثّلة للمصالح الموجودة في المجتمع، والتي يمكن أن تلتقي أحيانا وأن تتصارع أحيانا أخرى، لكن بطريقة سلمية وبصفة علنية. ولا بدّ من التعود على النقاش الجدي والتفاوض الحقيقي اللذين يؤديان إلى تجاوز الصّعوبات. هكذا نكون ديمقراطيين، حتى إن لم تكن لنا تقاليد ديمقراطية عريقة. وبعبارة أخرى، الحداثة أصبحت بلا ريب واقعا، وبما أنها واقع فينبغي أن نحاول الاستجابة لمقتضياتها، ومن مقتضياتها الديمقراطية.

الحداثة وما بعد الحداثة

ك. س : مرّة أخرى تؤكّدون التزامكم بالحداثة وتمسككم بالحداثة كخيار وكإطار فكري ومنهجي في الوقت الذي كان فيه عدد من المنظّرين والمثقّفين المنتمين إلى التيارات الغربية وأيضا الإسلامية والعروبية في بعض الأحيان، يقلّلون من جدوى الحداثة، بحجّة نظريّة «ما بعد الحداثة». واليوم نرى الثورات المطالبة بمبادئ الحداثة وبالحداثة كإطار للعيش وللنمو تؤكد ما ذهبتم إليه، وأصبحت الحداثة مطلبا ووضعا راهنا. الذين ينظّرون لـ«ما بعد الحداثة» يؤمنون بأن الحداثة قد تم تجاوزها بعد أن تبيّنت عيوبها والتجاوزات التي أسفرت عنها كالنازيّة والحروب الإستعماريّة. قد لا تشكل هذه المقولات خطرا كبيرا على الشعوب التي تعيش الحداثة وتتناغم مؤسساتها مع مبادئها، أما بالنسبة إلى الشعوب التي لا تشكل الحداثة لديها نظاما صلبا ومتكامل الشروط فلا شك أن في هذه المقولات خطرا ومغالطة.

عبد المجيد شرفي : موقفي نابع من استقراء للتاريخ وليس موقفا إيديولوجيّا. عندما كتبت عن الحداثة عرّفتها بأنها النمط الحضاري الذي نشأ منذ النهضة الأوروبية، نشأ في الغرب ثم أصبح كونيّا. هذا النمط الحضاري لم ينشأ من فراغ، بل استفاد من كل الحضارات والثقافات التي

سبقته. والحضارة التي سبقته مباشرة هي الحضارة الإسلامية، مثلما أن الحضارة الإسلامية استفادت من الحضارة اليونانية ومن حضارات الشرق الأدنى، كالحضارة الفرعونية في مصر والحضارة الأشورية في الشام والحضارة البابلية في العراق، إلى غير ذلك. هذا النّمط الحضاري هو دورة من الدورات التي عرفها تاريخ البشرية، ولذلك فقد صرّحت في أكثر من مناسبة بأن الحضارة العربية الإسلامية تنتمي إلى الماضي. نحن لا نعيش الحضارة العربية الإسلامية في أي شيء، نحن نعيش الحضارة الحديثة التي نشأت في الغرب وأصبحت كونية. نعم نحن نعيش ثقافة عربية إسلامية لا حضارة عربية إسلامية. الحضارة هي مجمل المنجزات المعنوية والمادية، أي أنّ الحضارة الحديثة تشمل الاختراعات العلمية والتصنيع والتقدم المعرفي والاكتشافات، وكذلك مناهج التفكير والقيم التي تبلورت في عصر الأنوار بالخصوص، وعلى رأسها العقلانية. هذه مقوّمات قد نجد لها مرتكزات في الماضي، فالعقلانية مثلا ليست موجودة فقط في النمط الحضاري الحديث. نجد نزعة عقلية متأصلة في الحضارات السابقة، لكننا لا نجد نمطا حضاريا تكاملت فيه كل المعطيات المادية والمعنوية بالشكل الذي نعيشه اليوم. ولهذا فالحداثة هي النمط الحضاري الذي نعيشه نحن الآن أو الذي ننخرط فيه، راغبين في ذلك أو مكرهين، لأننا لا نستطيع فعل غير ذلك وإلا عشنا في الماضي. الدليل على أن منجزات هذا النمط الحضاري كونية، أن القيم التي ينادي بها قيم مُغرية لكل المجتمعات ولكل الشعوب، بصرف النظر عن معتقداتها وثقافاتها وعن أعراقها. هذا أمر ينبغي أن نعترف به، وألا نغمض أعيننا عن الواقع. والواقع أن البشر اليوم يلبسون بنفس الطريقة، ويأكلون بطرق متشابهة ومنمّطة أكثر فأكثر، وهم أيضا يستعملون في كل المناطق نفس مواد البناء تقريبا في تعمير بيوتهم، ويستعملون وسائل النقل

نفسها، ووسائل الاتصال الحديثة بنفس الطريقة في كل المناطق. هذا هو الشأن بالنسبة إلى كل نواحي الحياة، فهل نحن تجاوزنا هذا العصر، عصر الحداثة، إلى عصر آخر تنقطع فيه مناهج التفكير عن المنجزات المادية ؟ لا أعتقد ذلك، فهناك كلٌّ متكامل في كل نمط حضاري، لا يمكن فصل بعضه عن بعض. صحيح أن الحداثة، من الناحية المعنوية، مرّت بفترات، مثل الفترة العلموية التي كان الناس يعتقدون فيها أن العلم قادر وحده على فض كل المشاكل التي يعيشها الإنسان، ولكنّ الحداثة نفسها تقتضي إعادة النّظر باستمرار في ذاتها وفي الأشياء، فتجاوزت بنقدها لذاتها هذه المرحلة. الحداثة اتجهت كذلك في وقت من الأوقات نحو تغليب النواحي المادية والاقتصادية على النواحي الأخلاقية والمعنوية والرمزية، ولكنها استطاعت أيضا بنقدها لذاتها أن تبيّن أن ما يحرك الإنسان ليس فقط عقله بل كذلك عواطفه وغرائزه ورغباته ومخزونه الثقافي. وهذا كله يغذّي الحداثة ولا يتجاوزها، لأننا إذا ما تجاوزناها فنتجاوزها الى نمط آخر جاهز، وهذا النّمط الجاهز غير متوفر إلى حد الآن.

ك. س: هناك من يريد أن يتجاوز الحداثة بالعودة الى نمط جاهز قديم.

عبد المجيد الشرفي : فهو إذن غير مؤمن بأن هذا النمط الحداثي ليس فقط خيارا وإنما هو حتمية تاريخية تفرض نفسها على كل المجتمعات. أنا لا أعتقد أننا نختار أن نكون حداثيين أو ماضويين. والحداثة نفسها تعترف للذين يحملون نظرة تقليديّة إلى الوجود، بما أنّها تقرّ أنّ المجتمع يتكون من قوى تسعى إلى التقدم ومن قوى محافظة، فطبيعي جدا أن تكون هذه القوى المحافظة موجودة في صلب الحداثة، وطبيعي أن تكون

القوى اللاعقلانية موجودة في المجتمع. الحداثة تعترف بذلك بدون عُقد. ما حصل في الواقع هو أن النقد الذي حصل في الغرب جاء من أعداء الحداثة لا من أنصارها، جاء من الذين كانت لهم توجهات يريدون بها تغليب نظرة معيّنة على المجتمع وخياراته الاقتصادية والسياسية والمجتمعية. الأدبيات الناقدة للحداثة تعتبر أنها هي التي أتت بالاستبداد وبالأنظمة النازية والفاشية والشيوعية والتيارات الملحدة، وأن هذا الإلحاد هو سبب المصائب التي حلّت بالبشرية. هذا غير صحيح، لأن هذه الأنظمة لم تكن أنظمة حداثية بأتم معنى الكلمة. كانت منافية للحداثة، لأن الحداثة تؤمن بقيمة الفرد، وهذه الأنظمة الكليانية لا تؤمن بالفرد، تؤمن بطبقة معينة، بشعب معيّن، برؤية معيّنة للكون، لكنها لا تؤمن بالحداثة. هي ليست حداثية، وليست نتيجة لعصر الأنوار ولفلسفة التنوير، ولا هي إنتاج الحداثة في حد ذاتها.

ك. س: إذن من يجسم الحداثة ؟

عبد المجيد الشرفي : الحداثة مشروع لا ينتهي. هي مشروع وسيرورة (un projet et un processus). والحداثة بهذا المعنى هي إنجاز لا يُكتمل، لأن فيه استعدادا متواصلا لمراجعة ما أُنجز وتدارك ما فيه من نقائص. وهي تتجه نحو المستقبل وتهضم كل ما يأتيها من الماضي ومن الهامش ومن القوى التي تنقدها. هي تهضم كل ذلك، لكنها تسير دائما متجهة نحو الأمام. لهذا السبب فإن الحديث عما بعد الحداثة (post modernité) أو الإغراق في الحداثة (sur modernité) هو في تقديري من قبيل البحث عن التفرّد، لكنه لا يعكس واقع المجتمعات الحديثة. هذا لا يعني أن النّمط الحضاري الذي تمثله الحضارة الحداثيّة خال من النقائص ومن العيوب،

فالمجتمعات الحديثة تعيش فعلا أزمات لم تعرفها المجتمعات القديمة التي كانت المؤسسات فيها مشرعنة شرعنة دينية ومبررة بوسائل دينية. كان الناس في هذه المجتمعات مطمئنين خانعين ولا يشعرون بالقلق الذي يشعر به من يعيش الحداثة، لأن الحداثة قد كشفت حقيقة المؤسسات المجتمعية: أنها هشّة ونسبية، وأظهرت أنّها بشرية وتاريخية. هذا مكسب لأنه يعرّي هذه الوقائع والحقائق، لكنه يخلق أزمات نفسية لأن الناس ليسوا مستعدين دائما لمواجهة هذا القلق الوجودي الذي ولدته هذه الحداثة، فيرتمون في أحضان الماضي أو في أحضان بعض الإيديولوجيات الكليانية لأنها توفر لهم الاطمئنان. البحث عن الثوابت هو بحث منغرس في الطبيعة البشرية، والحداثة تقوّض هذه الثوابت، إلا ما كان متجها نحو الاعتراف بقيمة الإنسان وبإمكانياته في تحقيق ذاته. من هذه الناحية هذا أمر ثابت، وما يلخّصه الإعلان العالمي لحقوق الإنسان الذي يضمن كرامة الفرد، وحرية المعتقد، وحرية التعبير، وغير ذلك من المبادئ التي يمكن أن نعتبرها مقدسة - بالمعنى الحديث، لا بالمعنى التقليدي الديني للقداسة -، هذه المبادئ تمثّل أيضا نوعا من الثوابت، ومن الخطوط الحمراء التي يدافع عنها الحداثيون دفاعا مستميتا. فلا ينبغي أن نعتبر أنّ الحداثة هي فقط النّقد الدائم أو الهدام.

ك. س: ولكن لا بد أن يكون هناك ثوابت. هل هذه المبادئ كافية لمنح هذا الشعور الأساسي بالاستقرار، عندما نقرّ بأنّها تتحوّل فنحن نعطي الانطباع بأنها مرحلية؟

عبد المجيد الشرفي : لا بد من الثوابت، ولكنّها ليست ثوابت تقليدية. هي أساسية، وهي نتيجة تراكم الخبرات البشرية لدى كل الشعوب.

ليست مرحلية، فمفهوم العدل ومفهوم المساواة، ومفهوم الحرية، كلّها مفاهيم متأصلة في الإنسان، لكنّ المصالح والبنى الاقتصادية والاجتماعية القديمة في المجتمعات العبودية غطّت على كل هذه القيم. من الطبيعي ألا نجد دفاعا عن تلك المبادئ في المجتمعات الاستبدادية، أو المجتمعات التي يحكمها ملوك وحكّام يستمدون السلطة من الله ومن الدين، لكن ذلك لا يعني أنها كانت منعدمة. ومن الأدلة على ذلك أنّها برزت الآن على السطح في ظل كل الأنظمة بلا استثناء. اليوم أصبحت مئات الملايين أو ربما المليارات من البشر تؤمن بها، فلماذا ننكر هذه الإنجازات الأساسية للحداثة، بدعوى أنها تحتوي على نقائص؟ هي تحتوي على نقائص لأنها بشرية، لأنها هي الوحيدة القادرة على أن تحسّن ما هو ناقص، أن تراجع ما هو غير مكتمل، وأن تعيد النظر فيما يستوجب إعادة النظر. ما هي الطريقة التي تمكننا من نقد أنفسنا إن لم تكن هذه العقلانية التي هي جوهر الحداثة في نهاية الأمر؟

نعلم أنّ العقلانية ليست هي التي توجّه دائما سلوك الأفراد والجماعات، لكن التوق نحو هذه العقلانية والتقليص من منطقة اللاّمعقول هو مكسب يبقى صالحا رغم معرفتنا باستحالة إنجازه إنجازا تاما، باعتبار أن الإنسان ليس عقلا فقط بل هو كذلك شعور وعواطف ورغبات، وهو أيضا شخصية متكونة من بعض الهوس، من بعض الجنون. كل هذا بشري، لكن لا ينقّص من شأن قيمة العقل عند الإنسان، بما هو ملكة جوهرية فيه. أعتبر أنّ الحداثة، إذا ما فهمناها بهذا المعنى هي مطمح ومنجز هام، ولكن لا ينبغي أن نعتبرها مثلا أعلى جاهزا. الحداثة تُبنى باستمرار، ونحن، من سوء حظنا وكما هو شأن أغلب شعوب الأرض، لم نسهم في إنتاج هذه الحداثة، سواء في منجزاتها المادية أو في منجزاتها القيمية.

ك . س : تنطلقــون من إعـــادة قراءة التّراث الإسلامي وتهتمّون أكثر بالمصادر والرّوايات التي أعتبرت هامشية وثانوية في وقتها، أي أنّها لم تعتمدها الأرثودكسية أو الإسلام الرسمي حسب التعبير المعاصر. لماذا التأكيد على هذه الآثار الفكرية والمصادر التي تعتبر أنّها غيبت؟

عبد المجيد الشرفي: لأن الإسلام الذي تـمّت له الغلبة تاريخيا، لأسباب لا صلة لها بالصحّة أو الصلاحية المطلقة أو الوفاء أكثر من غيره لمبادئ الرسالة المحمدية، قد غيّب كل ما لا يتماشى وخياراته، أو جلّها، وقاومه مستعينا بالسلطة السياسية، ولم يستنكف حتى من استعمال الإكراه والعنف لإسكات خصومه من المعتزلة وغيرهم. بل إنه شوّه المواقف المخالفة وقدّمها على أنها مخالفة لما أجمعت عليه الأمة الإسلامية، بينما الإجماع الذي حصل بالفعل هو إجماع المنتمين إلى تيّار معيّـن هو تيار أهل الحديث أساسا، وليس البتة إجماع الأمة، في ظروف كانت العبودية ودونية المرأة والأمية منتشرة فيها على نطاق واسع. وحين نعود إلى تلك المواقف المغيّبة فليس بغرض تبنّيها على علّاتها، بل باعتبارها شواهد على تأويلات تاريخية ليست أقل مشروعية من المواقف التي تـمّت لها الغلبة. الباحث الحديث لا يعمل على أساس الخطإ والصواب، والخير والشر، والفرقة الناجية في مقابل الفرق الضالة. هدفه الرئيسي هو الفهم الأفضل للماضي والحاضر، ولا ينبغي أن يكون طرفا في النزاعات التاريخية التي قسّمت الأمة وما زالت تقسّمها، مثل الانتماء إلى أهل السنة أو إلى الشيعة، أو تفضيل مذهب من المذاهب الفقهية على غيره، أو شكل ما من أشكال التديّن على سواه.

التراث والهوية في وجه الحداثة

ك. س : لم ينقطع الجدل حول الحداثة في الفكر وفي الواقع العربي الإسلامي منذ أن بدأ تواصل الفكر العربي بمصادر الفكر الغربي لما يزيد عن قرن ونصف القرن، وحول جدوى الأخذ بهذا الإفراز الغربي في واقع عربي إسلامي يحكمه موروث ثقافي و تاريخي مختلف.

تعدّدت الأطروحات في هذا المجال بين التقليد والاقتباس، التمجيد أو النقد، بين الرفض أو الأخذ الانتقائي. ولأن الغرب هو المرجع للحداثة الغربية كان الإشكال دائما كيف يمكن أخذ الحداثة عنه مع مراعاة سياقات التطور التاريخي و قانون التراكم في الفكر وفي المجتمع العربي الإسلامي.

تطور الأطروحات الحداثية كان دائما يصطدم بطروحات الدفاع والخصوصية والخوف على الهوية من «زحف» الحداثة. وكان ذلك يشكل عائقا في سبيل تأصيل الحداثة والإنخراط الكلي في الأنموذج الحداثي. ترفضون هذا الطرح الثنائي وهذه المقابلة بين الحداثة من جهة والإسلام من جهة أخرى، كما ترفضون كلّ إسقاطات خارجيّة وتؤسسون لتحديث من داخل الإسلام ومن داخل الحضارة الإسلامية لا يتعارض مع الحداثة ونمطها الغربي، منصهر في كونيتها. الانخراط في الحداثة لا يعني معاداة التراث والتنكّر للهوية وإنّما يفترض استرجاع

التراث بعد قراءته قراءة تاريخية ونقدية وبعد تفكيكه لمعرفة الثابت والمتغير في هذه الهوية حتى لا يتم الخلط بين الهوية ومختلف أشكال الأتوبيا الماضوية .

من هنا السؤال الذي يطرح: لماذا الحداثة؟ هناك كما تعلمون من يعارض الحداثة ليس من منطلق ما بعد الحداثة كما عارضها الأوروبيون لكن خوفا على الهوية وحفاظا على الخصوصية. وكان هذا موضوعا يعرقل تأصيل الحداثة في التفكير العربي والإسلامي وحتى في المجتمعات .

عبد المجيد الشرفي : قضية الهوية قضية شائكة. من الذي يطرح قضية الهوية بهذا الشكل الذي يجعلها في مقابل الحداثة؟ إنّ القوى المحافظة واليمينية المتطرفة هي التي تدافع بهذه الطريقة عن الهوية في أوروبا وفي العالم العربي والإسلامي.

ك. س: في العالم العربي رأينا بعض العروبيين التقدميين وهم ليسوا تقليديين أو محافظين ولكن يدافعون عن الهوية ضد الحداثة.

عبد المجيد الشرفي : أنا أيضا أدافع عن الهوية، لكن الدفاع عن الهوية لا يعني الانخراط في تيار مُعادٍ للحداثة، لأن الهوية هي مثل الحداثة ليست معطى جامدا، بل هي أيضا سيرورة. أوّلا هي متعددة وليست واحدة، ثم إن تعدّدها هذا في تغيّر مستمر. فعندما أقول إن هويتي عربية إسلامية ماذا أضع فيها؟ هل أضع فيها الانتساب إلى الجنس العربي بإعتباره أفضل الأجناس، كما كان يتصور أجدادنا وينطلقون من أن النبي عربي، إذن فالعرب أفضل الأمم، والقرآن نزل بلسان عربي، فالعربية هي أفضل اللغات؟ هل أقبل الانتماء إلى الهوية العربية الإسلامية بهذا المعنى؟ طبعا

لا. عندما أقول إنني أنتمي إلى الهوية الإسلامية، بصفتي مسلما، فإنني أعرف أيضا أن المسلمين فيهم من هم مؤمنون بالمعنى الديني وفيهم من هم ينتمون إلى الإسلام بصفته ثقافة فقط. هناك تطوّر في الفكر الديني وفي أشكال التديّن يجعل الانتماء إلى الإسلام مثل الانتماء إلى العروبة، إما أن يكون متحركا ويكون الإسلام دينا حيّا، وإما أن يكون جامدا لا يتحرك ويكون الإسلام دينا لا صلة له بالحياة. وإذا قلنا من جهة أخرى إنّ الهوية معطى قارّ جامد فإننا في الآن نفسه نقصي الهويات الأخرى، أمّا إذا اعتبرناها معطى متغيرا ومكتَسَبا باستمرار، فإنها لا تقصي الانتماءات الأخرى. أن أكون عربيا مسلما لا يعني أنني لست في الآن نفسه منتميا تاريخيا وجغرافيا إلى حضارة البحر الأبيض المتوسط. أنا شخصيا أعتبر أنّ حضارة البحر الأبيض المتوسط هي حضارة يونانية ساميّة، وهذا ما يجمع كل شعوب المنطقة، سواء كانت ديانتهم اليهودية أو المسيحية أو الإسلام. كل هذه الشعوب بدون استثناء تأثّرت بالفكر اليوناني وبالفلسفة اليونانية ومقولاتها. فعندما نقرأ كتبا لمفكرين مسيحيين ويهود ومسلمين عاشوا في نفس الفترة، في القرن الرابع أو الخامس للهجرة مثلا، فإننا لا نلاحظ بينهم فرقا في طريقة التفكير وفي استعمال نفس المقولات. اذن فانتمائي إلى الهوية العربية الإسلامية بهذا المعنى المتحرك لا ينفي انتمائي الى هذه الثقافة المتوسطية، كما لا ينفي انتمائي الى البشرية قاطبة.

ك. س: وينفي أيضا التقسيم غرب / شرق، بما يعني ذلك من غرب متقدم و شرق متخلف، وغرب حداثي وشرق تقليدي ...

عبد المجيد الشرفي : بطبيعة الحال، لأن هذا الانتماء إلى البشرية يمكّنني من أن أتفاعل مع أفضل ما يوجد لدى الشعوب الأخرى بدون

مركّبات. أما إذا ما تبنّيت المفهوم الجامد للهوية فلا أعتبر الهويات الأخرى إلا دون هويتي وفي تصادم معها. هذا بالإضافة إلى ما هو من قبيل الهويّات التي يمكن اعتبارها ثانوية، لكنها هامة جدا. فأيّ شخص في المجتمع التونسي له هوية بصفته عربيا أو مسلما، وله هوية بصفته أبا أو أمّا وابنا أو بنتا، بصفته جارا، بصفته موظفا أو عاملا أو رجل سياسة أو امرأة أعمال، أو غير ذلك. هذه كلها هويّات، وهي لا تتناقض فيما بينها. فأن تقتصر في تحديد هويتك على أنك عربي مسلم فهذا من قبيل البتر لأبعاد لا سبيل إلى إنكارها في شخصية التونسي أو المصري أو السوري أو غيرهم. وهذا البتر إذا حصل، ومن حسن الحظ أنه لا يحصل في كثير من الاحيان وعند أغلب أفراد المجتمع، يؤدي إلى الإعاقة، كما هو الشأن في كل عملية بتر. الهوية المقتصرة على بُعد واحد هي هوية تشبه اعتماد المجتمع على الرجال دون النساء، أو إقصاء المجتمعات القديمة للعبيد، وتقصي معهم كذلك النساء. كل هذه المجتمعات ليست حداثية لأنها تقوم بعملية البتر لأعضاء المجتمع، وتكامل هذه الأعضاء هو عنصر الحيوية في المجتمع. وكذلك الشأن في الهوية.

إنّي أؤكد على هذا التكامل بين أبعاد الإنسان المختلفة: الأبعاد التاريخية، والأبعاد الرمزية، والأبعاد المادية، والأبعاد المتعلقة بالمصير. لا يمكن لنا أن نقفز على مصير المجتمعات من النواحي السياسية والعسكرية وغيرها، ونعتبر أن المصير هو فقط نحو الآخرة. صحيح أننا سنموت كلّنا وسنجازى خيرا أو شرا، لكنّ لنا ما ينتظرنا على وجه هذه الأرض. لذلك فإن قضية المصير قضية هامة. هنالك من يعتبر، في مستوى الخطاب على الأقّل، أنّ وظيفة الحياة هي فقط العبادة، وذلك استنادا إلى آية قرآنية [وما خلقت الجن والإنس إلا ليعبدون]، وهذا فهم للنص القرآني من شأنه أن يؤدي الى عملية البتر التي تحدثت عنها. فالعبادة بُعدٌ من أبعاد

الإنسان المؤمن، لكن لا يمكن أن نتصور مجتمعا لا يقوم فيه الناس إلا بوظيفة واحدة وهي العبادة. الهوية المنفتحة مثل الحداثة، لا تقصي ولا تبتر، ولهذا قلت آنفا إنه لا وجود لنمط آخر قد تجاوزها، سواء سميناه ما بعد الحداثة أو اسما آخر. والهوية المنغلقة مرفوضة مبدئيا وعمليا، وقد اعتبرها أمين معلوف على صواب قاتلة.

ك. س: لكن في كتاباتكم تؤمنون أيضا بالقطيعة على عكس بعض العناصر والتيّارات التي تتسم أكثر بالمحافظة. أما هشام جعيط فيقول: «التفوق الأوروبي وراءه قطيعة أوروبا مع ركنها الديني، الحداثة لم تخرج من رحم التواصل الغربي مع ماضيه، وإنما أتت تؤسس لنفسها عبر طلاق تاريخي مع منظومة ذلك الماضي على عكس المسلمين الذين لم يفكروا بظاهرة الحداثة كقطيعة مع الماضي و إنما عن طريق إعادة ربط العلاقة مع الماضي ولم ينظروا إليها بمنظار «التقدم» و لكن بمفهوم «النهضة» .» (هشام جعيط، أزمة الثقافة الإسلامية، ص.38). في كتاباتكم وفي طرحكم لمسألتي الحداثة والتقدم تعتمدون القطيعة والوفاء في نفس الوقت، خاصة فيما يتعلق بتحديث الفكر الديني، وإن كان الوفاء يتعلق بالرسالة المحمدية ومظاهر الفكر المتفتح الذي ساد في فترات محدودة، والقطيعة مع كل أشكال الدغمائية والانغلاق في القوالب الذهنية القديمة.

عبد المجيد الشرفي : مفهوم القطيعة يحتاج إلى توضيح. قطيعة مع ماذا؟ القطيعة مع الماضي كلّه برمّته لا أؤمن بها. لا يمكن أن نشطب الماضي وأن نفتح صفحة جديدة. هذا في نظري وهم، ليس هناك في الدنيا شعب واحد استطاع أن يمحو ماضيه. القطيعة التي أقصدها هي مع تجلّيات أنموذج

من الحكم ومن تنظيم المجتمع لم تعد مواتية للظروف التي نعيشها اليوم. مثلا عندما كان القدماء يؤمنون بدونيّة المرأة ويمارسونها في الواقع بحصر وظيفة المرأة في وظيفة الإنجاب والقيام بشؤون البيت، لقد كان هذا النّوع من الممارسة ممكنا في نطاق مجتمع أبوي تنتشر فيه العبوديّة ولا يحتاج فيه النّاس إلى اليد العاملة. أمّا اليوم فتغيّرت الأوضاع وتغيّرت كذلك القيم والعقليات. لقد أصبح مبدأ المساواة بين المرأة والرّجل قيمة كونيّة، لم تعد قيمة مقتصرة على الأوروبيين أو غيرهم. ثمّ إنّ الظروف التي نعيشها تفرض على المرأة والرّجل أن يخرجا وأن يحتلاّ مكانهما الطّبيعي في الفضاء العامّ. ولم يعد هذا الفضاء حكرا على أهل الحلّ والعقد، وهم القلّة التي كانت تشارك في الحياة السياسيّة، اليوم أصبح الشّأن العامّ يهمّ كافّة المواطنين. هنالك انتقال من مفهوم الإنسان الذي هو جزء من الرعيّة إلى مفهوم الإنسان المواطن. في هذه المجالات نحن مضطرّون إلى القطيعة مع هذه القيم التي لم تعد صالحة لعصرنا. في الآن نفسه أعتقد أنّ هناك في ماضينا أمورا لا نستطيع أن نتجاهلها أو أن نلغيها لمجرّد أنّها كانت مهمّشة أو مغيّبة. فهنالك في تاريخنا اتّجاه عقلي هو في بعض تجلّياته قديم ولكنّه في جوهره عصري. هنالك نصوص قديمة ولكن عندما نقرؤها اليوم نشعر كأنّها كتبت في عصرنا الآن. هنالك بعض النصوص أوردها فخر الدّين الرازي بالنسبة إلى الذين ينكرون حجيّة الحديث النّبوي كان يمكن أن تكتب اليوم. هذا يدل على أنّنا لا نريد أن تكون هناك قطيعة مع الماضي برمّته. هناك تفكير في الماضي يعتبر تفكيرا بشريّا لا يهمّ المسلمين وحدهم بل البشريّة قاطبة. هنالك أيضا منجزات ماديّة ومعنويّة ما زالت تحتفظ بقيمتها في العمارة وفي الفنّ، وهي من ضمن أشياء كثيرة تدفعنا إلى الاعتقاد أنّه ليست هناك حاجة إلى القطيعة مع الماضي، ليست هناك إمكانيّة للقضاء عليه لأنّه يعيش فينا. يجب أن نميّز بين ما ينبغي التّخلّص منه وما ينبغي الاحتفاظ به.

ك.س : عندما نثير موضوع التراث والهوية، نذكر الكاتب والمفكر المغربي محمّد عابد الجابري وهو من أبرز من كتب وإهتم بالتراث الإسلامي، وله مقاربة جديدة للتراث تعتبر مرجعية لدى الكثير من المهتمّين العاديين بمسألة الهويّة والتراث، وكذلك من الباحثين المتخصصين والمثقفين العرب. ولكنّكم عبّرتم عن تحفظكم على بعض أطروحاته وانتقدتم عددا من المواقف والأفكار الجوهريّة في كتاباته.

عبد المجيد الشرفي: إني أتفق مع الجابري في بعض الاختيارات المنهجية والمفهومية، ولكنني أختلف عنه في النتائج التي وصل إليها، وبالخصوص عندما يعتبر أن هناك فقط بيانا وعرفانا وبرهانا في الفكر العربي والإسلامي، وأن المغاربة هم أصحاب البرهان بينما المشارقة هم أصحاب العرفان والبيان. لقد وصل إلى هذه النتيجة لأنه قام بعملية انتقائية، وانطلق من كتب إبن رشد الفلسفية. لكن لو أنه اعتمد على «بداية المجتهد ونهاية المقتصد» الذي هو كتاب في الفقه لتبين له أن ابن رشد أبعد ما يكون عن هذا البرهان في كتابه. وأختلف مع الجابري بصفة جذرية لأنه يعتبر أن الزّمن العربي زمن راكد منذ عصر التدوين. وهذه في اعتقادي نظرة غير تاريخية، أوّلا لأنه لم يأخذ بعين الاعتبار كل المخاض الذي عرفه الفكر الإسلامي قبل عصر التدوين، وهو مخاض هام جدا حدّد التوجه الذي سيتخذه الفكر الإسلامي منذ ذلك العصر، فليس لأنه غير مدوّن فهو غير موجود، بينما فيه انتقال من وضع إلى آخر. أعتبر أيضا أنّ الجابري أخطأ عندما وضع رسالة الشافعي في نفس مستوى كتاب «المغني»* مثلا للقاضي عبد الجبار فيما يتعلق بأصول الفقه أو كتاب «المستصفى» للغزالي أو كتاب «المحصول» لفخر الدين الرازي.

---

* المغني كتاب في أصول الدين فيه مباحث تتعلق بأصول الفقه وبالإجماع على وجه الخصوص

فغير صحيح أن أصول الفقه قد حددت بصفة نهائية مع الشّافعي، ولو قارنّا على سبيل المثال بين رسالة الشّافعي وكتاب «المعتمد» لأبي الحسين البصري لرأينا أن الإجماع لم يحظ في رسالة الشافعي إلاّ بفقرتين وحسب، بينما نجد في كتاب المعتمد سبعين صفحة عن الإجماع. فهناك فرق كبير جدّا بين هذا وذاك. صحيح أن الشّافعي قد نظّر لمكانة السنّة في التشريع، لكن يجب أن نأخذ بعين الإعتبار ما أقصي في عهد الشّافعي، و لماذا أقصي. فلا يمكن أن نعتبر أن العلوم الإسلامية وُلدت مكتملة مع الشافعي ومع رسالته .

هناك أمر آخر نادى به المرحوم الجابري لا اظنّه لأسباب فكرية بل لأسباب سياسية تعود إلى انتمائه إلى الاتحاد الاشتراكي للقوى الشعبية في المغرب، إذ كان يهمه المردود السريع والعملي لآرائه، فقال إن العلمانية لا تصلح للعالم العربي. وأنا أعتبر هذا موقفا غير علمي. ينبغي ان يكون موقفنا بصفتنا باحثين موقفا علميا لا موقفا إيديولوجيا. وفي هذه المسألة أيضا أختلف معه.

ك. س: هناك من يرى أنّ هنالك بديلا للحداثة، وأن مستقبل الحداثة هو أن يقوم الدين، والدين الأحق هو الإسلام، بتقويم عيوب الحداثة وما آلت إليه من تجاوزات. وعلى هذا الأساس يؤسس لحداثة إسلامية، مثل طه عبد الرّحمان الذي يدعو إلى حداثة إسلامية مبدعة وغير مقلدة للغرب. فكما أنّ هناك حداثة غربية يمكن أن تكون هناك حداثة إسلامية.

عبد المجيد الشرفي: أعرف هذه الأطروحات، وقد أوافق على أنّ المبادئ الإسلامية لها حظوظ في أن تكون أفق انتظار البشرية في المستقبل.

لم لا؟ لكن على شرط أن يكون المسلمون مطبّقين بالفعل لهذه المبادئ الإسلامية الخالدة، إلا أنهم أبعد ما يكونون في الوقت الراهن عن هذا التطبيق. إذا كانت المبادئ الإسلامية صالحة للغرب ولغير الغرب فإن قوة جذبها لهذه الشعوب التي لا تؤمن بها في الوقت الحاضر إنما هي متوقفة على تقدم المسلمين أنفسهم، وعلى مدى انخراطهم في هذه القيم الكونية، لا في طرح جانب منها فقط، والتنكر لبعض المبادئ التي تقوم عليها الحداثة. أي بعبارة أخرى يمكن أن يكون الإسلام، وربما الأديان بصفة عامة، يحتوي على عناصر إضافية إلى الحداثة وما يسميــه الفرنسيــون (Un supplément d'âme)، لكنها لا يمكن أن تكون بديلا عنها.

هذه الإضافة الروحانية إلى حداثة مادية يطغى عليها الاعتبار الاقتصادي والمالي والمنافسة التي تطحن الضعيف والفقير، إذا ما كانت توفّر الطمأنينة التي يحتاج إليها الإنسان، بينما لا توفرها له الحداثة بما فيه الكفاية وتؤدي إلى القلق الوجودي والبحث المتواصل، فهذا أمر نقبله بدون شكّ. إذا ما تبنينا مبادئ العقلانية والحرية والمساواة باسم الدين فيا حبّذا. أما إذا ابتعدنا عن المبادئ الإسلامية والمبادئ الكونية الحداثية وقلنا إن لها حظوظا في النجاح فهذا بالتأكيد غير صحيح. أقول نعم لاعتماد المبادئ الإسلاميّة، لكن ماذا نضع فيها؟ هل نضع فيها المبادئ الكونية مع إضافة أخرى، أم ننقص منها المبادئ الكونية ونعوّضها بمبادئ دينية؟ في الحالة الأولى أقول نعم، وفي الحالة الثانية أقول إنه كلما كان هناك بتر فلا شك عندي أن هذه المبادئ لا يمكن أن تكون بديلا عن الحداثة.

ك. س: منذ ما يزيد عن 20 سنة ، عند صدور كتابكم «الإسلام والحداثة» عارضتم فكرة أسلمة الحداثة، فهل طرح الحداثة الإسلامية اليوم هي مقاربة جديدة لأسلمة الحداثة ؟

عبد المجيد الشرفي: يمكن أن نتناقش من الناحية النظرية في هذه المسألة، ولكن المهم أن ننطلق من واقع هذه الشعارات. الواقع هو أن الذين ينادون بأسلمة الحداثة عوض الإضافة هم الذين يقصدون بتر الأبعاد الكونية في هذه الحداثة. وهذا غير مقبول وغير عملي وليست له حظوظ في النجاح. أسلمة الحداثة عملية غير ممكنة إلا - وهذا شرط في الآن نفسه ضروري لكن غير كاف - إذا أسهم المسلمون في إنتاج هذه الحداثة في الحاضر والمستقبل. هم لم يسهموا في الماضي، فإذا ما أسهموا في المستقبل فإذ ذاك يمكن أن يضيفوا إليها أو يعدّلوها، لكن لا يمكن أن يعوّضوها بإنتاج ماض أنتجه أسلافهم. هذا غير ممكن بلا أدنى شك. يمكن أن تؤسلم ما تشارك فيه لا ما هو أجنبي عنك. المجهودات التي بذلها الذين قالوا سنؤسلم الحداثة هي مجهودات أدت الى التنكر لما هو جوهر العلوم والمعارف الحديثة، وهو الاختبار والعقلانية والاعتماد على الملكات البشرية لا على النصوص. هؤلاء انطلقوا من قراءة معيّنة للنصّ ليحكموا على العلوم وليقولوا إنّ الفيزياء فيها أشياء مقبولة وأخرى لا، وإن البيولوجيا – علوم الحياة – فيها أيضا نظريات غير مقبولة، إلى غير ذلك من الأحكام والاستنتاجات. أنا شخصيا أعتبر ذلك موقفا متخلّفا عن أدنى مقتضيات العصر الحديث. إن الذين يعيشون عصرهم ويعرفون حقيقة العلوم الحديثة لا يستطيعون أن يقبلوا بهذه الرؤية للأشياء. هذا التمشّي مخطئ منذ البداية، منطلقاته غير علمية، ولذلك لا يمكن أن نطبّقها على العلم. نستطيع أن نطبّق مقولات علمية على العلوم، ولكن أن نأتي بمعارف من خارج المعرفة العلمية ونطبقها عليها فهذا لا يستقيم، لأنّ موقفنا في هذه الحالة يصبح موقفا إيديولوجيا لا علميا. الإيديولوجيا يمكن أن تكون صالحة أو أن تكون للدعاية وللوصول إلى أغراض لا صلة لها بالعلم، بينما الأمر يتعلّق هنا بالمستوى العلمي المعرفي البحت.

ك. س: تستعملون في كتاباتكم مفهوم زمن الحداثة، يعني ذلك أن زمن الحداثة هو الذي يفرض نفسه على الجميع. لماذا هذا التفريق بين الحداثة وزمن الحداثة ؟ هناك من يستعمل تفرقة أخرى بين الحداثة وروح الحداثة.

عبد المجيد الشرفي: هذا الزمن يمكن أن ننظر إليه من وجهتين مختلفتين، فنعتبر من وجهة أولى أن هناك مرحلة من مراحل تاريخ البشرية هي التي نسميها الحداثة. أو نعتبر من وجهة ثانية أن الحداثة قد ولّدت معنى ومفهوما للزمن يختلف عن المفهوم التقليدي. المفهوم التقليدي للزمن، أو بالأحرى المفاهيم التقليدية، تعتبر أن الزمن ينقسم الى ثلاثة أطوار: ما قبل النبوة، وهو عصر الظلمات، ثم عصر النبوة، وهو عصر النور بكل معانيه، ثم ما بعد عصر النبوة، وفيه ابتعاد تدريجي عن ذلك النور. هذا تصور للزمن قائم لدى المسلمين وكذلك المسيحيين واليهود. هناك تصور آخر للزمن تفرضه العلاقة بالفصول وطول اليوم وقصره. من ذلك أن الفلاح التقليدي له تصور للزمن مرتبط ارتباطا متينا بتعاقب الفصول وتعاقب الأيام، وهو قريب من الطبيعة. وهنالك تصورات أخرى للزمن. بالنسبة إلى المجتمعات الحديثة، أصبح الزمن يقاس بطريقة أخرى، لأن العامل الذي يشتغل بالمصنع ينبغي أن يكون على الساعة الثامنة في مصنعه، لا على الثامنة ودقيقة. فهو يتعامل مع الزمن تعاملا مختلفا. وكذلك الشأن بالنسبة إلى ما أصبحنا نعرفه بفضل نظرية النسبية التي أتى بها أنشتاين وتهمّ العلاقة بين الزمن والفضاء، وتبيّن أنّ الزّمن ليس فقط أمرا معطى بل هو نسبي. من يركب القطار ويواجهه قطار آخر يشعر بهذه النسبية بطريقة ملموسة. كل هذا يجعل زمن الحداثة أزمنة، لا زمنا واحدا بحسب الموقع الذي ننظر منه الى المسألة. المهم هو أن الحداثة ليست مثلما هو الشأن عند القدماء زمنا منغلقا على نفسه. هو ليس زمنا

قد حددته قوى فوق بشرية. هو زمن من وضع الإنسان، وله صلة متينة بفكره وبقياسه له وبتجربته. وهذا أمر جديد بالنسبة إلى البشرية جمعاء. نرى من خلال هذا المثال كيف أن الحداثة سواء في زمنها أو منجزاتها هي ظاهرة كونية، لأن هذا مما لا يختلف فيه الصيني والأمريكي أو التونسي. من هذه الناحية لا يمكن أن تكون هناك فروق.

الثورة وإشكاليّة تحديث الفكر الديني

الاعتقاد الذي كان سائدا قبل الثورة كان منقسما بين من يرى أنّ العامل الديني هو الذي

سيكون المحرك لأي تغيير محتمل في المجتمعات العربية الإسلامية لأنّ الدين شكّل عاملا محفزا

على التلاحم داخل المجموعة بعد أن عمد النظام التسلطي إلى تفتيت اللحمة القومية باعتبارات

جهوية وحزبية ومصلحية أو طبقية، ومن يرى نهاية الإيديولوجيا الإسلامية بمعنى فشلها في

الاستئثار بالحياة السياسية وفرض أديولوجيتها كمثال يحظى بالإجماع في المجتمعات الإسلامية أو

كبديل سياسي للنظم السياسية القائمة.

في المقابل نرى في تونس ومصر أن المطالب الشعبية التي حملتها الثورات هي مطالب حداثية

لم تستعمل المرجعية الدينية والأنماط الماضوية، وهو ما يؤكد أن الثورات العربية هي حدث

«ما بعد – إسلامي». ولكنّ عودة الخطاب الديني في الحياة السياسية واختلاط السياسة والدين

والحداثة واشتداد النزعة الإيديولوجية في الخطاب السائد في فترة ما بعد الثورة يعيد طرح إشكالية

تحديث الفكر الديني. الثورة فتحت من جديد المناظرة والسجال إذا لم نقل الصراع بين الخطاب

الديني الذي يتبني الدفاع عن الهوية والأصالة ضد الحداثة في حين أنّ الحداثة هي في صلب الهوية

كما أكدت ذلك الثورة والمطالبة الشعبية بالتطبيق

الفوري لمبادئ الحداثة، بل إنّ الحداثة بحكمها واقع وحاضر الشعوب هي الهوية الحية التي تحوي كل التفاعلات التاريخية وباتت أقرب إليه من هوية تتشبث بماضٍ لا يشبه واقعه.

هنالك من بين الحداثيين من يعتبر أنّ الحداثة حتمية وهي بصدد التغلغل في المجتمعات العربية الإسلامية وأنّ العمل الكفيل بتأصيلها في هذه المجتمعات هو النمط الإنتاجي أي النمط الصناعي الذي تفرضه العولمة. ومن هناك تسقط ضرورة تحديث الفكر الإسلامي. ويدفع نحو التركيز على ميدان النمو الاقتصادي الذي يكفل تغيير الأنماط الإنتاجية التي ستؤثر بدورها في الأنماط المعيشية بما فيها العلاقة مع الدين.

عندما نتأمل في المطالب التي قامت عليها الثورة في تونس وفي مصر، وعفوية التعبير الحداثي نرى أنّ جزءا من هذه الرؤية قد يكون صحيحا ولكن عودة الحركات الإسلامية أو نشاط الفكر الديني السلفي ونزعة التسلط وحب الهيمنة ومعاداة الحداثة ومبادئها بين أن أي مشروع حداثي لن يكون في مأمن من الانتكاس إذا استثنينا الفكر الديني من عملية التحديث. لا يمكن الاستغناء عن عملية تحديثية للفكر الديني، خاصة وأن النمط التقليدي الذي ينهل من التراث الديني والمخيلة الشعبية هوَ الذي يشكّل مرجع الاعتقاد لدى مختلف أصناف المجتمع وهو بذلك الأكثر انتشارا وشيوعا.

الأستاذ عبد المجيد الشرفي تناول في كتاباته وتحليلاته إشكالية الحداثة والإسلام وركّز على تحديث الفكر الديني، وهو يرفض الطرح الثنائي لإشكالية الحداثة والإسلام، أي هذه المناظرة بين الحداثة من جهـة والإسلام من الجهة المقابلة، الغرب من جهة والشرق من جهة ثانية.

ك. س: الوضع الذي أحدثته الثورة في تونس وفي مصر أيضا، فتح المجال أمام حرية التعبير والتنظيم والمشاركة وهو ما ساعد الحركات الإسلامية على التواجد كشريك في اللعبة الديمقراطية. على مستوى الخطاب لحركة النهضة في تونس، والإخوان المسلمين في مصر كانت هناك محاولة لمواكبة المطالب الحداثية: الحرية، مجلة الأحوال الشخصية في تونس، الإيمان بمشاركة الأطراف الأخرى. وفي نفس الوقت لم نر تغييرا مماثلا في أدبيات هذه الحركة من تحديث فعلي للفكر الديني، الذي ظلّ محتفظا بنفس المنظومة الفقهيّة ونفس الرؤية للتراث الديني، وهو ما يجعلنا نتساءل عن جديتهم في تبنٍّ حقيقي لمبادئ الحداثة ونرجح أن هذا الخطاب مرحلي وتكتيكي، لأهداف انتخابية أكثر منها حداثيّة. على ماذا يدل هذا؟

عبد المجيد الشرفي: يصعب الحديث عن موقف موحّد للحركات الإسلامية عموما، وحتى في صلب الحركة نفسها هناك نزعات مختلفة. واضح أن هنالك اختلافات داخل حركة الإخوان المسلمين في مصر، والشاهد على ذلك تغيير المرشد العام السنة الماضية. في تونس يبدو من خلال تصريحات زعماء حركة النهضة أن هناك توجهات مختلفة في صلبها. إذا أخذنا حركتي الإخوان المسلمين وحركة النهضة باعتبارهما ممثلتين للحركات الإسلاموية نرى أنّ كلتا الحركتين قد تم تجاوزهما على يمينهما بما يسمى بالإسلام السلفي أو الإسلام الجهادي أو ما يسمى بحزب التحرير. الوضع معقد في نطاق هذه الحركات السياسية التي تعمل بإسم الدين. إذا أخذنا هذه الحركات في السنوات العشرين الأخيرة نلاحظ أنها أوّلا كانت مقموعة في الأغلب وتعرّض زعماؤها للكثير من مظاهر العسف والتعذيب وحتى القتل، ومن لم يفر بجلده إلى الخارج من زعمائها فكان مصيره السجن.

زعماء هذه الحركة سواء في السجن أو في الهجرة عمقوا الكثير من الأفكار التي كانوا يروّجون لها واستنتجوا العبر من فشل الحركات المماثلة. فلا ينبغي أن نعتبر أن هذه الاختلافات داخل الحركة هي تكتيكية فقط أو ناتجة عن اختلاف الأمزجة داخل هذه الحركات، وإنما هي ناتجة أيضا عن الصراع بين الأجيال في بعض الأحيان، ويمكن أن تفسر في أحيان أخرى بدرجة استيعاب الدروس من التجارب التي خاضتها هذه الحركات أو حركات مشابهة في بلدان أخرى. أنا شخصيا لا أحكم على هذه الحركات حكما سلبيا مطلقا، أعتقد أنها حركات يمكن، أي في مستوى الإمكانية فقط ولا يعني ذلك أنها ستكون حتما كذلك، يمكن أن تسمح في المجتمعات العربية والإسلامية، في تونس بالخصوص، بالمصالحة بين تيارات تشق المجتمع التونسي حقيقة، التيارات المغتربة والتيارات المحافظة الجامدة. فهذه الحركات ربما تخلق نوعا من المصالحة، ولكن هذا رهين موازين القوى التي ستكون في المجتمع، أي إذا ما كانت هذه الحركات الإسلامويّة مضطرة إلى التعامل مع القوى المخالفة لها بطريقة ديمقراطية وسلمية فإن ذلك يكون في صالح المجتمع. الحركات الإسلامويّة هي حركات معارضة، ومن المستبعد في نظري أن تكون أكثر من ذلك في المرحلة الحالية. وبما أنها داخلة في «اللعبة الديمقراطية» أو «اللعبة السياسية»، فإنها ستضطر إلى احترام قواعد هذه اللعبة. أرى أنّ التخوّف الموجود من الإسلاميين أوّلا مبالغ فيه، وثانيا لا أرى وجها لإقصاء الإسلاميين بحسب مواقفهم، ولكن يقصون بحسب أفعالهم. إذا ما كان سلوكهم في الميدان الاجتماعي والسياسي مخالفا للشعارات التي يرفعونها الآن فحين ذاك ينبغي التصدي لهم. ينبغي أن يدافع المجتمع عن نفسه من هذا الزيغ عن النّهج الذي تسير فيه المجتمعات العربية الحديثة، وهو السير نحو التحديث والديمقراطية، ونحو إرساء

الحريات الفردية والجماعية والتداول السلمي على الحكم . إذا ما انخرط الإسلاميون في هذا النهج وكان سلوكهم منسجما مع قواعده فأظن أنّه يمكن أن يكون وجودهم في اللعبة السياسية عاملا إيجابيا.

ك. س: كان الحديث قبل الثورة يدور حول كيفية تصرف النظام مع الحركات الإسلامية، هل الحل الأمني كان هو الأنسب ؟ هل قطعت الثورة الطريق أمام هذه الممارسات؟

عبد المجيد الشرفي: الحلّ الأمني كان خيار الأنظمة وليس خيار المثقفين. أنا شخصيا لم أكن موافقا في أي يوم من الأيام على هذا الخيار. كنت و ما أزال أعتبر أنه لا يفضّ المشكلة، خاصة وأن ما طرحته حركة النّهضة، باستثناء بعض الممارسات الشاذّة، هو تحدّ سياسي وفكري حضاري، ولم يكن تحديا أمنيا. فحركة النهضة لم تكن حركة مسلحة. عندما تكون هناك تحديات أمنية ينبغي أن يكون التصدي لها أمنيا كذلك، وهذا طبيعي. لكن التصدي الأمني وحده كان خيار بن علي، ولا أظن أن مَن يسمّون في الأدبيات الإسلامية الشائعة اليوم بـ«الاستئصاليين» كانوا يمثلون الأغلبية من بين المثقفين، لا التونسيين ولا المصريين. ولهذا أردت أن أضع النقاط على الحروف في هذه القضية كي لا نتهم بأمر لم يكن واقعا في الحقيقة. أذكر أنه في أوج الحملة ضد الإسلاميين في تونس في أوائل التسعينيات اقترح المرحوم حسيب بن عمار عليّ وعلى مجموعة من المثقفين أن ننظم حوارا مع النظام ومع الإسلامويين بعد انتخابات 1989. وعندما بدأت الحملة على الإسلاميين، كان تحليله إذ ذاك أنّ التصدي للإسلاميين لا يمكن أن يكون أمنيا فقط. وأنا شخصيا كنت موافقا على ذلك، وكنت مستعدا لكي ينظم الحوار بين النظام والإسلاميين وعدد

من المثقفين الذين لا يوافقون على أطروحات الإسلاميين، لكن عندما عُرضت الفكرة على بن علي رفض رفضا تاما وقال له هذه القضية هي قضيتي أنا، لا قضية المثقفين ولا الجامعيين ولا أي طرف آخر.

ك. س: الموضوع اليوم هو كيف يتعامل المجتمع المدني والمجتمع بصفة عامة مع هذه الحركات الإسلامية كطرف شريك في الواقع الجديد؟ ظهور الإسلاميين من جديد كطرف ناشط ولّد في هذا الوضع المبكر لما بعد الثورة الذي يتسم بالارتباك والتوجس، تخوفا من النوايا الحقيقية للحركات الإسلاميّة خاصة وأن الخطاب الذي نسمعه يتّسم بالمراوغة.

تحدثتم عن احترام «قواعد اللعبة» من قبل الإسلاميين، هل هذا يعني وضع آليات معينة تفرض ذلك، هل هذا يعني وضع قوانين أو ميثاق وطني أو إدراج بنود معينة في الدستور ؟

عبد المجيد الشرفي: بكل تأكيد، لا بد للمشروع المجتمعي الحداثي التونسي بصفة عامّة أن يكون واضحا في جميع الأذهان، وأن يحتوي على عدد من الخطوط الحمراء التي لا يمكن تجاوزها حتى لا يرتدّ إلى الوراء، وحتى لا يُشوّه هذا المشروع المجتمعي كما شوّه في عهد بن علي بالخصوص، وإن كان التشويه قد بدأ في أواخر عهد بورقيبة. المشروع المجتمعي التونسي قديم منذ القرن التاسع عشر. هذا المشروع يحتوي على العديد من الخطوط الحمراء التي ينبغي على الجميع أن يأخذوها بعين الإعتبار وأن يحترموها، وهنا تتميز الخصوصية التونسية. ما يميز الإسلاميين في تونس عن الإسلاميين في البلدان العربية الأخرى هو أنهم يعملون في نطاق مجتمع مُعلْمن في أغلبية سلوكه وتفكيره. المجتمع

كرّس قيما حديثة تتعلق خصوصا بالمرأة وبالأسرة، لا بد من المحافظة عليها ومن صيانتها. حركة النهضة تطورت وتغير خطابها، فبعدما كانت تقدم مجلة الأحوال الشخصية على أنها تحتوي على ما يخالف الدين، أصبح الخطاب السائد فيها، باستثناء بعض الأصوات داخلها، يعترف بأن مجلة الأحوال الشخصية هي ثمرة اجتهاد في نطاق الفقه الإسلامي. ولهذا لا رجعة في مكاسب المرأة. أعتقد أن هذه هي النقطة الحساسة في نهاية الأمر التي تفسر الخوف من الإسلاميين. أما القضايا الأخرى، مثل قضية الردّة وقضية تطبيق الحدود فإنها لم تعد مطروحة، وهي أمور تجاوزها الزمن في تونس وفي المجتمعات الأخرى. بقي أن ما لم يتطور في خطاب حركة النهضة هو النزعة الأخلاقوية. أعتقد أن هذه النزعة الأخلاقوية متأثرة بالظروف التي عاشها الإسلاميون ومتأثرة بتكوينهم وبثقافتهم التقليدية.

ك. س: هذا هو مركز الخلاف. هنالك مواضيع أخرى هامة كالاقتصاد، والبنوك الإسلامية وأسس التعليم. يمكن أن يحترم الإسلاميون الخطوط الحمراء مثلما ذكرتم ولكن تظل المشكلة في الجوهر مشكلة العقلية التقليدية الماضوية التي تمتنع على التجديد والتغيير، إذا كان الفكر الديني الذي ترتكز عليه هذه الحركات لم يتم تحديثه فالخطورة قائمة على الانتماء الحقيقي إلى المشروع الحداثي واحترامه.

أعود هنا إلى قضية أثرتموها في كتاباتكم وهي مشكلة الدغمائية والثقافوية والسلطوية التي تفرضها الإيديولوجيا التقليديّة السياسيّة والدينيّة على مجتمعاتنا. لقد استعملتم عبارة «الثالوث الجهنمي» الذي يجمع بين هذه الخصائص أي أن تحالف هذه العوامل قاتل للحداثة. الثورة التي نحن بصددها خلقت وضعا يبشر

بإمكانية تجاوز الدغمائية في الفكر السياسي الممارس، والقيم الكونية أصبحت تفرض نفسها على الثقافوية. ولكن على مستوى الفكر يظل الخطر قائمًا ما دامت المرجعية لدى هذه الحركات دينية وأخلاقوية.

عبد المجيد الشرفي: فعلا، والمشكل أعمق من ذلك، لأنه يتعلق بتطور العقليات وتطور الذهنيات. هنالك شروط لا بد أن تتوفر في المجتمعات العربية الإسلامية، أقصد بذلك أن الإسلام قد أدى في جلّ هذه المجتمعات دور المحافظ على الهوية في مقابل الغزو الأجنبي الاستعماري، وكان مساعدا على المقاومة، ولذلك فإن امتزاجه بأعمق ما في نفوس الناس من مشاعر هو امتزاج عميق وراسخ. ولهاذا يصعب اليوم على المسلمين أن ينظروا إلى ذواتهم وإلى دينهم نظرة أخرى، بحيث تصبح للدين وظيفة غير وظيفة المقاومة والتصدي للآخر بصفة عامة. السبب في ذلك يعود إلى أن الأديان السماوية الثلاث بالخصوص ظهرت في مجتمعات كان الدين فيها هو المشرعن لكل المؤسسات المجتمعية. وعندما تم في العصر الحديث الكشف عن حقيقة هذه المؤسسات المجتمعية، وعن حقيقتها البشرية والنسبية فإن ذلك لم يقض على الوظيفة التقليدية للدين التي لم تمت في نفوس الذين تعوّدوا عليها طيلة قرون. قيام الإسلام والأديان بصفة عامة بهذه الوظيفة خلال قرون طويلة غطى على الوظيفة الأولى للدين التي هي وظيفة روحية وأخلاقية أكثر مما هي وظيفة اجتماعية سياسية، بالمعنى العام لكلمة سياسة. الرجوع إلى ما أعتبره أنا جوهر الرسالة المحمدية وكذلك جوهر الرسالات التوحيدية بصفة عامة، أي السموّ الروحي والأخلاقي، هو بصفة عامة أمر صعب. عندما نقارن بين المجتمعات الإسلامية والمجتمعات المسيحية واليهودية نرى أنه حتى هذه المجتمعات لم تتخلص جميعها من تصورها لهذه الوظيفة التاريخية

للدين، أي وظيفة شرعنة المؤسسات المجتمعية وتبريرها. إذا كان الفكر الديني لم يتطور في هذا الاتجاه فإن ذلك لا يعني أنه بقي جامدا من عصر النهضة إلى اليوم، فهناك بكل تأكيد تطور لنظرة الناس إلى الإسلام، إلى الدين، وإلى وظائفه، وهناك علمنة زاحفة موجودة في كل المجتمعات العربية الإسلامية الحديثة بدرجات متفاوتة، وهي تعني تقلص تأثير الرموز الدينية في العلاقات الاجتماعية، بحيث لا تمتزج العلاقة العمودية التي تربط الإنسان بالله بالعلاقة الأفقية التي تنظم علاقة المسلم بالمسلم و بغير المسلم.

هذا التطور في نظري أمر حاصل ولكنه غير منظّر له بما فيه الكفاية، أو بالأحرى لم يُستوعب بعد ولم يُدخلَن بدرجة كافية. هو موجود في الواقع، لكن في مستوى التنظير يعسر تقبّله لأنه جديد على الممارسة التاريخية للدين. وهذا راجع، من جملة عوامل أخرى، إلى أن الفكر الديني يكاد يكون حكرا على ذوي الثقافة التقليدية، الزيتونية عندنا في تونس، والأزهرية في مصر، وفي النجف بالنسبة إلى الشيعة، وفي القرويين بالنسبة إلى المغاربة، إلى غير ذلك. فهذه المؤسسات الدينية التقليدية لم تكن تطوّر خطابها إلا مكرهة، إلا تحت وطأة الظروف التي تجعلها في كل مرّة تتخلى مكرهة عن بعض ما كانت تؤمن به سابقا. الفكر الإسلامي الذي يتبنى مكتسبات الحداثة وحقوق الإنسان بقدر ما يسعى إلى أن يستوعبها استيعابا تاما هو الكفيل في نظرنا بأن يمكّن المسلمين من تجاوز هذه الثنائية وهذه المقابلة بين الإسلام من جهة والحداثة من جهة أخرى، لا الحداثة بالمعنى المادي فقط بل الحداثة بكل معانيها، أي بما تقتضيه من عقلانية، ومن إيمان بالتطور وبالقيم التي أفرزتها، وخصوصا الحرية الذاتية، والديمقراطية السياسية، والمساواة بين الجنسين. هذه أمور أساسية لم يستوعبها المنتمون إلى المؤسسات التقليدية استيعابا تاما، ولذلك فإنهم يحاولون التأقلم معها. ولأن المجتمع جعلها بصفة عامة مطمحا من مطامحه ويرغب في تحقيقها فإنهم لا يستطعون أن يكفروا بها كفرا تاما،

وكأنهم يمارسون نوعا من المقاومة نظرا إلى سرعة هذا التغيير ولجذريته، بالإضافة إلى عوامل أخرى، وهي أن هذا الفكر المحافظ يحظى بدعم أنظمة سياسية في الجزيرة العربية وفي الخليج بصفة عامة، من مصلحتها تغذيته لأنه هو الذي يضفي نوعا من الشرعية على أنظمة الحكم العشائرية المتخلفة.

ك. س: وهذا يسبب مشكلة. لو أخذنا مثال تونس نلاحظ أن المشروع الحداثي لدولة الاستقلال كما ذكرنا حقق نوعا من التحديث للفكر الديني متمثلا في مجلة الأحوال الشخصية وأثرها في العقلية الدينية محليا، ولكن وجود الفكر السلفي والإخواني والوهابي، خاصة ونحن في زمن العولمة، يتفاعل في المجتمع التونسي عن طريق تردد الأشخاص على المناطق التي يسود فيها هذا الفكر أو عن طريق رواج الفكر السلفي والوهابي عبر قنوات الاتصال الفضائية وهو ما جعل أنه لا يكفي أن يتمّ التحديث محليا، فالتفاعلات الخارجية لا تجعلنا في مأمن من الارتداد في هذا التحديث.

عبد المجيد الشرفي: قد أوافق على هذا الكلام لو أن كل المجتمعات العربية المعاصرة خالية من هذه الحركات التي تطمح إلى نوع جديد من التدين يقطع مع الماضي ويلائم بين مقتضيات الدين ومقتضيات الحياة المعاصرة، فتونس ليست جزيرة من هذه الناحية. بالتأكيد، هناك مجتمعات متقدمة على مجتمعات أخرى في هذا المجال، ولكن الحركات التحررية في نطاق فهم الدين موجودة في كامل العالم الإسلامي والعربي،

فهي موجودة في الخليج وفي اليمن وفي تونس وفي غيرها من البلدان. الخصوصية التونسية هي أن هذه القوة الدافعة نحو الملاءمة بين الدين والحياة لم تقتصر على رجال الدين كما هو الشأن في إيران، حيث أنّ أغلب الذين تصدر عنهم مواقف دينية هم من صلب المؤسسة الدينية الشيعية. ما تختص به تونس هو أن هذا المسعى التجديدي متأصّل، لأن كتابات الإصلاحيين التونسيين منذ القرن التاسع عشر تسير في هذا الاتجاه، ولأنه قد شارك في هذه الحركة الإصلاحيّة زيتونيون وغير زيتونيين، من ذوي الثقافة المزدوجة. وهذه تكاد تكون خصوصية تونسية. ما بعد الإستقلال ومنذ إنشاء الجامعة التونسية تطور وجود مجموعة من الباحثين في الفكر الإسلامي في صلب الجامعة، وأخذ زخما أكبر. ولكن هذا المجهود كان موجودا من قبل فيما يتعلق بالفكر الإسلامي بصفة عامة. هناك أعمال في هذا المجال تبين هذا الواقع التونسي. فإن الملاءمة بين الإسلام والحياة بصفة عامة قديمة ومتجذرة. لو لم يكن الطاهر الحداد ومن حوله لما إستطاع بورقيبة أن يسنّ مجلة الأحوال الشخصية. و لم يكن بورقيبة وحده، بل كانت حوله مجموعة تؤيد هذا الاختيار عن اقتناع وليس فقط على سبيل الانضباط الحزبي. هذا هو الهام في نظري. صحيح أنه قد اجتمعت الإرادة السياسية مع مستوى من التطور الاجتماعي، وهذا ما لم يتوفر في بلدان أخرى. ولو كانت الإرادة السياسية إرادة فردية ومنعزلة لما كان لمجلة الأحوال الشخصية التونسية الشهيرة حظوظ لكي تنجح وأن تعتبر اليوم من المكاسب الأساسية عند التونسيين والتونسيات.

ك. س: أعتقد أنها لعبت أيضا دور الأنموذج والقاطرة بالنسبة إلى قانون الأحوال الشخصية في بلدان عربية وإسلامية أخرى كالمغرب والجزائر...

عبد المجيد الشرفي : لهذا قلت إننا لسنا جزيرة معزولة. إني أعرف أن الحركات التحديثية موجودة في عدد من البلدان، وأعرف شخصيات من رموزها، على غرار المرحوم نصر حامد أبو زيد في مصر، وأحمد الخمليشي في المغرب الأقصى، وعبد الجبار الرفاعي في العراق، والشيخ محمد مجتهد شبستري وعبد الكريم سروش في إيران، ومحمد علي انجنيير في أندونيسيا، وإبراهيم موسى وفريد إسحاق في إفريقيا الجنوبية، وغيرهم. وهم جميعا جزء من الواقع الإسلامي المعاصر. ولذلك لا خوف من هذه الناحية.

لا بد أن تلتقي الإرادة السياسية مع هذه القوة الاجتماعية والفكرية الجديدة. في المجتمعات العربية حالات لم تبلغ مستوى التطور الذي بلغته تونس، ليس فقط في ما يتعلق بالذهنيات وانتشار التعليم ولكن أيضا في تركيبة الأسرة وفي أنماط الإنتاج والهياكل السياسية. هناك بلدان لا تعرف ما معنى حزب سياسي، ما معنى نقابة، ما معنى جمعيات المجتمع المدني، في هذه البلدان لا تكون للفرد نفس القيمة التي له في المجتمع التونسي وفي المجتمعات الحديثة. وهذا هو جوهر القضية. عندما يكون الانتماء إما الطائفي أو العشائري أو القبلي أو الإثني هو المسيطر عوض أن يكون الانتماء إلى وطن- دولة هو المعيار فإذ ذاك لا يمكن أن نأمل في استجابة سريعة لهذه المتطلبات التي تكاد تكون بديهية بالنسبة إلى التونسيين.

التحديث وفخّ الأدلجة

ك. س: لقد أدّت الإيديولوجيا السّلفيّة التحديثيّة النابعة من فكر النّهضة إلى الإيديولوجيا الإسلاميّة بميلاد تيّار الإخوان المسلمين وما تفرّع عنها من حركات إسلاميّة إقصائيّة، وأدّت إيديولوجيا الثورة العربيّة إلى التيّارات العروبيّة الوحدويّة وإرساء دولة قوميّة غير ديمقراطيّة، استبداديّة، الأولى تعادي الحداثة وتعطيها قراءة وتأويلا إسلاميّا تلفيقيّا يفرغها من محتواها والثّانية مارست حداثة منقوصة لم تستجب لتطلّعات المواطن العربي وفشلت في تحقيق التطوّر والنّموّ. وهما إيديولوجيّتان تناولتموها بالنّقد في كتاباتكم وتحليلاتكم. لقد أبديتم في كتاباتكم موقفا نقديا ضد الإيديولوجيا الصدامية، إيديولوجيا الكفاح في فكر النّهضة العربية، وكذلك الأيديولوجيا الصدامية في فكر الثورة العربية الذي تلاها في النصف الثاني للقرن العشرين. لماذا؟

عبد المجيد الشرفي : موقفي من كثير من الحركات، سواء الإصلاحية أو الدينية أو حتى السياسية ليس موقفا نابعا من عداء ولا من تماهٍ مع هذه الحركات، وإنما السبب هو اقتناع راسخ لديّ بأن أيّة حركة تستعجل الوصول إلى الحلول قبل المرور بتحليل الواقع حركة مآلها الفشل. وأعتقد

أن واقعنا لم يحلل تحليلا علميا كافيا. القفز على هذا الواقع لتقديم حلول يمكن أن أرتضيها أو أن أخالفها، ولكن في كل الحالات هذا سلوك لا أرتضيه لنفسي. ولهذا فأنا أدعو إلى تعميق النظر في حاضرنا وفي واقعنا لكي نستطيع أن نبني مستقبلنا على أسس متينة.

ك. س: لكن حركة الإصلاح منذ القرن التّاسع عشر ثم حركة النهضة وكذلك الثورة العربيّة، قدمت من منطلقاتها هذه القراءة وهذا التحليل.

عبد المجيد الشرفي: كان الإصلاحيون كلهم تقريبا يقدمون حلولا إما مستمدة من الماضي وتدعو إلى النّسج على منوال السلف الصالح واستعادة مجد الأمة، أو يكونون منبهرين بالغرب ويأخذون عنه بعض المؤسسات السياسية وبعض الترجمات. كانوا بصفة عامة إما يستوردون أنموذجا جاهزا أو يتبنون أنموذجا متخيّلا ولكنه ينسب إلى الماضي المجيد. ولكن لم يكونوا يُخضعون الواقع للتحليل بما فيه الكفاية. هل واقعنا يقتضي هذا النوع أو ذاك من الديمقراطية على سبيل المثال؟ هل الديمقراطية الفرنسية هي نفس الديمقراطية البريطانية؟ لا أعتقد ذلك، لأن الديمقراطية الفرنسية تقوم على مفهوم المساواة الذي لا يوجد في الديمقراطية البريطانية. الديمقراطية البريطانية ترتكز أساسا على العدل، أي عدم الظلم، ولكن لا ترتكز على المساواة. لذلك لا يوجد في بريطانيا حرج في الاعتراف بكبار الملّاك والأرستقراطيين في واضحة النّهار. في فرنسا عندما يكون هناك إنسان ثري جدا فثروته تكاد تُرى على أنها نهب لثروات الشعب. الديمقراطية تختلف إذن من بلد إلى آخر. في ألمانيا هناك أشكال أخرى من الديمقراطية، مفهوم الأمة الألمانية وعامل العرق مهمّان

أكثر من بريطانيا وفرنسا. نحن إذن نبحث عن أنموذج ونريد أن نطبقه، كأن هناك أنموذجا صالحا لكل بيئة ولكل ظرف. ونحن نريد أن نطبقه لأننا لا نعرف واقعنا، ولأننا لم نحلله كما هو تحليلا علميا عميقا.

ك. س: هل ننتظر من هؤلاء الإصلاحيين ومن جاؤوا في فترة سابقة من التاريخ أن ينظروا للأشياء بنفس الطريقة التي ننظر بها نحن اليوم إلى الأشياء ؟

عبد المجيد الشرفي: لا بكل بداهة، أنا لا أعيب على أسلافنا شيئا، بل أعيب على مواطنيّ وعلى معاصريّ أنهم يستعجلون الحلول، وأنهم ما زالوا إما ينظرون إلى الآخر أو إلى الماضي على أن هذا الماضي أو هذا الآخر يحتوي على حلول مناسبة لواقعنا. وأزعم بخلاف ذلك أن الحلول ينبغي أن تستفيد من تطلعات الناس الحقيقية. هذه التطلعات ليست دائما معبرا عنها، وإنما الدراسات العلمية السوسيولوجية هي التي تمكننا من معرفتها. فعندما تخرج المرأة إلى الشارع للعمل وهي تلبس الخمار فإن تطلعاتها في الحقيقة هي التخلّص من نظام تقليدي يفرض عليها البقاء في البيت، وإذا ما كان الخمار يساعدها على ذلك فهي تلبسه. أنا في حاجة إلى معرفة هذه التطلعات لكي أستجيب لها، بقطع النظر عن تمظهراتها. هناك نوع من التصحّر الثقافي الذي مُنينا به وقاسينا منه في العقود الماضية يجعلنا لا نعرف تطلعات الشباب الحقيقية. شعر الكثيرون أن الشباب فاجأ الجميع بالثورة لأننا في الواقع لا نعرفه. هل هناك دراسة لواقع الشباب؟ لقد أجريت دراسة رسمية لواقع الشباب وفيها بعض الجوانب الحقيقية تفصح عمّا يعتمل في نفوس الشباب التونسي، لكنها لم تنشر، لم تعرض على الملإ و لم تناقش. وكذلك الشأن بالنسبة إلى كل

موضوع من المواضيع الاقتصادية والثقافية والفنية وغيرها، لم تكن هناك دراسات علمية ولا نقاش حولها. حركة الإصلاح كانت نخبوّية، وهذا طبيعي لأن التعليم لم يكن منتشرا، وكان لا بد للحركات الثورية من أن تصل إلى نتائج، وهذا أيضا طبيعي، ولكن لكي ينجح هذا التغيير بأقل ما يمكن من التكلفة البشرية ومن الأخطاء يجب عدم استعجال الحلول قبل معرفة الواقع معرفة دقيقة وشاملة.

ك. س: و ماذا عن مكانة الدين في هذه الإيديولوجيات ؟

عبد المجيد الشرفي : الدين هو معطى من المعطيات الأساسية في المجتمع. كيف يمكن أن ندرس مجتمعا من المجتمعات بدون أن ندرس طريقة تديّنه وتطور هذه الطريقة. رجال الدين بصفة عامة يقولون إنّ التدين واحد لا يتغير منذ نشأ إلى الآن وسيظل كذلك إلى يوم يبعثون. وهذا غير صحيح لأنه إذا كان الدّين واحدا فإن التدّين يختلف ويتطور. وحين يتطور التدين فإنما هو يتكيف بحسب المعطيات التاريخية بالمعنى العام لكلمة تاريخ، ولهذا فإذا لم ندرس أشكال التدين الحديث فإننا لا نعرف إلى أين نحن ذاهبون في هذا المجال، ولا يمكن أن نعرف انعكاسات هذا التدين على الاقتصاد وعلى السياسة وعلى كل مظاهر الحياة الأخرى. إنّ ما أعنيه هو دراسة واقع التدّين لا النظريات الدينية ولا الخطاب الديني فقط، فالواقع الديني كما يتجلّى في السلوك، يتجلى أيضا في الخطاب، ولكن لا نقتصر على الخطاب. دراسة الواقع الديني بكل تجلياته في حاجة إلى معرفة عميقة و علمية.

ك. س : يعني ما تعارضونه لدى هذه الإيديولوجيات هوفقط التصرف المعرفي تجاه الواقع !

عبد المجيد الشرفي: كلمة أعارض ليست الكلمة المناسبة، فعندما أنظر إلى الحركات ذات الإيديولوجيا الدينية ألاحظ أنها يمكن أن تخطىء خطأ شنيعا إذا ما لم تحلل الواقع وإذا لم تنطلق من واقع صلب ومعروف بما فيه الكفاية. لا أعارضها، فأنا أقوم بوظيفتي النقدية الطبيعية وأقارنها بالحركات السياسية الموجودة في البلدان المتقدمة. لكل حركة سياسية حديثة مجموعة من المفكرين والمحللين في اختصاصات مختلفة، لها think tank، مجموعات تعمل ليلا نهارا وتدرس وتقدم البدائل وتقدم الحجج، بينما نحن نعتمد فقط على فيض الخاطر أي الانطباعات والأحاسيس. وهذا غير كاف، فلا بد لنا من الدراسات، بقطع النظر عن مستواها، إذ قد تكون أحيانا غير متينة علميا، وقد تكون موجهة، ولكن لا بد من قدر أدنى من معرفة الواقع. نحن الآن متخلفون لأن واقعنا غير مدروس دراسة كافية، وفي كثير من الحالات، الآخرون يعرفون عنّا أكثر مما نعرفه عن أنفسنا. هذا هو ما نبّهت إليه، دعيني أقول إنه لا يمكن أن يستمر الوضع على هذا النّحو لأنه مضر بالخيارات التي يمكن أن نكون مضطرين لأخذها في وقت من الأوقات. في كثير من الحالات نصل إلى مفترق طرق يحتم علينا الاختيار، فعلى أي أساس يمكن أن نختار؟ لا ينبغي أن يكون اختيارنا اعتباطيا. وأعتبر عموما أن ما هو مبني على معرفة الواقع تكون له حظوظ نجاح أقوى بكثير. هذا هو موقفي و ليس من مبدأ المعارضة. بصفتي مواطنا أنا مدعو إلى أن آخذ موقفا من كل قضية تثار، ولكن بودي لو تتوفر لي المعرفة، وأنا المواطن فقط ولست المسؤول الحزبي أو السياسي أو غيره، وأن تتوفر لكلّ من له مقدرة على توجيه الأحداث، لأن الواقع دائما أصلب من الخطاب. الخطاب قد يكون مغريا، ولكنه إذا ما اصطدم بالواقع فإنه يفشل، وإذ ذاك فإننا نخسر الوقت بدل أن نستحث الخطى. والوقت ثمين الآن بالنسبة إلينا لأننا متأخرون كما ذكرنا.

ك. س: هناك من التيارات اليسارية وغير اليسارية التي تعتقد أن تطور نظام العيش ونظام الإنتاج بالضرورة سيؤدي إلى تطوير النظام السياسي والمجتمعي نحو الحداثة وبالتالي لا حاجة إلى تطوير أو تحديث الفكر الديني إذ أنه من هذا المنطلق سيتجاوز بالحداثة بإعتبار أن الدين لا يتطور ولا يمكن تحديثه فالحداثة ستفرض نفسها بدون حاجة إلى تحديث الفكر الديني وهم من هذا المنطلق يقلّلون من جدوى كل العمل الذهني والعلمي وإعادة قراءة التراث والنصوص من منطلق تحديثي.

عبد المجيد الشرفي: لا أعتقد أنّ هذا ممكن،. أريد أولا أن أؤكد وأوضح رفعا لكل لبس أنني لا أتحدث عن تحديث الدين وإنما عن تحديث التديّن. يمكن أيضا أن نتحدث عن تحديث الفكر الديني أو الخطاب الديني. لا أدلّ على أن تحديث الفكر الديني شيء ضروري ممّا حصل في الأنظمة الشيوعية. كانت هذه الأنظمة ملحدة و تدعو إلى الإلحاد، ولقد ظلّت في الاتحاد السوفياتي 70 سنة، لا مدة وجيزة كما هو الشأن في أوروبا الشرقية، لكن ماذا حصل عند انهيار الاتحاد السوفياتي؟ لقد برزت الأشكال التقليدية للتدين على السطح لأنه لا يمكن القضاء عليها، فهي تظلّ مكبوتة. من المشاكل التي تعاني منها هذه المجتمعات هو هذا التباعد بين الحياة والدين. ولذلك فالفكر المسيحي الأرثودكسي المعاصر يعرف أزمات شبيهة بما يعرفه الفكر الإسلامي. لنعد إلى موضوع تحديث الفكر الدّيني في تونس وفي المجتمعات العربية الإسلامية. هل يمكن أن نتصور إمكانية القطيعة بين الدّين و الحياة مع بقاء الدّين حيا؟ هذا غير ممكن، فإما أن يكون الدّين حيّا وأن يتلاءم مع مقتضيات الحياة العصريّة الفكرية والماديّة والسياسيّة والاقتصادية، وإما أن يصبح أمرا متحفيا. والإسلام ليس كذلك. إذن فأشكال التديّن وأشكال التفهّم للدين مضطرة لأن تتفاعل مع الواقع. لكن هل يمكن أن يحدث هذا بسهولة وبسرعة ؟ بالطبع

لا، لابد من الوقت، لابد من أن تنضج الحلول، ولابد من توفر البدائل. وهذه البدائل يصعب توفيرها من الناحية النظرية. أريد أن أضيف في هذه النقطة أمرا أساسيا لأنه يفسر لنا الصعوبات التي يلقاها الفكر الديني الحديث سواء عندما يراد تحديثه أو عندما يراد المحافظة على خصائصه التقليدية. الصعوبة تتمثل في أن الإنسان أصبح يواجه مصيره بكثير من القلق والحيرة في مواجهة الجديد المتجدد بسرعة، و هذا من آثار الحضارة الحديثة، ويحدث نوعا من الاضطرابات النفسية لدى شرائح واسعة من المجتمع. الإنسان الذي يعيش في الحضارة الحديثة هو إنسان قلق، وهو إنسان في حالة بحث مستمر، وأشكال التدين التقليدية توفر نوعا من الطمأنينة النفسية يحتاج إليها الإنسان المعاصر. فإذن القضية ذات وجهين: من ناحية أولى، لا يمكن للدين أن يبقى حيّا دون أن تتغير أشكال التدين وتتطور لملاءمة مقتضيات العصر، ومنها هذا التجدد وهذا التغير المستمر، ومن ناحية ثانية فإن أشكال التدين المعاصرة أو البديلة لا توفر الطمأنينة التي يبحث عنها إنسان عصر السرعة والقلق الوجودي، وبنفس القوة والثبات اللذين يميّزان الأشكال الموروثة. هذه صعوبة حقيقية وليست مفتعلة، ولا أظن أن مواجهتها سهلة وبسيطة، ولكنها أمر ضروري.

ك. س: وهو ما قمتم به، إذا اعتبرنا أن الفكر الإسلامي متقبل لبعض المراجعات والملاءمات على مستوى قسم المعاملات في الفقه ولكن ما يتعلق بالعبادة التي هي الأساس في أشكال التدين لم يتم التعرض إليها على اعتبارها تمسّ العقيدة وبالتالي لا يمكن تغييرها بأي شكل من الأشكال ولا يمكن التجرّؤ على نقد الممارسات المتعلّقة بها أو الطريقة التي اتُّخذت في تأويلها، أي لا يمكن أن نتعرض لأشكال التديّن من العبادات بغير التقليد الأعمى لترسّخ الاعتقاد أنّ ذلك مرتبط حرفيّا بالنص القرآني وبكلام الله .

عبد المجيد الشرفي: إنّ الاعتقاد السّائد هو أنّ الدّين كان دائما وعلى مدى العصور يمارس على هذه الطريقة منذ عصر ما قبل التدوين، والحال أن التحول الكبير من مجموعة صغيرة تعد بضعة آلاف وفي رقعة جغرافية محدودة إلى أمة موجودة في منطقة شاسعة تمتد من خراسان إلى جبال البرانس وتخضع لحكم مركزي في المدينة أولا ثم في دمشق، عامل مؤثّر في المخاض الذي حدد التوجه الذي سيتخذه الفكر الإسلامي منذ عصر التدوين. فليس لأن الممارسة البدائية غير مدوّنة فهي غير موجودة، بينما حصل انتقال من وضع إلى آخر في كل المجالات والمستويات. وهذا موضوع يطول الحديث فيه.

لعلك لاحظت أنني عندما تناولت هذه المواضيع وغيرها لم أعتبر نفسي داعية بل كنت فيها وما زلت باحثا، أي أنني ربما أعرّي بعض الأمور التي هي مغيّبة في الثقافة الإسلامية وفي الضمير الإسلامي عموما، وأعتقد أن هذا من مقتضيات التفكير الحديث. ولكني لا أدعي أنني أوفّر لقرائي حلولا سحرية لهذه الصعوبات التي تعترض الباحث عندما يلاحظ فجوة بين النصوص وتأويلاتها، وعندما يلاحظ تغييب بعض الحقائق التّاريخية لأسباب حاولت أن أحللها وأن أوضحها. لا بد من النّظر إلى قضية العبادات وقضية الطقوس وأشكال التعبد بوضوح وبكل تجرد، وهذا ما أكدت عليه مرارا عديدة، لأن وظيفة الباحث ليست وظيفة رجل الدّين أو المفتي أو العالم التقليدي. ولا ينبغي عليه أن يقول للناس ماذا يفعلون أو لا يفعلون. عندما تناولت هذه القضايا تبيّن لي أنه وإن اكتست هذه الطّقوس أشكالا معينة فان ذلك راجع إلى مقتضيات الـمأسسة التي تـمّت تاريخيا والتي أوجبت توحيد الطقوس. وهذا ما يسمّى في الأدبيات الدينية الحديثة Ritualisation أي عدم السّماح بأشكال من التعبُّد خارجة عن نمط فرض نفسه تاريخيا.

من العالم التقليدي إلى الباحث الحديث

ك. س: لقد وضحتم أنكم لا تقومون بدور الداعية أو الفقيه أو المصلح وهذا لا ينفي أنكم تلتقون معهم على أرضية الاهتمام بالتجديد وبالعبادات. هناك التقاء ليس من حيث الدور ولكن من حيث مادة البحث وموضوع التجديد. هناك تداخل قد يكون غير مقصود.

عبد المجيد الشرفي: في مثل هذه المواضيع يصعب أن يدعي الانسان أنه متجرد كل التجرد، وموضوعي كل الموضوعية. وأنا لا أخفي أنني أؤمن ببعض القيم الحديثة وخصوصا بحقوق الإنسان الكونية، وأن هذه القيم هي التي تقود تفكيري في نهاية الأمر. أعتبر أنّ ممارسة النقد للنصوص القديمة سواء النّصوص الدّينية التأسيسية أو النُّصوص الثواني وظيفة أساسية للباحث. وهذا مفهوم جديد، لأن مفهوم العِلم والعالِم قد تغير في عصرنا.

العالم في السابق كان هو الذي يستوعب كَمّا من المعلومات ويحاول تبليغه كما هو، ولا يتدخل فيه. بينما نعرف الآن أننا حتى عندما نبلِّغ معرفة ما فإننا نساهم في إنتاجها، فنحن نكيّفها بحسب مقتضيات ثقافتنا وعصرنا. إن ما يفصل الباحث الحديث عن العالِم التقليدي هو من ناحية

أولى الوعيُ بهذه النسبية وبهذه المشاركة في إنتاج المعرفة، إذن بحدود الموضوعية. ومن ناحية ثانية، العالِم التقليدي كان ينتمي بالضرورة الى مذهب فقهي معيّن، والى مدرسة كلامية أو مدرسة تصوّف أو غيرها، في حين أنّ الباحث المعاصر ليست له هذه الانتماءات. هو حرّ وحريص على حرية تفكيره. وإذا ما كان الأمر على هذا النحو فإن التفكير الحر لا يتحرج من أن يكون تفكيرا مؤدّيا الى نتائج تختلف عن النتائج التي يتوصّل اليها العالم التقليدي إذا كانت نتائج هذا التّفكير الحر تتلاءم وآفاق انتظار القارئ المعاصر وتطلّعاته. فهنا يبدو وكأن الباحث يدعو الى أمر ما، إلى قيم جديدة، ومن هذه الناحية قد يكون هناك شبه، ولكنه شبه شكلي فقط. أهم شيء يفصل الباحث المعاصر عن الباحث التقليدي هو هذا الوعي بحدود معرفته، بينما العالم التقليدي كان ولا يزال يعتقد أنه يمتلك الحقيقة في نطاق المذهب والمدرسة اللذين ينتمي إليهما.

ك.س: العالِم التقليدي يؤمن بامتلاك الحقيقة والباحث المعاصر والحداثي يؤمن بامتلاك المعنى؟

عبد المجيد الشرفي: حتى المعنى هو لا يمتلكه. الباحث المعاصر يبحث عن المعاني، ولكن أيضا عما وراء المعاني من رهانات. وهذا فرق كبير، لأن وراء كل خيار رهانات تتعلق بالقيم وتتعلق أيضا بالبنية الاجتماعية بصفة عامة وبالمصالح التي يمكن أن تكون معنوية أو مادية. ولهذا فإني أعتبر أن الفارق الجوهري الذي يميز الباحث الحديث هو الوعي بحدود معرفته، يقابله عدم الوعي بحدود هذه المعرفة عند العالم التقليدي. هذا هو الفاصل الأساسي. يمكن أن أضيف إلى هذا أن الوسائل التي يستخدمها الباحث المعاصر غير الوسائل التي يستعملها

العالم التقليدي، لأن الآلة المنهجية الحديثة هي مجموعة من الآلات التي هي وليدة تقدم المعرفة في ميدان العلوم الإنسانية والاجتماعية في القرنين الماضيين أساسا، سواء فيما يتعلق بالتاريخ أو بعلم الاجتماع أو بالإناسة (الأنتربولوجيا) أو بعلم النفس أو بالفلسفة واللسانيات وغيرها, لا يمكن للباحث المعاصر أن يتجاهل هذه المباحث الجديدة، لا بد له من توظيفها، وإلا فإنه سيخاطب الناس بخطاب لا ينتمي إلى عصره وعصرهم. لا بدّ أن يكون مستوى الخطاب عند الباحث المعاصر، سواء اهتم بالدين أو بالمجتمع أو بالاقتصاد أو بأي موضوع من المواضيع، متقاربا إن لم يكن واحدا عند كل المختصين بالعلوم الانسانية المعاصرة.

هنالك الآن مناهج تبلورت فيما يتعلق بالأديان المقارنة، وفيما يتعلق بتاريخ الأديان، وبعلم اجتماع الأديان. هذه مباحث جديدة لم تكن متوفرة حتى في البلدان المتقدمة. في بلد كفرنسا، لم يوجد علم اجتماع الأديان إلا بعد الحرب العالمية الثانية. لم يكن هناك إلا علماء اجتماع اهتموا بالدين، مثل دوركهايم، لكن لو برا (Gabriel le Bras) هو الذي أسس هذه المدرسة في علم اجتماع الدّين. تاريخ الأديان وعلم الأديان وتاريخ الأديان المقارن هي مباحث متشابهة ومتقاربة، بل تكاد تكون واحدة في كثير من الأحيان.

ك. س: ولكن علم الأديان الذي ترتكزون عليه في أبحاثكم ليس مادّة مستقلة بذاتها ولكنها تابعة للعلوم الإنسانية الأخرى ولا تخلو من نقائص.

عبد المجيد الشرفي: لقد حصل في هذه المادّة ما حصل في كل المعارف الحديثة. لو أخذنا مثلا علم اللّسانيات لرأينا أنّه نشأ في بداية القرن العشرين،

ولكن هناك الآن علم الاجتماع اللّساني(La sociolinguistique) وقد تفرع عن اللّسانيات العامة، والمختص في علم الاجتماع اللساني لا يهتم بجوانب أخرى من اللسانيات. وكذلك الشأن بالنسبة إلى علم الاجتماع بصفة عامة، تفرع عنه علم اجتماع الأديان، ومن يهتم بعلم اجتماع الأديان ليس كمن يهتم بعلم اجتماع الشغل مثلا. هنالك روابط بين كل المعارف الحديثة لكنها كلّما تعمقت أصبحت أكثر تشعبا، وعلم اجتماع الأديان هو مثل كل العلوم الحديثة من هذا الجانب.

ك. س: التخصّص المبالغ في التجزئة أصبح محل انتقاد المختصّين لأنه يُفقد الباحث النظرة الشمولية للموضوع الذي يبحث فيه.

عبد المجيد الشرفي: التأليف بين مقتضيات هذه المعارف الحديثة فيه صعوبة حقيقية تتجلّى بالخصوص في الفلسفة. لقد كانت الفلسفة في كامل تاريخها متناغمة مع تقدّم المعرفة العلمية. اليوم عندما تشعّبت المعرفة العلمية تشعّبا أصبح معه كل عالم عاجزا علن متابعة ما ينشر في تخصّصه هو، فضلا عن التخصّصات المتقاربة، فإن التأليف الذي كانت تقوم به الفلسفة في تناغمها مع العلوم أصبح يثير مشكلة إيبستيمولوجية. الحل الذي أصبح الآن يتخذ في كل الجامعات المتقدمة بالنسبة الى المعارف الأخرى هو ما يسمّى بتضافر الاختصاصات، أي أن خبراء في مختلف الميادين التخصصيّة يشتركون في طرق الموضوع المعروض للبحث، ويتمّ النّقاش حوله كلّ من وجهة نظر معرفته وتخصصه، وذلك للوصول إلى حلول أو إلى تفاسير أو إلى تحاليل تستجيب لمقتضيات المعرفة الحديثة ولا تهمل هذه النّواحي المتشعّبة في المعرفة. بالنسبة إلى ميدان العلوم الدينية، هل يمكن أن يستغني هذا الاختصاص عن علم النفس الحديث

مثلا؟ يصعب ذلك لأن القضية متعلقة أيضا بنفسية البشر. هل يمكن أن يهمل دراسة القانون بينما يوجد في الدّين جانب فقهي يتعلق بتنظيم الحياة، أي يقوم بنفس الوظيفة التي يقوم بها القانون؟ هل يمكن أن يهمل التاريخ، في حين أن كل تديّن إنما يتكيف بحسب الظروف التاريخية؟ لا بدّ من الإلمام بالتاريخ، وهو بدوره متشعب، هنالك التاريخ السياسي والتاريخ الاقتصادي والتاريخ الاجتماعي، إلى غير ذلك. عندما ندرس مسألة ما نحتاج الى تضافر الاختصاصات، إذا لم يتوفر هذا التضافر بين الاختصاصات في جامعاتنا اليوم فإننا ننتظر نوعا من التراكم في المعرفة الحديثة يصبح معه هذا التأليف (La synthèse) ممكنا في وقت ما. ولكننا ما زلنا الآن، في نظري، في الخطوات الأولى من التفكيك والتحليل قبل أن نصل الى التأليف.

ك. س: لقد قمتم بمحاولة للوصول إلى هذا التضافر بين الاختصاصات المختلفة وكانت لكم تجربة لدفع البحوث الحديثة والدراسات في هذا الاتجاه، وهي تجربة فريدة من نوعها في الميدان الأكاديـمي.

عبد المجيد الشرفي: هي فعلا تجربة لعلها رائدة، ولكن لا بد من الاعتراف بأنها تجربة محدودة جدّا، لأنّ الظروف والاختيارات السياسية لم تكن مواتية لكي تتجذّر وتعطي أكلها كما ينبغي. لقد تقدمتُ صحبة عدد من الزملاء في بداية التسعينات من القرن الماضي لسلطة الاشراف (وزارة التعليم العالي) بمشروع لبعث مركز جامعي للدراسات الدينية وظيفته أن يقوم بهذه البحوث الجامعية متضافرة الاختصاصات، وتكون له نشرية لنشر هذه البحوث حتى لا تبقى محصورة في مكتبات الجامعة فقط، ولنشر الأطروحات الجامعيّة وكل الأعمال البحثية المتعلقة بهذا

الميدان. ولكن من سوء الحظ لم يكن الظرف السياسي ملائما، فلم ير هذا المركز النور. لقد قبلتُ ببعث قسم بحث * على أساس أنه مرحلة أوّليّة، وجمع هذا القسم أكثر من ثلاثين أستاذا باحثا كان من بينهم الفلاسفة والمؤرّخون وغيرهم من اختصاصات متعددة ومن مؤسسات جامعيّة مختلفة. لكنّ هذا القسم مُنع من العمل بسبب تعييني رئيسا له. وقد عبّرت للزملاء عن رغبتي في التخلّي عن رئاسة هذا القسم والاكتفاء بالعمل ضمن فريق الأساتذة فيه، ولكن الموقف الجماعي للزملاء كان الرفض، لأنّهم اعتبروا أنهم إذا قبلوا التدخّل في تعيين رئيس القسم فإنّهم يسمحون للسّلطة السياسية بالتدخّل في شؤونهم. هكذا قُبِّر مشروع مركز الدراسات الدينية، وحتى قسم الأديان المقارنة. لذلك قلت إنّها تجربة محدودة مع أنّ قيام هذا المركز كان ممكنا، فالطاقات متوفرة في تونس. كان يمكن لهذه المجهودات أن تثمر وأن تتجذّر وأن تستفيد من الكفاءات الموجودة في تونس وخارج تونس. أعتقد أنّ هذا المركز يمكن أن يبعث في المستقبل. فإن لم يكن الظرف مناسبا منذ عشرين سنة فإنني أرجو أن يكون الآن بعد الثورة مناسبا، لما فيه من مصلحة من النّاحية المعرفيّة، وطبيعي بالنسبة إلى الجامعي أن يكون الغرض المعرفي هو الأساس، ولكن يمكن أن تكون فيه أيضا مصلحة للمجموعة الوطنيّة وفائدة لإشعاع تونس في الخارج. من شأن هذا العمل أن يساعد الخطاب الديني على مواجهة المشاكل الحقيقية التي تواجه التدين الحديث، وبعضها لا يعسر حلّه لأن هناك مثلا تطورا نحو قبول الديمقراطية. لا يهمّ إن سميناها نوعا جديدا من الشورى، المهمّ أنّ هناك تطوّرا، و أنّ أغلب المسلمين يعتقدون أنّ الديمقراطيّة لا تتنافى مع الإسلام. هذه قضيّة سهلة الحل نسبيا، لكن هناك قضايا أخرى على الفكر الديني المعاصر أن يواجهها بكل جرأة وبكل حريّة، بعيدا عن ادّعاء الحقيقة وعن التكفير والتفسيق.

التحديث بين المؤسسة الدينيّة
والمؤسسة السياسية

ك. س: ما ذكرتموه في خصوص مركز الدراسات الدينية يعيدنا إلى الدور الجوهري والأساسي للسّلطة السياسية وإلى التداخل بين السياسي والعلمي والديني، وإلى الدور الذي يلعبه القرار السياسي المتناغم مع روح العصر ومقتضياته، حسب عبارتكم، في الدّفع بإتجاه التحديث.

عبد المجيد الشرفي: وهل يمكن أن يكون الأمر على خلاف ذلك ؟

ك. س: و لكن من الذي يؤثّر؟ من الذي تؤول إليه الكلمة الفصل؟ هل يمكن أن نأمل في أن تتضافر من جديد جهود السياسي والعالم والباحث الأكاديمي، مثلما كان الحال في فترة الروّاد والمصلحين فنأمل أن تتمّ وتتحقق هذه المرّة النهضة المؤجّلة؟

عبد المجيد الشرفي: أنا متفائل، وأعرف أنّ هناك الآن فريقا من الزملاء الذين يريدون إحياء هذه الفكرة من جديد، وربّما تلقى قبولا حسنا لدى المسؤولين السياسيين في الأشهر القادمة، لأنّ هذه الطاقات

موجودة في الجامعة، ودور مركز الدراسات والبحوث في هذا الميدان هو تجميع هذه البحوث والتقدّم بالدراسات التي يقوم بها كلّ شخص على انفراد، وهو إطار يمكّن من تقارع الآراء. أن يكون لكلّ واحد من الباحثين وجهة نظر وزاوية نظر مختلفة هو الذي يولّد في نهاية الأمر ما يشبه الحقيقة أو الحقيقة المؤقّتة، على الأقل، الحقيقة التي تكون مقبولة لدى ما يسمى بالمجموعة العلميّة، أي أنّك لم تصل إليها بصفة اعتباطية، كأنّك نمت فحلمت بأمر ما، ولكنّ ما وصلت إليه كان بتوخي منهج في التحليل والنقد ومنهج علمي يتفق عليه العلماء بصفة عامة في عصرنا.

ك. س: مجهود مؤسسة جامعيّة أو علميّة وحده لا يكفي، من الذي سيفرض تحديث الفكر الديني؟ هل هو دور الدولة والمؤسسات السياسية بصفة عامّة أو المؤسسات الدّينية؟ هل يمكن أن نتصوّر عودة دور مؤسسة دينية من نوع جديد؟ كيف ستكون؟ وهل هذا شيء مرغوب فيه؟

عبد المجيد الشرفي: لو نظرنا فيما يُكتب وما يفكر فيه الناس بالنسبة إلى الشؤون الدينيّة للاحظنا أنّه يكاد يكون مقتصرا على ما يتلقاه المواطن التونسي قي المدرسة الابتدائيّة ثم في المعهد الثانوي، هذه هي مكونات المعرفة الدينية، هذا من ناحية. من ناحية ثانية، وعلى المستوى الجامعي لو كانت لنا جامعات تؤدي دورها الطبيعي لكانت هي القادرة على توفير الزاد لهذه المعرفة التي يتلقاها التلاميذ في مستوى الابتدائي والثانوي، لأنّ الأستاذ لا بد له من مراجع. إذا ما توفّرت المعرفة الحديثة التي تنتجها الجامعة - مع العلم أنّه لا وجود عمليا لمؤسسة حديثة تنتج المعرفة غير الجامعة - فإنها ستزاحم المعرفة التقليدية، وستكون موجودة إلى جانبها

إذا لم تعوّضها تماما. هذه المعطيات الجديدة هي في الأغلب غير متوفرة.

فيما يتعلّق بالمؤسسة الدينية فهي غير رجال التعليم أو الذين يدرّسون مادة التربية الإسلامية في المعاهد. هذه المؤسّسة هي التي تكوّن الأئمّة والخطباء والمفتين الذين يتكلمون باسم الدين بصفة عامة ويعتبرون أنفسهم مسؤولين عن شؤونه. هؤلاء لا بد من أن نلاحظ أنّ دورهم قد هُمّش منذ الإستقلال، لأنّ الدولة قد نزعت منهم مقوّمات السلطة التي كانوا يمارسونها، وهي مقومات مادية نابعة من الأحباس التي كانوا يستفيدون منها والتي كانت تغذي الزوايا والدروس الدينية والأنشطة التي تقوم بها المؤسسات التقليدية. لا ينبغي أن ننظر إلى المؤسسة الدينيّة باعتبارها متكونة من جامع الزيتونة فقط. عندما فقدت الموارد الماليّة والمادية الهامة التي كانت تتمتّع بها تهمّش دورها الاجتماعي بتهميش دورها الاقتصادي. ولكن ليس لهذا السبب فقط، بل لأنّ الاختيارات التي اقتضاها المشروع الحضاري التحديثي كانت تؤدي إلى هذا التهميش. وسواء بإرادة بورقيبة أو بغير إرادته كان لا بدّ أن يؤدي هذا المشروع التحديثي إلى تهميش المؤسسة التي كانت تقوم بالتأطير التقليدي. عندما يتطوّر المجتمع، سواء بإرادة سياسية واضحة أو بفعل تطور وسائل الاتصال وبفعل العولمة، فإنّ التأطير الذي يتمّ في صلبه يتغير، فتنشأ حاجة إلى هياكل وبنى اجتماعيّة تقوم بعمليّة التأطير، كالأحزاب السياسية والجمعيات والنقابات أو التعاونيات ومنظمات المجتمع المدني عموما، بالإضافة إلى البيروقراطية الحديثة. حين نقارن هذا الوضع الجديد بما كان موجودا في المجتمع التونسي فإننا نلاحظ أنّ السلطة المركزية لم يكن لها نفوذ فعلي في الحياة اليومية للمواطن. من كان يقوم بعمليّة التأطير إن لم يكن أصحاب هذه المؤسسة الدينية؟

نلاحظ أيضا أنّ الذين أصبحوا يمارسون التأطير في أوساط الإسلام

الشعبي ليسوا متعودين على ممارسة النصوص وعلى تنسيب هذه النصوص، كما كان شأن أبناء الطبقة البورجوازية. هناك فرق بين من يفتح عينيه في وسط يجد فيه مادة من الفكر الديني ثرية ومتنوعة، ومن اتجهات مختلفة، ومن يفتح عينيه فلا يجد إلاّ نصوصا أضفيت عليها إطلاقيّة لم تكن لها في فترة تاريخية سابقة. هناك إذن علاقة بالنصوص جديدة، وهذه العلاقة بالنصوص ليست محلّلة تحليلا كافيا رغم أنّها تحدد في كثير من الأحيان الاختيارات التي تضفي عليها الإطلاقيّة. يالإضافة إلى هذا، فإن الإسلام السياسي قد لعب دورا سلبيّا كبيرا في تحريم النظر في عدد من الكتب، سواء كانت قديمة أو حديثة، بدعوى أنّها تحتوي على بدع وكتبها أصحاب الأهواء، وغير ذلك من التهم.

ك. س: هذا التصور يصبح ممكنا عندما تتغيّر طريقة تعليم الدين. تعرّضنا لتقصير المؤسسة الدينيّة في تطوير أساليبها، ولكن المؤسسة التعليمية اليوم لا تزال هي أيضا تقدّم نمطا وفهما تقليديا للدّين، وتجعل التلاميذ والطلبة والناس بصفة عامة يعتقدون أنهم في حاجة الى مرشد وفي حاجة الى واسطة لفهم الدين فهما صحيحا.

عبد المجيد الشرفي: بالنسبة إلى الاسلام وتونس بصفة خاصة، لا شك أن للتعليم دورا أساسيا. إذا ما كان التعليم، لا في ميدان التربية الدينية فقط بل في كل المواد، تعليما ينمّي الحس النقدي وينمي استقلالية الشخصية فإنه يسمح بالاستغناء عن المؤسسة الدينية إلى حد بعيد. أما إذا ما كان يكرّس التبعية للماضي وللعلماء التقليديين، وكبت الحس النقدي عند الشبان والفتيات، فإن ذلك يكون تكريسا للدغمائية. وإن كان كذلك فهو بطبيعة الحال يتفق مع المؤسسة الدينية المحافظة. ونقع إذ ذاك في

دائــرة مغلقة لا يمكن الخروج منها إلاّ بتغيير برامج التعليم وبتغيير أهدافه عموما.

هل نريد أن نبني المواطن الواعي بحقوقه المعتدّ بنفسه الذي ليس مجبرا على اتّباع نماذج جاهزة أم نريد أن نبني فردا من أفراد الرعية التي تطيع وتتبع ولا تبدع ؟ أقول هذا لأن المسألة ليست متعلقة بالدين فقط بل متعلقة بالحياة وبالحضارة بصفة عامة. لا يمكن أن نفصل التفكير الحر عن الاعتداد بالنفس و ثقة أي فرد في أنه قادر على البحث بنفسه وبدون وسائط. هل يمكن أن نفصل ذلك عن الابتكارات العلمية والتكنولوجية التي تقتضيها الحضارة المعاصرة؟ أعتقد أن هذا غير ممكن، سواء في ميدان الدين أو في ميدان التكنولوجيا.

الآن نحن نستورد ونستهلك التكنولوجيا، ونعتبر أن ما توصل اليه العلم في الفيزياء وفي الرياضيات، إلى غير ذلك هي حقائق ثابتة نقبلها وكفى، ولكن حين ندرس تاريخ هذه المعرفة الرياضية والفيزيائية والكيميائية وغيرها فإننا نلاحظ أنها خلق وإنتاج وإبداع مستمر. وكذلك الشأن بالنسبة إلى المعرفة الدينية، فإنها ليست معطى جاهزا وإنما تأثرت بظروف قابلة لأن تفكّك وتحلّل.

لماذا يفكر المسلمون بهذه الطريقة، ولماذا يتصورون أنهم مضطرون إلى اتباع ما جاء في مجاميع الأحاديث النبوية وما يطلق عليه السنّة ؟ لهذا النمط من التفكير أسباب تاريخية، ولم يكن الأمر كذلك منذ بداية الإسلام, الصبغة المعيارية لسلوك النبي بالمعنى الحرفي للاتّباع لم تكن موجودة في بداية الإسلام، بل تكرّست بسبب عوامل ثقافية، وبسبب عوامل سياسية أيضا واقتصادية واجتماعية, فإذا ما كان الشاب أو الفتاة واعيا بهذه الرهانات التي تكمن وراء تلك الاختيارات فإن بداهتها تصبح محل نظر. فهو إذن مدعوّ إلى أن يكتشف بنفسه ما ينبغي أن يكون عليه سلوكه أو اختياره في أي مجال من المجالات.

إني أعتقد جازم الاعتقاد أن الإسلام لا يسمح بذلك فقط، بل هذا هو جوهر الدين الاسلامي وما يتميز به عن الديانات التاريخية الأخرى. ومن هذه الناحية فقد كتبت وقلت إن هناك أفقا قرآنيا يعسر تجاوزه لأنه فوق التاريخ، ولا يمكن تجاوزه لأنه لا تاريخي ويستجيب لما هو أصيل في النفس البشرية، بينما الذي يقترحه ممثلو المؤسسة الدينية هو أفق تاريخي محدود بالحدود الطبقية وبالحدود المعرفية وبالحدود التاريخية بصفة عامة. هناك فرق شاسع بين هذين الأفقين، وهذا هو الذي اكتشفته، أو بالأحرى ما فرض نفسه عليّ أكثر من أني أدعو إليه. وهي النتيجة التي تفرض نفسها على من يكون له نفس التمشي المنهجي الذي يعتبر بالتاريخ و يعرف ما في هذه النصوص من دواع لا صلة لها بالحقيقة المطلقة.

ك. س: قلتم في كتاباتكم إنّ المؤسسة الدينية غير قادرة على تطوير نفسها وغير قادرة على تحديث الفكر الدّيني أو تحديث التديّن حسب العبارة التي تفضلونها. من الذي سيتولّى عمليّة التحديث إذا كان الداعية غير متبحر في العلوم الدينية ومعرفته بالتراث محدودة ؟ الدين السائد شعبي وشعبوي، الدين العالم دين الكتب والمؤلّفات لم يطور مناهجه حسب متطلبات العصر. الدين السياسي إيديولوجي محرّف..... أساليب البحث ومناهجه الحديثة أفرزت رؤية متعمقة ومتشعبة مبنيّة على النقد تجعل المؤمن أو المهتمّ بالحقيقة الدينية محتارا. أين يجد الدين الحقيقي ؟

عبد المجيد الشرفي: نجده في ضمائر المؤمنين. لسنا محتاجين في العصر الحديث إلى مؤسسة دينية مهيكلة على النمط القديم. لا أعتقد ذلك رغم أني أعرف أنّ الكثير من الزملاء يقولون ليته كانت لنا مؤسسة

مثل الكنيسة، فتكون الأمور واضحة ! إني أعتقد بالعكس أنّه من حسن حظّ المسلمين أنّه ليست عندهم كنيسة. أوّلا، لأنّ الكنيسة بصفة عامة كانت دائما تقاوم كل تغيير وكل تطور، وكانت دائما لا تقبل مكتسبات المعرفة الحديثة في شؤون الدين إلاّ مكرهة. لقد كانت الكنيسة الكاثوليكية لفترة طويلة، بين مجمع فاتيكان الأول ومجمع فاتيكان الثاني، أي من 1870 إلى 1965، تعتبر أن الحداثة كفر، وأن الديمقراطية كفر، وأن الحرية الدينية غير مقبولة، فقاومت بكل ما تستطيع هذه القيم الحديثة. ثم تبين لها أن هذه المقاومة غير مجدية فألقت السلاح. هل نحن محتاجون في نطاق الاسلام الى ذلك ؟ نقول إنه من حسن الحظ أن المسلم ليس بينه وبين الله واسطة، و رجال الدين إنما يقومون بدور هذه الوساطة. وثانيا، يمكن القول سواء بالاستناد إلى التاريخ أو بالمقارنة مع ما يوجد في الأديان الأخرى إنّه يمكن الاستغناء عن هذه الوساطة لأن التعليم قد انتشر ولأن المعرفة أصبحت شائعة. ربما كان هناك في القديم ما يبرر وساطة رجال الدين، عندما كانوا يستأثرون بهذه المعرفة، لكن المعرفة أصبحت اليوم متاحة لكافة المسلمين، فما الحاجة إلى من يحدد لنا ما ينبغي أن نفعله وما ينبغي أن لا نفعله في نطاق ديننا؟ لا أظن أننا في المجتمع الحديث في حاجة الى ذلك.

قد يعترض معترض و يقول إن هؤلاء ليسوا واسطة، وإنما يوضّحون لعامة الناس ما يفعلونه في نطاق دينهم، لكن مرة أخرى هل ما زلنا نقبل هذا التقسيم بين الخاصة والعامة، وهو تقسيم طبقي كانت له مبررات في القديم؟ الآن لا أعتقد أن له مبررات، ولذلك فان الحرية التي يتمتع بها المسلم بحكم الرسالة المحمدية حسب ما أعتقد مستجيبة لمقتضيات عصرنا، وتم الانزياح عنها في القديم. إن لم تكن الحرية متوفرة في الماضي فلأن محدودية المعرفة في فئة معينة هي التي كانت تقتضي أن

يكون للمؤسسة الدينية دور فاعل، لكن في المجتمعات الحديثة، مع تطور التعليم ومع تطور الركائز المعرفية الحديثة، فإن كل مسلم مبدئيا قادر على أن يستخلص لنفسه المعتقد والسلوك الذي يراه منسجما مع القرآن.

ك. س: بالنسبة إلى الكنيسة، الأكيد أنها كانت معادية لتطور المجتمع الغربي ولكن منذ مجمع فاتيكان الثاني كان لها دور أساسي في تقدم التفكير الديني المسيحي وأصبح الإعلان الصادر عن هذا المجمع الذي يشكل أعلى سلطة في الكنيسة الكاثوليكية منعرجا هامّا. هل تعتقد أنه بالنسبة إلى الفكر الديني الاسلامي يمكن أن نتصور أن حدوث «أجورنامنتو» (Aggiornamento) على الطريقة المسيحية يكون دافعا لتحديث التديّن؟

عبد المجيد الشرفي: هل كان دور الكنيسة بعد فاتيكان الثاني دورا دافعا للتكيّف مع الحداثة؟ حين ننظر في موقف الكاثوليكيين وموقف الكنيسة من الإجهاض، فإننا نلاحظ أن الكنيسة ما زالت تدافع حتى اليوم عن مواقف لا يتجاوب معها جمهور المؤمنين والمؤمنات الكاثوليك. فهذه الكنيسة رغم تطور المواقف التي عبّر عنها مجمع الفاتيكان الثاني بقيت ذات صبغة محافظة. إني لا أعتبر، بين قوسين، أنّ صبغة المحافظة في حد ذاتها شيء سلبي في المجتمع، فإنها ضرورية لتوازنه، مثلها مثل كل أنواع التطرف والمواقف الهامشية. المشكل في أن الكنيسة بقيت غير متناغمة لا مع مطالب المجتمع الأساسية ولا مع القيم الحديثة.

ك. س: عندما تحدثنا عن العبادات وأردت الإشارة إلى ما حصل في فاتيكان الثاني بالنسبة إلى الكنيسة الكاثوليكية، هل المطلوب اليوم

أجورنامنتو للإسلام ؟ مع العلم أنّ عبارة أجورنامنتو مستوحاة من التقليـد المسيحي أي التجديد في الدين.

عبد المجيد الشرفي : هذا الأجورنامنتو لا ينطبق على الحالة الإسلامية بصفة عامة، لأنه لا يفهم إلا على ضوء تشبث الكنيسة بمعاداة الحداثة مدة طويلة. فهي قامت بهذا الأجورنامنتو كي تعدّل ساعتها مع الواقع تحت الضغط . بالنسبة إلى الواقع الإسلامي، ربما أجد فيه مجالا للحرية أوفر. في المجال الاسلامي هناك عملية جماعية في التأقلم مع هذه المقتضيات الجديدة. المفكرون والباحثون والعلماء لهم بالطبع دور في ذلك، لكن هناك بحث جماعي يتبلور شيئا فشيئا في الملاءمة مع الحداثة. قد ينجح وقد ينتكس، قد يقفز أيضا ويعرف طفرات، لكنه بحث يشارك فيه الجسم الاجتماعي الإسلامي بأكمله. إذا كان راغبا في أن يكون له مكان تحت الشمس، كما يقال، على هذه الكرة الأرضية فإنه مضطر للقيام بعملية الملاءمة. مسؤولية المثقفين هي محاولة الإعانة على ألاّ تكون تكلفة هذه العملية باهظة، كما حصل تاريخيا. التغييرات هذه لا تحصل إلا بعناء وبصعوبة.

دور المثقفين هو محاولة التقليل من هذا الثمن الذي تدفعه الأمم والشعوب في أن تجعل موروثها وثقافتها الدينية متلائمة مع القيم الحديثة، ومع كل ظروف عصرها، الاقتصادية والديمغرافية وحتى المناخية وغيرها. المثقفون لا يقومون بهذا الدور من خلال الوعظ والإرشاد بل من خلال التحليل العميق والنقد المستمر، سواء لما يصدر عن الساسة أو لما يصدر عن المجتمعات نفسها، لأن المجتمعات تحتوي على قوى محافظة تكبّل هذا السّعي نحو الحداثة. وهذا أصعب لأنّ مواجهة الرأي العام في بعض الأحيان أصعب من مواجهة القوى السياسية والبوليسية والقمعية. ترين أن المسؤولية جسيمة، وكل الصعوبة هي في تعرية الواقع بهذا النقد،

لكن بدون استفزاز المشاعر. ليس من حق المثقف أن يستفز مشاعر الناس إذا كانوا يخالفونه الرأي، لكن واجبه أن ينبههم إلى ما يترتب من نتائج على مختلف المواقف.

ك. س: أشرت إلى «الأجورنامانتو» لأن مجمع الفاتيكان حذف بعض الأدعية في الصلوات مثلا وألغى بعض الصلوات التي لم تعد تتماشى مع الفكر الحديث وغيّر موقف الكنيسة من الديانات الأخرى. ورأيت أن في قراءتكم وتحليلكم ما يشبه ذلك إن لم أكن مخطئة.

عبد المجيد الشرفي : لا, فقد قلت إنه لا توجد من حسن الحظ في الإسلام سلطة كنسية، فالأجورنامانتو يكون بالحرية الجماعية، لا على النمط الكاثوليكي. ربما نحن أقرب إلى النمط البروتستاني، والبروتستانية فيها تيارات من اليمين المتطرف، ممّن يُسمّون الإنجيليين (Evangélistes)، وهم أقوياء جدا في الولايات المتحدة الأمريكية. لكن في وقت من الأوقات، وخصوصا طيلة القرن التاسع عشر وبداية القرن العشرين، كانت النزعة التحررية في الكنائس البروتاستانية أقوى. هناك حركة تشبه حركة رقاص الساعة في الأمور التي تتعلق بالتفكير والقيم والمجتمع بصفة عامة. ومعروف أن البروتستانية تحتوي على أكثر من مائة كنيسة، و هي ليست متفقة إلا على شيء واحد وهو أن عيسى رب (Seigneur) - لا إله -. أما الكاثوليكية فتختلف من حيث أنها تحدد ما ينبغي الإيمان به وتطبيقه وما لا ينبغي الإيمان به وتطبيقه. الإسلام السني، إسلام الأغلبية المطلقة، لا توجد فيه مثل هذه الكنيسة، ولذلك فإن المجهود الجماعي يكون حول النواة الصلبة التي تميّز الإسلام عن سائر الأديان ويتفق حولها كل المسلمين، بصرف النظر عمّا يفرّق بينهم على أصعدة أخرى

لا تمسّ العقيدة الأساسية بل تتعلق بالتأويلات التاريخية. وأعتقد أن هذا المجهود الجماعي عملية تسير فعلا وليست متوقفة، رغم الصعوبات ورغم التعثرات الظاهرية. لكن في العمق، هذا الذي ذكرته هو واقع معيش في مختلف البلاد الإسلامية، ربما لا يجد باستمرار التعبير الملائم عنه، لكن أرى أن الجسم الاجتماعي الإسلامي غير مقصّر تقصيرا كاملا في الاجتهاد والبحث عن الحلول المناسبة لأوضاعه الجديدة.

ك. س: من خصوصيات الوضع في مصر، وجود مؤسسة دينية لا تزال فاعلة في الساحة الاجتماعية والسياسية متمثّلةً في الأزهر، من ناحية أخرى توجد حركة الإخوان المسلمين التي هي مهد الحركات الإسلامية الموجودة في بقية البلدان العربية. كيف ترون وجود هذين العاملين وتأثيرهما في مستقبل الثورة بمصر ؟

عبد المجيد الشرفي: هذان العاملان موجودان، ولكن هناك إلى جانبهما عامل ديني آخر وهو وجود كنيسة قبطية. الأقباط يمثلون من 10 إلى 15 في المائة من سكّان مصر، والكنيسة القبطية مهيكلة تراتبيا، وهي من الزاوية التي تعنينا في هذا الغرض أكثر فاعلية من الأزهر، لأن الأزهر تابع للدولة منذ عهد عبد الناصر. أمّا الكنيسة القبطية فهي محافظة على استقلاليتها، النسبية طبعا، وأيضا على شخصيتها واختياراتها الذاتية. وهذا العامل يضاف إلى وجود المؤسسة الرسمية والمعارضة الدينية. لإكمال المشهد الديني ينبغي أن نتذكر بأن هناك حركة ناقدة لمواقف الكنيسة، خصوصا فيما يتعلق بالطلاق، كما أن هناك حركات إسلامية يمكن نعتها بالتقدمية ربما ليست منظمة بحجم الإخوان المسلمين ولكنها موجودة. الحركة الفكرية التي يتزعمها أحمد صبحي منصور أو التي يتزعمها جمال البنا

مثلا – ورغم تناقضها أحيانا – حركتان معارضتان لتوجّه حركة الإخوان المسلمين، رغم أن أخا جمال البنا هو حسن مؤسس حركة الإخوان. فالمشهد الديني ليس أحاديا في مصر، هو متنوع. ولا أظنّ على كل حال أن التغيير في المواقف الدينية سيأتي من المؤسسة الدينية. فهذا لم يحصل في أي وقت من الأوقات وليس من مهام المؤسسة الرسمية. لا يمكن أن تكون هي التي تغيّر، لأنها بطبيعتها محافظة. هل يمكن أن يأتي التغيير من الإسلام الاحتجاجي كما هو الشأن لدى الإخوان المسلمين؟ يمكن نظريا لأن هذه الحركات الإسلامية تشهد في داخلها ومنذ عدة سنوات تجاذبات بين تيارات عديدة وصراعات مختلفة، هنالك من يعتبر أن الحركة فشلت سياسيا وليس لها مستقبل سياسي وينبغي أن تبقى حركة دعوية، وهناك من يعتبر أنه ينبغي أن تكون فاعلة سياسيا. هناك أيضا اختلاف حول طبيعة دورها السياسي، لأن من يدخل السياسة يدخل النسبية لا الإطلاقيّة. في هذا المشهد الديني المتعدد لا يمكن أن تكون الإيديولوجيا الدينية حاضرة بكثافة إلا في فترات الأزمات وفي ظل حكم استبدادي، أما إذا ما سارت الأمور نحو الانفراج اقتصاديا واجتماعيا وسياسيا فإن الإيديولوجيا الدينية تتقلص بطبعها، لأن الناس يريدون أن يحققوا أغراضا براغماتية معنوية ومادية مستعجلة. فلهذا ازدهرت الحركات الاحتجاجية الدينية عند ما كانت الآفاق مسدودة أو شبه مسدودة. عندما تنفتح هذه الآفاق بصفة عامة فإنها تفقد مبررات وجودها بصفتها حركات سياسية. يمكن أن تبقى حركات دينية دعوية، لكن بما هي حركات سياسية فإنها تفقد مبررات وجودها أو تتقلص هذه المبررات على الأقل. وهذا ما نلاحظه في تونس أيضا، حيث نرى أن حركة النهضة أصبحت تجد صعوبة في استقطاب الناس لأنها مضطرة لأن تقول لهم كيف ستطوّر الاقتصاد، كيف ستطور المجتمع التونسي، وليس فقط كيف سنحافظ على الهوية العربية الإسلامية.

ك. س: في إطار دولة ديمقراطيّة كيف تتمّ إدارة الشعائر الدينية وكيف نحدد علاقة الدولة بالدين؟ هل يمكن أن يكون التصور الذي كان قد اقترحه محمد الشرفي في كتابه «الإسلام والحرية» حلا ممكنا؟ علما وأن الأستاذ الراحل محمد الشرفي كان قد اقترح تصورا يقضي ببعث هيئة دينية مستقلة ليست لها سلطة القرار يكون دورها تنظيم الشعائر، ومن ضمن صلاحياتها إدارة المساجد.

عبد المجيد الشرفي: أقول لك بصراحة إنني لا أملك حلاّ لهذه المسألة. المرحوم محمد الشرفي كان رجــلا عالما في الحقـــوق، ولكنه كان أيضا رجلا سياسيا. أنا ليست لي هذه الحساسيّـة السياسيـــة وربما أيضا العمليّة، ولا أملك حلولا جاهزة. ولكن ما اقترحه محمد الشرفـــي قد يكون أحد الأشكال التي نتجاوز بها المأزق الحالي والذي ظهر بكل وضوح بعد الثورة. من الذي يكون مؤهلا لإمامـــة المسلمين في الصلوات الخمس وخصوصا يوم الجمعة؟ بالنسبة إلى الصلوات الخمـــس إذا كان هناك شخص متطوع أو يقترحه المصلّون لإمامتهم فسيؤمهم. الأمر يختلـف بالنسبة إلى يوم الجمعة، هل ينبغي أن نضع خبيرا في صلب كل مسجد جامع؟ هل يقترح المصلون قائمة في المؤهلين للقيام بهذا الدور وتختار منهم السلطة شخصا؟ ربما يكون ذلك. إذا ما كان هذا الشّخص المؤهل للإمامة منتخَبا قد يُحدث ذلك في نفوس بعض النّاس إشكـــالا. أعتقد أن ذلك لا يتناقض مع التعيين الرسمي. يمكن أن يكون منتخبا ومُعيّنا قي نفس الوقت. ولكن بصفة عامة البيروقراطية الدولية الحديثة تحترز من تكريس من هو منتخب، هي تريد أن يكون لها دور في هذا التعيين الذي يتّفق عليه. يمكن لأية هيئة منتخبة أن تتولّى إدارة المساجد من حيث النظافة وتوفير المرافق الحيويّة فيه كالتنوير والماء وغيره من احتياجات المصلين. القضية تنحصر أساسا في مؤهلات من

يؤم الناس يوم الجمعة، لا يتولّى فقط إمامة الصلاة وإنما يلقي الخطبة ويحدد محتواها.

ومن يموّل المساجد؟ هل المصلًون أنفسهم عن طريق التبرّع أم الدولة هي التي تقوم بالتمويل؟ إدارة المساجد بسيطة لا تحتاج الى تكوين عميق، وكذلك السهر على نظافة المسجد. ومهما كان الحل الذي يحظى بالقبول فإن دور المسجد يجب أن يكون توافقيا في المجتمع، ولا ينبغي فرضه بالقوة.

ك. س: إدارة المساجد أمر حساس، رأينا في الكثير من الأحيان تحوّل الحلقات الدينية في المساجد الى حلقات سياسية، والخطب إلى منابر سياسية، والدروس إلى دليل المتطرف.

عبد المجيد الشرفي: هل ستبقى الحاجة إلى الالتجاء إلى المساجد للقيام بالدعاية السياسية إذا ما كانت الحياة السياسية تسمح بحرية التعبير عن المواقف أيّا كانت؟ لا أعتقد أن الحاجة إلى ذلك ستبقى، فهذا التصرّف كان ردّ فعل على وضع معين، ولم يكن هو الدور التقليدي للمسجد في بلادنا أو في غيرها. ولذلك لا أعتقد أنه ينبغي أن نقيس على هذا الوضع الاستثنائي الذي عشناه بعد الثورة. هي حالات شاذة نتيجة الانسداد الذي كان موجودا في آفاق التعبير السياسي. موقفي أن يُصرف النظر عن الاعتبارات الظرفية والسياسية. إنّه لمن المستحسن أن تأخذ الخطبة بعين الاعتبار الرأي العام السائد في المجتمع ولدى جمهور المصلين، وإلا فسيحصل ما هو حاصل الآن فعلا، وهو أن عددا كبيرا من المصلّين ينفرون من المساجد التي تعوّدوا أن يؤدوا فيها صلاة الجمعة لأن خطبة الامام غير مقبولة لديهم، إما لأنها إيديولوجية أو ذات صبغة أسطورية قديمة تتنافى

والمعرفة الحديثة المتوفرة لدى المصلّين. إذا كانت أخلاقوية فهذا لا يضر، لأن المجتمع التونسي بصفة عامة هو مجتمع متسامح، ولذلك سيقبل أن يعظ الإمام بالأخلاق المحافظة.

هل توجد صيغة مثلى؟ لا أعتقد ذلك، ولكن هناك توازنا لا بد أن يوجد بين مقتضيات الحرية الدينية ومسؤولية الدولة في إدارة المساجد والجوامع. فنحن في مجتمع سني إسلامي ولسنا في مجتمع شيعي. في المجتمع الشيعي رجال الدين مهيكلون، ويمكن أن يُسيِّروا المساجد، أمّا في المجتمع السنّي فرجال الدين ليسوا مهيكلين كما هو الشأن في إيران لدى الشيعة أو لدى الكاثوليك أو البروتستان. وظيفة الدولة هي توفِير الظروف الملائمة لممارسة العبادات بصفة طبيعية. والقضية فيما أعتقد هي رهينة بالمناخ السياسي والاجتماعي العام. ولهذا ليس هناك لا حلّ مثالي ولا حلً نهائي. وحتى الحلول التي سيقرّها رجال السياسة لا تعدو أن تكون ظرفية لأنها محكومة بالمواقف العامة التي تسود المجتمع والتي تغلب على الناس في الشارع لا في المسجد فقط .

المسجد ليس معزولا عمّا يحدث قي الشارع، وعما يُكتب في الصحف ويقال على شاشات التلفزيون وغيرها من المنابر. وكلما كان تطوّرٌ في هذه المجالات إلاّ وكان تطور في دور العبادة ووظائفها .

ك. س: كأنكم هنا تعطون تفسيرا جديدا لمقولة «الإسلام دين ودنيا»، مغايرا لما هو موجود في الأدبيات الإيديولوجية الإسلامية والذي يستعمل تلك المقولة أساسا لنظريّة الإسلام دين ودولة التي تشرع بها الحركات الإسلاميّة الحكم بالدين أو الجمع بين السياسة والدين؟

عبد المجيد الشرفي: الدين والدنيا لا يمكن أن ينفصلا بقرار ما في

نفسية المؤمن. المؤمن يبحث في الدين عن معنى لمبدئه ومصيره، عن معنى للحياة بصفة عامة وللموت، ولكن هذا المعنى ليس منفصلا عن أوجه الحياة الأخرى. الإسلام بهذا المفهوم هو دين ودنيا، لكنّ المعنى التقليدي السياسي، أي الاسلام دين ودولة، هو مقولة حديثة وليست تاريخية مثل دين ودنيا.

كيف يمكن أن يعيش المتدين إسلامه وهو لم يصل إلى الآخرة بعد ولا يزال في هذه الدنيا ؟ إذن يصبح بديهيا أن نقول إن الدين له علاقة بالدنيا. هل للدين علاقة بالاخرة فقط؟ هذا ليس موجودا لا في التعاليم القرآنية ولا في أي دين من الأديان. ولكنّ ذلك لا يعني أنّه بما أنّ الدين يتعلق بالدنيا فإنه سيقوم بنفس الوظيفة المزدوجة التي أداها في القديم، وهي تنظيم الحياة من جهة، وإكساب هذه الحياة معنى يمارس به الانسان منزلته الإنسانية والحياتية. هو دين ودنيا نعم، ولكن ليس بمعنى أنه مسؤول عن تنظيم كل مجال من مجالات الحياة السياسية والاجتماعية والاقتصادية والثقافيّة وغيرها. وإذا ما كان يوفر شيئا لا توفره القوانين الوضعية والمواصفات الاجتماعية فانه يكون موفرا لمعنى إضافي إلى معنى المصير ومعنى الموت.

ك. س: ولا يصبح الدين في هذه الحالة هو المرجعيّة في المجتمع الحديث، وكنا قد قلنا إن الحداثة هي قيم كونية تقلص الاستناد الى الدين لتنظيم الحياة الاجتماعية؟

عبد المجيد الشرفي: ولكن قلنا أيضا إنّ هذه القيم من حسن حظ المسلمين أنها قيم موجودة في الرسالة المحمدية. ولذلك لاحرج في تبنِّيها. هي من مقتضيات ديننا الأساسية، فسواء كانت مغمورة، منسية،

مغيّبة في القديم، أو كان الناس يؤمنون بها ويسعون إليها، فهذا لا يغيّر من طبيعتها شيئا. أشكالها تختلف ولكن جوهرها واحد.

ك. س: لكن لو أخذنا قيمة كقيمة الحرية مثلا، الحرية في المرجعية الحداثيّة هي مطلقة ولكن نجد أن في المرجعية الدينية الحرية مقيدة بالواجبات تجاه الاله، وبالحلال والحرام والعقاب، فهي تصبح محدودة، أليس في هذا تضارب مع معنى الحرية الحديث ؟

عبد المجيد الشرفي: لا أرى في هذا تضاربا، لأن الحرية في المعنى الحديث لا تحدّها إلا حرية الآخر فقط. بالنسبة إلى الدين، أنت تستجيب للأوامر الإلهية أو لا تستجيب. هذا لا علاقة له بالآخر، أنت حر مطلقا. الدين يقول لك هذا ما ينتظرك من جزاء سواء امتثلت أو لم تمتثل، ولا يفرض عليك حدا للحرية لأنك لم تمتثل. هذا هو الذي لا يتناقض مع الحرية الحديثة. لا أرى وجها للتعارض بين الأمرين، لأن الحرية فعلا مطلقة والحرية الدينية الإسلامية لا تتعارض لا مع المفهوم الحديث للحرية، ولا مع المسؤولية التي للانسان تجاه خالقه وتجاه نفسه وتجاه المجتمع. لا أرى وجها لهذا التناقض لأنني أنطلق من أن حدود الحرية الحديثة هي حرية الآخرين، والحرية الدينية لا تتدخل في الآخر. لننظر إلى التاريخ الإسلامي: ليس هناك دين تاريخي غير الإسلام لم يرغم غير المؤمنين به على الدخول فيه، على غرار ما فعلت المسيحية بالخصوص. هل كان المسلمون يفرضون على غير المسلمين أن يدخلوا في دينهم؟ لم يفرض المسلمون على المسيحيين أو اليهود أو المجوس أو الصابئة أو غيرهم أن يدخلوا في الإسلام. كان الفقهاء يجدون أعذارا لهؤلاء فيقولون إن لهم شبهة كتاب حتى لا يطبقوا عليهم القوانين التي سنّوها

باسم الإسلام. ولنا أمثلة عديدة على ذلك، يمكن أن نأخذ منها مثال علاقة الصداقة التي كانت بين العالم الشيعي الشريف الرضيّ وأحد أعلام الصابئة أبي هلال الصابي. ولنا وثائق تبيّن أنّه رغم اختلاف الدين فكان بينهما احترام متبادل، ومن ذلك نماذج عديدة. وعلى كل حال، لم يسجّل التاريخ على المسلمين أنّهم قتلوا الناس ليفرضوا عليهم الإسلام، كما فعلت الكنيسة في إسبانيا وفي مناطق أخرى. لذلك لا ينبغي أن نخاف أو نعتبر أننا حين ندعو إلى الحرية الدينية فإنّنا سنقضي على الإسلام أو أنّنا سنقع في براثن مفاهيم مناقضة للإسلام. أنا أقول إنه لا خوف لا من هذا ولا من ذاك. نستطيع أن نفهم الحرية فهما يأخذ بعين الاعتبار الحدود التي كان وضعها الفقهاء في الماضي بمحاسنها ومساوئها، دون أن نتقيد بتلك الحدود. الفقهاء حددوا الحرية في مقابل العبودية، كما أنّهم – المتكلمين منهم على الأخص – اهتموا بالحرية فيما يخص العلاقة بين الإنسان والله، حرية الإنسان في خلق أفعاله، أم أنّه مجبر على هذه الأفعال. كانت هذه هي المفاهيم الأساسية للحرية. الحرية الدينية بمعنى ممارسة دين من الأديان كانت بصفة عامة إيجابية في تاريخ الإسلام. في العصر الحديث لم تعد بعض هذه الاهتمامات موجودة بحكم الواقع.

ك. س: تعقيبا على مثال العالم الشيعي وصداقته مع الصابي وهذه الدرجة من التقبّل المتبادل الذي هوَ أسمى من التسامح، حديثا سئل «عالم وهّابي» بصفته الرسمية على هامش ندوة نُظمت في مكة في إطار حوار الأديان بعد أحداث الحادي عشر من سبتمبر، لماذا رفض المشاركة في هذه الندوة؟ فأجاب أنه يرفض الجلوس مع المسيحي واليهودي. وعندما سئل عن سبب رفضه أجاب أنه إذا قبل بهم فهو لن يحترم سورة الفاتحة. فذلك في تقديره يعني مخالفة أو

تجاوز آية «غير المغضوب عليهم ولا الضالين». هذا فهم سائد يتعارض كليّا مع القبول المتبادل والحرية الدينية أو الحرية التي لا تتعارض مع الدين.

عبد المجيد الشرفي: أعتقد أن هذا «العالم» كان على حسن نية. هو فقط متأثر بتأويل معيّن للعبارة القرآنية، نظرا إلى أن نسبة كبيرة من المفسرين اعتبرت أن المقصود بـ«المغضوب عليهم» هم اليهود، وبـ«الضالين» هم النصارى. هذا تأويل للنص القرآني، ولكن النص القرآني لم يقل ذلك. سورة الفاتحة لم تعيّن هؤلاء المغضوب عليهم والضالين. إذن هذا الرجل لم يتعوّد على أن يقرأ القرآن مباشرة، هو يقرأه عبر النصوص الثواني التي أنتجها التاريخ في ظروف معيّنة. وهذا يعيدنا إلى ضرورة تكوين العقليّة الاسلامية المعتدّة بنفسها، التي تعتقد أن القرآن يخاطبها مباشرة لا عبر تأويل ابن تيمية أو تأويل الطبري أو تأويل أي عالم من علماء الدين في القديم. إذا كانت تعتبر نفسها مؤهلة لذلك، فلم يعد هناك مشكل، أما إذا كانت مضطرة إلى المرور عبر النصوص التاريخية، فلا مناص من أن تقع قي نفس الفخ الذي وقع فيه هذا العالم.

ك.س. الحرية في معناها الحديث تفرد مكانة مركزية للفرد. ومن أهم الحريات الفردية، التي تنص عليها المواثيق الدولية والدساتير الديمقراطية، حرية المعتقد. هذه الحرية لا تزال محل إشكال في الفكر الإسلامي السائد الذي يعتبر أن الرسالة المحمدية تتجاوز كل الرسالات السماوية بحيث يصبح كل ما عداها كفرا. الأدبيات الإسلامية لا تحترم في أغلب الأوقات حرية المعتقد في حين أنكم بينتم في كتاباتكم أن القرآن ينص على حرية الإيمان. كيف يمكن أن نتجاوز هذا اللبس في مجتمعنا الحديث الذي يتسع للمسلم و غير المسلم ؟

عبد المجيد الشرفي: الآيات التي تؤكد على حرية المعتقد كثيرة ومعروفة: «لا إكراه في الدين»؛ «من شاء فليؤمن ومن شاء فليكفر»؛ «أفأنت تكره الناس حتى يكونوا مؤمنين»، الخ. ولكن الفقهاء ضيقوا مدلولها العام إلى أقصى الحدود، نظرا إلى أن هاجس الانسجام الاجتماعي كان في طليعة شواغلهم ومقدّما على صدق الإيمان, والمسلمون مدعوّون اليوم إلى قلب هذه المعادلة وتقديم الصدق وعدم النفاق على المقتضيات الاجتماعية، وذلك لسبب بسيط، وهو أن ركائز اللحمة بين أفراد المجتمع الحديث لم تعد ركائز دينية، بل أضحت المواطنة هي الجامع للمؤمنين ولغير المؤمنين أو للمؤمنين بأديان وفلسفات مخالفة لما عليه الأغلبية. من حق المؤمن بعقيدة ما أن يعتبر ما عداها كفرا أو زيغا أو ضلالة، وما أشبه ذلك، ولكنه لا يتميّز عن سائر مواطنيه بحق يمكّنه من فرض عقيدته هو، كما لا يحق لأية مجموعة، ولو كانت بنسبة 99.99 في المائة، أن تفرض على الأقلية ما ارتضته هي لنفسها. هذا مبدأ قرآني ومبدأ من مبادئ حقوق الإنسان لا يحتمل أيّ استثناء، ينبغي أن يربّى عليه الناشئة وأن تحميه القوانين وتعاقب من يدعو إلى خلافه، بصرف النظر عما يقوله الفقهاء أو ما كان عليه الأمر في المجتمعات القديمة.

ك.س. هنالك في الفكر الإسلامي السائد خلط بين الإيمان والتدين كثيرا ما يترتب عنه تكفير للمسلم «غير السلوكي» حسب عبارة الأستاذ محمد الطالبي، أو المؤمن الذي لا يلتزم بطريقة التدين الشائعة والمعروفة على أنها الطريقة الوحيدة الممكنة وما عداها كفر أو شذوذ يستحق العقاب. كيف يمكن، في هذه الحالة، أن نضمن، في مجتمع حداثي قائم على احترام الحريات الفردية، حق الملحد واللا أدري والمسلم غير السلوكي؟ هل للقانون دور في ذلك ؟

عبد المجيد الشرفي: يمكن ضمان ذلك الحق بالاستناد إلى نفس المبدإ الذي ذكرناه، وهو أن حرية الفرد لا ينبغي أن تحدّها سوى حرية الآخر، مع العلم أن الإلحاد - بمعنى نفي الألوهية - ظاهرة جديدة في المجتمعات الإسلامية. وقد بيّن لوسيان فيفر (Lucien Fèbvre) في دراسة كلاسيكية عن دين رابلي (Rabelais) ومسألة عدم الاعتقاد في القرن السادس عشر أنه لم يكن متصوّرا مجرد التصوّر في أوروبا قبل ذلك القرن. حرية الاعتقاد هي على كل حال ممارسة عمليّا في مجتمعنا، ولا أظن أن هناك من يفكّر جدّيا في تطبيق أحكام الفقهاء الخاصة بالرّدّة. إنها مسألة أصبحت في بلادنا في حكم الماضي، رغم أنها ما زالت قائمة في بعض البلدان التي لم تبلغ درجة تطوّر المجتمع التونسي، إذ بدأ مجتمعنا في إرساء أسس المواطنة منذ عهد الأمان لسنة 1857.

أما الخلط بين الدين والتدين أو بين الإيمان في التصور القديم والإيمان حسب مقتضيات المعرفة الحديثة فتجاوزه موكول إلى الزمن. هو وحده الكفيل بغربلة المواقف المنسجمة مع متطلبات الحياة الروحية في عصرنا، وتلك التي تكتفي فقط باجترار ما كان سائدا وموروثا، وإن اكتست صبغة علموية وقشرة رقيقة من الحداثة. لا ينبغي في نظري أن نولي المواقف النكوصية اهتماما بالغا، فهي بطبيعتها آيلة إلى الانحسار، والأفضل من ذلك التفكيرُ الجدّيّ العميق والبحث الدؤوب عمّا يحقق إنسانية الإنسان ويجعله جديرا، وهو حر ومسؤول، بحمل الأمانة في حياته الخاصة والعامة.

القراءة التحديثيّة للنص القرآني

ك. س: إلى حد الآن في التّاريخ العربي الإسلامي كلما كان هنالك سجال بين العقلانية والتقليد ينتصر التقليد باسم الدين، وذلك منذ خصومة المعتزلة والأشعرية وما تخللها من خصومة الفلاسفة بقيادة ابن رشد... أو في العصر الحديث خصومة القدامى والمحدثين في مطلع القرن العشرين وما آل إليه مصير علي عبد الرازق وطه حسين. أو في التاريخ المعاصر وما لقيه فرج فودة ونصر حامد أبو زيد في مصر، وهو ما يذكرنا بمقولة هشام جعيط «أن موجة الأنوار تكسرت على صخرة تشكل النخاع الشوكي في العالم الإسلامي، تعني الإسلام ذاته» (أنظر «أزمة الثقافة الإسلامية») . وهو ما يدفع إلى الاعتقاد أن المسألة الدينية مثال قوي للمسائل التي امتنعت عن الحداثة. وهو بالطبع اعتقاد لا تشاطرونه بما أنكم، وبالإعتماد على علم الأديان المقارن وتاريخ الأديان وغيرها من العلوم الإنسانية الحديثة لا ترون صحة في هذا الاعتقاد وتصرّون على إمكانيّة التحديث من الداخل أي العودة الى التراث الاسلامي النير الذي تغلب عليه النزعة العقلانية، هذا التراث الذي لو تم اعتماده لكان الإسلام اليوم مختلفا.

عبد المجيد الشرفي : الرجوع إلى النزعة العقلية أو الرجوع إلى عصر ما قبل التدوين وإلى النص القرآني مباشرة، أي اختراق الطبقات

التأويلية المتوالية لهذا النص، كلّها خيارات موجودة أمام المسلمين، وربّما تؤدي الى نفس النتيجة، وهي الابتعاد إن قليلا أو كثيرا عن النزعة الدغمائية التي سادت في قرون الانحطاط، وإن كانت بدأت منذ القرن الثالث بالخصوص. إن الرجوع إلى ما قبل عصر التدوين وإلى الانفتاح الذي كان موجودا في ممارسات المجتمعات الإسلامية الأولى أو الرجوع إلى القرآن والتعامل مباشرة معه عوض التقيّد بالنصوص الثواني التي كتبت حوله، قلت إن هذه المقاربات تؤدي تقريبا إلى نفس النتائج لأنّ فيها قطعا مع ممارسات متكلسة غلبت على الفكر الإسلامي تحت تأثير عوامل تاريخية أضحت اليوم معروفة. وتلك العوامل هي التي أدت إلى الحلول التي ارتضتها المؤسسة الدينية والتي سادت في المجتمعات الإسلامية طيلة قرون عديدة. وهي لا تزال إلى اليوم تُعتبر مقدّسة أو شبه مقدّسة حين تُحشر فيما يسمّى الثوابت - ما كان يسمّى قديما «المعلوم من الدين بالضرورة» -. وأبرز ما فيها يتعلق بالأحكام بالخصوص، أي بما في التديّن من تشبّث بالمنظومة التي حددها الأصوليون والفقهاء، والتي تقضي بأن كل عمل يأتيه المسلم لا يمكن أن يخرج عن الخضوع لأحد الأحكام الخمسة: الواجب أو المحظور أو المستحب أو المكروه أو المباح.

الخروج من ضرورة خضوع المسلم لهذه الأحكام، ومن هذه المصادرة التي تبدو كأنها أمر بديهي بينما هي في الحقيقة من إنتاج التاريخ، خطوة أولى في سبيل التخلص من رواسب الماضي. إذا كان الأمر كذلك، فإن سلوك المسلم ينبغي أن يأخذ بعين الاعتبار أوّلا وبالذات حريته في فهم النصّ القرآني، فلا يلتزم بالضرورة بما أقرّه الفقهاء، وهم بشر يخطئون ويصيبون ويكونون عرضة لشتى النوازع. ولهذا السبب فقد وقعوا في كثير من الأحيان في التعسف حول هذا النص. هنا يمكن أن تُؤخذ الأمثلة إما من المعاملات وإما من العبادات.

ك. س: من ركائز تحديث الفكر الإسلامي بالنِّسبة للحداثيين الجدد والمدرسة التي تشاركون في تأسيسها، تناول جديد للنصّ القرآني يقطع مع القراءة التقليدية للنصّ ويلتزم بآليات معرفية حديثة. المفترق الجوهري في هذا التناول الجديد هو تحديد جديد لمفهوم النصّ الديني وعدم التقيد بالقدسية في مجال البحث. حيث يصبح النص الديني خاضعا لقواعد الألسنية الحديثة. وهو ما سيمكن لأول مرة من الوصول الى قراءة جديدة للنص القرآني وكشف معان حديثة له وإخراج هذا النص من الدائرة التأويلية المحظورة على غير الفقهاء والعلماء. هذا التّعامل الجديد مع النصّ القرآني حقق قفزة هائلة نحو تحديث الفكر الديني، وفتح مجالا جديدا للدين في مجتمع اختار الحداثة ولا يريد إلغاء الدين منه، ولكن في نفس الوقت شكل صدمة للتقليديين. من ذلك الاضطهادُ الذي تعرض له الشيخ أمين الخولي وتلميذه محمد أحمد خلف الله في أواسط القرن العشرين. وما زالت هذه القراءات الجديدة محل انتقاد ليس من قبل التقليديين فقط بل وأيضا من قبل الحداثيين الذين يعتقدون في وجود سقف لاستعمال الآليات العلمية الحديثة في قراءة التراث الديني، ولهم نظرة مغايرة لقدسية النص. ويعتقدون أنه عندما يتعلق الأمر بنص مقدس فهنالك حدود إذا تجاوزناها سنمس بهذه القدسية. في هذا الإطار، يعتبر المفكر محمد عابد الجابري «إذا خرجنا عن قدسية النص يبقى التأويل غير ذي موضوع، إذ يمكنك حينئذ أن تقول ما شئت، أو أن تفهم ما شئت كما هو الحال في القصيدة الشعرية مثلا، أو في اللوحة الفنية. لكن إذا تقيدنا بقدسية النص واتخذناه مرجعا وموضوعا للفهم فحينئذ نحن مقيدون بحدود النص، حدوده اللغوية، حتى لا نخرج عن مقاصده» (أنظر حديث محمد عابد الجابري في كتاب عبد الإلاه بالقزيز «الإسلام والحداثة والإجتماع السياسي»، ص 14).

بالنسبة إلى الجابري إذن ليست هناك حرية مطلقة عندما يتعلق الأمر بنص مقدس. هنالك حدود يؤدي تجاوُزها الى المساس بقدسية النص خلافا للمسيحية واليهودية، حيث هناك حرية مطلقة لأن النص عندهم ليس كلاما إلهيا.

كيف تقيمون هذه الخصوصية التي يعتبرها الجابري ملتصقة بالمنهج التأويلي للنص القرآني؟ وهل توافقون على محدوديّة حريّة المؤمن تجاه القرآن ووجود حدود لفهم النص تفرضها اللغة؟

عبد المجيد الشرفي : الجابري محقّ في هذه النقطة بالذات، فلا ينبغي أن نحمّل النص ما لا يحتمل. لا بد أن نأخذ بعين الاعتبار مفاهيم اللغة القرآنية التي كانت موجودة زمن الوحي. هذا ضروري لأننا إن لم نفعل ذلك سنتعسّف على النص. من ناحية أخرى يجب التأكيد على أن النص يمكن أن يكون دالا على معنى من المعاني، فهل يعني ذلك أننا يجب أن نتشبث بحرفية النص أم ينبغي أن ننظر في مقاصده؟ النص قد يكون بيّنا لا يحتمل إلا معنى واحدا، ورغم ذلك فالقارئ يقوم دوما بعملية تأويل لذلك النص، وذلك أنه وإن كانت الآية صريحة فدلالتها تبقى تحت تأثير عوامل بشرية وخاضعة لثقافة القارئ وأفقه الذهني ورغباته وطموحه وغير ذلك من ظروفه العامة والخاصة. وهذه في الحقيقة معركة قديمة بين المسلمين بالاعتماد على الآية التي تؤكد أن القرآن يحتوي على آيات محكمات وأخر متشابهات. القدماء كانوا يحشرون ضمن الآيات المحكمات ما يؤديهم مذهبهم وفرقتهم إلى اعتباره حقيقة لا جدال فيها، فيقولون: هذا نص قطعي الدلالة. صحيح أن دلالته قد تكون قطعية، لكن في ظرف معيّن. هل هذه الدلالة لا تاريخية أم أنها دلالة ينبغي أن توضع في سياقها التاريخي ؟ هنا تكمن المشكلة. وهي في الحقيقة مشكلة إيبستيمولوجية في التعامل مع النص القرآني الذي يحتوي على

توجيهات أخلاقية بالأساس. فكل ما يتعلق بتلك «الأحكام» -ونضعها بين ظفرين لأن الثقافة الإسلامية كرّستها، إلا أننا لا نعتبرها كذلك- ينبغي أن ننظر إليه على أنّه كان ضمن مشاكل ظرفية زمن الوحي، وليست كل «الأحكام» صالحة لكل العصور ولكل الظروف المستحدثة التي هي بعيدة كثيرا عن ظروف زمن الوحي.

ك. س: هذا الفهم يصطدم بنقطتين: أولا المقولة الراسخة، وليست فقط الرائجة، وهي أن القرآن وبالتالي ما نص عليه من أحكام صالحة لكل زمان ومكان. ثانيا قدسية النص القرآني، أي أنه لا يمكننا أن نتصرف مع هذا النص كأي نص آخر، فنحن أمام نص مقدس هناك حدود للتصرف معه لأن النظرة السائدة تقول بإطلاقية النص لا بتاريخيته.

عبد المجيد الشرفي : لا أظن أن هذا الفهم يصطدم بالضرورة ومن كل الوجوه بصلاحية القرآن وقدسيته. أوّلا، لأن القرآن لا يبقى صالحا لكل زمان ومكان إلا إذا أوّلناه بما يقتضيه التأويل من وضعه في سياقه التاريخي. إذ ذاك بالفعل يبقى صالحا لكل زمان ومكان في توجيهاته السامية لا في حرفيته. أما فيما يتعلق بقدسية النص فإنها راجعة بالأساس إلى مصدر هذا النص الذي هو مصدر إلهي. إذا ما اعتبر المسلم أن مصدر هذا النص إلهي فهو لا يضفي عليه من عنده قدسية، بل يعترف بقدسيته مهما كان تأويله إياه. الأمر ليس مرتبطا بقداسة النصّ بل بالمفاهيم التي سادت في الفكر الإسلامي حول كيفية الوحي بالخصوص. هل هذه القداسة تقتضي بالضرورة أن يكون الكلام الإلهي هو الحروف والكلمات والألفاظ العربية الموجودة في المصحف اليوم ؟ هنا لا بد أن نعتبر أن الكلام الإلهي هو

كلام مفارق، وإذا ما اعتبرناه كلاما بشريا فإننا نقع في ما يسمّى في علم الكلام بالتشبيه أو التجسيم (anthropomorphisme). الكلام الإلهي منزّه، هو صفة إلهية لا تتجسم في حروف وألفاظ، كما لا يمكن في تصور المسلم أن تتجسم في شخص، كما هو الشأن في المسيحية. ولذلك فإن تنزيه الكلام الإلهي يقتضي تصورا آخر للوحي. وهذا التصوّر لا يتعارض مع النص القرآني ذاته، بل يتعارض فقط مع الموقف التقليدي من كيفية الوحي، ويختلف عما ساد فيه اختلافا بيّنا.

ك. س: و هذا يقتضي إذن تصورا معيّنا ومختلفا لدور الرسول محمد عن التصوّر التقليدي، هذا التّصوّر المجدّد هو جوهري في تحليلكم.

عبد المجيد الشرفي : أنا مؤرخ للفكر الديني، ولا يمكن وأنا أبحث في النص القرآني إلاّ أن ألاحظ أنّ هذا التلقّي للكلام الإلهي قد مرّ عبر شخصية الرسول، وعبر ثقافة الرسول. آخذ مثالا من الأمثلة التي اشتغلت عليها أخيرا، وهو قصة اللقاء بين سليمان وملكة سبا. أوّلا، الخبر المتعلق بهذا اللقاء موجود في العهد القديم، في سفر الملوك تحديدا. ولكن الخبر القرآني يختلف اختلافا عميقا جدا عما ورد في «الكتاب المقدس». فسفر الملوك يتحدّث عن هذه الملكة التي جاءت تبحث عن حكمة سليمان وقدَّمت له الهدايا واعترفت بإلهه. في النص القرآني نجد صبغة عجائبية في رواية القصة. سليمان يخضع له الإنس والجن والطير، وعندما تفقد الهدهد جاءه بالخبر عن هذه الملكة التي كانت غنية وكان عرشها، حسب ما وصفه بعض المؤرخين، مزخرفا بالياقوت واللؤلؤ. ويؤتى لسليمان بعرشها العظيم. وعندما تأتي لسليمان تشكّ إن كان العرش الذي رأته بحضرته عرشها أم لا، لأن سليمان قال: «نكِّروا لها

عرشها». ثم يختبرها سليمان بأن يضع في صرحه قوارير تشبه في بريقها الماء، فإذا بالملكة تحسب أرضية هذا الصرح ماء، وتكشف عن ساقيها، ثم تعترف بأن سليمان على حق، أي أنه نبيّ، و تسلم على يديه.

إذا ما نظرنا الى خبر هذا اللقاء، سواء في سفر الملوك أو في النص القرآني، في سورة النمل، فإننا نلاحظ أنه ليس قصة تحكي أحداثا تاريخية، بالمعنى الدقيق لكلمة تاريخ. فسليمان لم يكن ملِكا عظيما، لقد كان مُلكه، إن رجّحنا وجوده التاريخي المشكوك فيه، محدودا في القدس وما حولها، ولم يكن متّسعا إلى ما وراء هذه المنطقة الضيقة، ولم يكن غنيا جدا. هذا ثابت تاريخيا. و سبأ لم تكن فيها في عصر سليمان، أي في القرن الحادي عشر قبل الميلاد، ملِكة. ولهذا فاللقاء لا يمكن أن يكون تاريخيا. بالإضافة إلى ذلك، فمملكة سبإ نشأت قرنين بعد عصر سليمان، ولنا عنها الآن وثائق تاريخية. كذلك، لا وجود لملِكة على سبإ، هناك ملوك رجال، لكن ليست هنالك امرأة ملِكة. إذن نحن أمام إشكال لا يمكن أن نتجاوزه بالقراءة الحرفية، سواء لنصّ سفر الملوك أو لنص سورة النمل. إذا ما أخذنا هذه القصة في المستوى الأول، وفي الدرجة الأولى من القراءة كما يقول علماء الأسلوب، فإنها قصة لا تاريخية. إذن لا بد أن نبحث عن الغرض من هذه القصة.

هي قصة ميثية - أفضّل كلمة «ميثية» على «أسطورية»، لأن كلمة أسطورة فيها نوع من المعاني الحافة بها في اللغة العربية تدل على كل شيء غير صحيح ومختلق. ثمّ إنّ الميث ينشأ من عناصر يصعب في الكثير من الأحيان تبيّنها تاريخيا، وليست بالضرورة منسجمة تاريخيا -. يمكن إذن أن يكون الحديث عن لقاء بين سليمان وملكة سبإ راجعا إلى الفترة التي كُتب فيها سفر الملوك، وهي الفترة التي شهدت وجود ملِكات عربيات، وكنّ يخضن حروبا ضد الأشوريين. ربما تمّ الربط بين وجود

ملكات عربيات وسبإ لأن بلاد اليمن كانت ترمز في تلك الفترة عند اليهود إلى نهاية العالم المعروف. وكانت العناصر الميثيّة في تصوّر الملك العظيم مستمدة من أنموذج ملوك الفرس في عهد داريوس، ووجود ملكات عربيات في عهد الأشوريين.

قد يكون هذا تفسيرا لنشأة الميث من العناصر والثقافة التي كانت موجودة في عهد النبوّة، وتمّ توظيفه توظيفا آخر. هذا هو ما حصل في الكثير من الأحيان، سواء في قصة سليمان وملكة سبإ، أو بالنسبة إلى قصة يوسف أو قصة إبراهيم، وكذلك بالنسبة إلى قصص موسى وعيسى. فلا يمكن اليوم أن نعتبر أنّ القصص القرآني يروي أحداثا تاريخية، بالمعنى الحديث للكلمة، وقد تأكد لدينا أن ما يرويه النصّ القرآني ليس مطابقا لما تقرّه الاكتشافات الأثرية والنقوش والوثائق والحفريات.

ك. س: هذه النقطة مهمّة، محمد عبده كان قد أشار إلى أن القرآن ليس كتاب تاريخ، وتناولت جاكلين الشّابي موضوع القصص القرآني بشكل مختلف في مقارنة مع الكتب السماوية الأخرى (**Le Seigneur des tribus**).

عبد المجيد الشرفي : نظرة جاكلين الشابّي في رأيي تحدّ من قيمة هذه الأخبار الواردة في القصص القرآني، وتجعلها مرتبطة بالمجتمع القبلي الذي كان موجودا في الحجاز فحسب. إنّها تغفل في نظري المغزى الديني والبعيد الذي يتجاوز الأفق الحجازي والعربي الضيّق لكي تكون صالحة لكل العصور والبيئات المختلفة. جاكلين الشابي ترى أنّ قيمة هذا القصص محدودة، وأنا أرى أنها ذات صلة كما قالت هي ببيئتها، ولكن مراميها أبعد من المرامي التي تقف عليها هي.

ك. س: نعود إلى القرآن وإلى استعمال المعاني وأسلوب المجاز، واستعمال الأسطورة أو الميث، وأنواع أخرى من التعابير كالأمثال. وهي أساليب وظفتها في قراءة الاسكاتولوجيا، أي وصف العقاب والحساب في الآخرة وما يترتب عليه من وصف للنار وهول يوم الحساب. تقولون إن الله ليس في حاجة إلى عقاب الإنسان، وهذا مخالف لما هو سائد لدى المسلم العادي. فالمعتقد السائد أن الجنة والنار تدخل في إطار الجزاء والعقاب، وأنتم تقولون إن ذلك الوصف من قبيل الأسلوب وتوظيف الصور لتسهيل الإدراك والتمثّل.

عبد المجيد الشرفي : لست أنا الذي يقول إن الله ليس في حاجة إلى عقاب الإنسان، بل القرآن هو الذي يقول: «ما يفعل الله بعذابكم إن شكرتم وآمنتم» (سورة النساء 4/147). أما قضية فهم النصوص المتعلقة بالآخرة فهي لا تختلف عن قضايا فهم الأنواع الأخرى من الأساليب القرآنية المتعلقة بمواضيع شتى غير موضوع الآخرة. لا شك أن هذه النصوص تؤكد على شيء أساسي في الإسلام، وهو أن الإنسان سيُجازى على أعماله، إن خيرا كانت أو شرا. هي إذن أعمال لا تتسم بالعبثية. هذا هو المعنى الجوهري لتلك النصوص. ونرى أن العديد من المفكرين المسلمين قد اعتبروا أن الآيات المتعددة التي تتحدث عن النعيم المادي في الجنة وعن العقاب المادي أيضا إنما هي ذات صبغة تمثيلية، ولا ينبغي أن نفهمها بالمعنى الحرفي كذلك. وإذا ما لم نفهمها بالمعنى المادي واعتبرنا أنها أمثال لتقريب هذا الجزاء من الأذهان، فإذ ذاك يصبح هذا الجزاء من نوع آخر، ويدخل في نطاق الغيب الذي هو عند الله. لا ينبغي إذن أن ندّعي معرفة كيفية هذا الجزاء في تفاصيلها، كما هو الحال في الكثير من الكتب الشعبيّة والتي تتحدث عن عذاب القبر، وعن منكر ونكير، وعن الصراط الذي هو أدق من الشعرة وأمضى من السيف، وتضخّم ما جاء في القرآن

عن النعيم المادي وما ينتظر المؤمنين في الجنة من ملاذ حسية. هذه القراءة الحرفية هي أحد التأويلات لما جاء في القرآن، ولكنه ليس التأويل الوحيد الممكن.

ك. س: ليست أدبيات شعبيّة فحسب وإنّما كل الإسلام الجهادي مبني على صور مستمدّة من آيات قرآنية تتحدّث عن الحور العين وعن هذه المخلوقات الخاصة بالجنّة والتي يفهمها الجهاديون أنها مفاز للذين يفجّرون أنفسهم ويقتلون الآخرين. وهي صور قويّة ومسيطرة.

عبد المجيد الشرفي : الإسلام الجهادي لا يمثل إلاّ أقليّة ضئيلة من المسلمين. له وزن كبير على مستوى وسائل الإعلام، و لكن من الناحية الفعليّة ليس له إلا وزن هامشي جدا، ولا يمثل مليارا ونصفا من البشر. تاريخيا، ما حدث في الإسلام هو ما حدث في الديانات الأخرى: عندما ينتشر الدين على أوسع الطبقات الاجتماعية، تطغى النزعة إلى تغليب ما يتجاوب مع الذهنية الشعبية على الدين نفسه. وهذه الصور كانت ملائمة ومناسبة للعقلية والذهنية الشعبية التي ليست لها ثقافة فلسفية أو تاريخية، وليست لها عموما ثقافة واسعة. لم يكن أفراد الطبقات الشعبية يعرفون القراءة والكتابة، ولذلك، مراعاة لهذه الذهنية، فإن الفكر العالِم قد تبنى المقولات التي كانت متداولة شفويا حتى أصبحت شيئا فشيئا راسخة، ثم دوّنت في الكتب. والمرجع الأساسي اليوم لهذه الأدبيات هو كتاب «التذكرة في أحوال الموتى وأمور الآخرة» للقرطبي، وهو من علماء القرن السابع الهجري.

الآن لنا فكرة واضحة عن هذا التطور، وقد تحدثنا سابقا عن المقارنة

الضرورية بالسنن الدينية والثقافية الأخرى. هذه المقارنة تسمح لنا بأن نفهم كذلك ما حصل في التاريخ الإسلامي.

ك. س: في تحليلكم تقومون بعملية تفكيك على كل الأصعدة وتفضلون استعمال الخطاب القرآني على كلمة قرآن التي خضعت هي أيضا لعملية تفكيك: القرآن، الوحي، الكتاب، الذكر، كلام الله. المناهج الحديثة تملي هذا التفكيك وتعطي مفهوما جديدا للنص، بالنسبة إلى المسلم العادي المصحف الذي بين يديه هو كلام الله يقدسه ويعامله معاملة خاصة.

عبد المجيد الشرفي : أنا كذلك أعتقد أن القرآن كلام الله، ولكن هل هو كلام الله بالمعنى السائد أم أنه كلام الله لأن مصدره إلهي؟ إن كان مصدره إلهيا فأنا بصفتي مسلما أعتقد ذلك. ليست لي مشكلة في هذه المسألة. ربما قمت بعملية تفكيك، وأنا أفضل عملية تحليل ونقد بالمعنى الحديث لكلمة نقد. بالنسبة إلى مفهوم القرآن، عندما نرجع إلى نص المصحف نجد أن بعض الآيات تصبح غير مفهومة متى اعتبرنا المفاهيم التي أشرت إليها دالة على نفس الشيء، ولا يمكن أن نجد لها تفسيرا مقنعا. مثلا إذا نظرنا في الآية «إنّ علينا جمعه وقرآنه» (القيامة75/17)، هل تعني إن علينا جمع القرآن وقرآن القرآن ؟ ما معنى هذا الكلام؟ على ماذا يعود الضمير؟

ك. س: القرآن ليس مشتقا من قراءة مثلا ؟

عبد المجيد الشرفي : قد يكون لفظ قرآن مشتقا من الجذر قرأ، وقد يكون أصل الكلمة سريانيا كما يذهب إلى ذلك بعض الدارسين. أنا لا

أدخل في هذه الاعتبارات وهي في تقديري ثانوية. إذا ما اعتبرنا أن الضمير في آية «إن علينا جمعه وقرآنه» يتعلق بالقرآن فكيف يستقيم الفهم؟ إن مفاهيم القرآن والكتاب والذكر تختلف باختلاف السياق الذي وردت فيه. «إن علينا جمعه وقرآنه» من ناحية، ثم «إنّا نحن نزّلنا الذكر وإنّا له لحافظون»، «ولقد يسّرنا القرآن للذكر» من ناحية ثانية. هل الأمر يتعلق بالحفظ في الصدور، أو في المصحف – مع العلم أن مصطلح «المصحف» غير قرآني ومتأخر عن زمن الوحي - أو مدوّن على أوراق ومحفوظ ومجموع بترتيب معين؟ وفي آية «اسألوا أهل الذكر إن كنتم لا تعلمون»، هل الذّكر هو نفسه ما في المصحف وما عند اليهود والنصارى، أهل الكتاب؟ إذا ما كان هو نفسه فلا يمكن أن يكون التوراة والإنجيل والمصحف قرآنا، وإنما هو يكون ما عند الله، مصدر هذه الكتب. «اسألوا أهل الذكر» معناه إذن اسألوا الذين بلغهم الذكر الذي عند الله عن طريق أنبياء ورسل، وفهموا منه هذا الكلام الإلهي المنزّل.

ك. س: في هذه الحالة يختلف الذّكر عن الكتاب لأن هناك «أهل الذكر» و«أهل الكتاب» .

عبد المجيد الشرفي: ثم هناك «لكل أجل كتاب» (الرعد 13/38). ما معنى الكتاب في هذه الآية؟ لا معنى له إذا ما فهمنا الكتاب ما هو بين دفتين، كما كان يقول القدماء. ليس هو بالتأكيد في هذه الآية ما هو مكتوب بالخط ومدوّن. فكل مفهوم من هذه المفاهيم يختلف حسب السياق، ولا يمكن أن نعتبر أن هناك ترادفا تاما بين المصحف والقرآن والذكر والكتاب مثلا .

ك. س: و الوحي والتنزيل؟

عبد المجيد الشرفي: الوحي والتنزيل قضية أخرى، لأن الخلاف في تأويل الوحي والتنزيل يتعلق بكيفية التبليغ، لا بالمحتوى. النص القرآني لا يتحدث عن الوحي المحمدي إلا كما يتحدث عن الوحي بالنسبة إلى الأنبياء السابقين. لقد استقر راي العلماء المسلمين على أنّ الكيفية التي تلقّى بها النبي محمد الوحي لم يكن للنبي فيها أي دور، وإنما كان مجرد مبلّغ، وأسقطوا هذا المفهوم على الرسالات السابقة، فاعتبروا أن الإنجيل العيسوي هو مثل القرآن، وأن التوراة الموسوية هي مثل القرآن كذلك.

ك. س: رغم أنها تمت في ظروف مختلفة !

عبد المجيد الشرفي: طبعا، كان من المفروض أن تُدرس الطريقة التي كُتبت بها التوراة، والطريقة التي دوّن بها الإنجيل والطريقة التي جُمع بها القرآن في المصحف، لأن هذه الرسالات النبوية هي قبل كل شيء رسالات شفوية، والمصحف هو مصطلح ارتضاه المسلمون لهذا الكلام الشفوي حين تمّ تدوينه، ولكننا نعرف أن الانتقال من الكلام الشفوي إلى الكلام المدوّن المكتوب تنتج عنه إشكالات لا يمكن التغاضي عنها. من ذلك، التكرار الموجود بين الآيات. كيف نفسّر هذا التكرار؟ كيف نفسّر أن نفس القصة تروى بصيغ مختلفة؟ هذا راجع إلى أنّ ما بلّغه الرسول بُلِغ أوّلا وقبل كل شيء بطريقة شفوية تراعي وضع المخاطَبين. لقد دُوّن في عهد النبوة نصيب من هذا الكلام الشفوي، لكن لا نعرف كمّيته. هذا لا شك فيه.

ك. س: تقصد أن ليس كل الكلام القرآني الذي نزل على النبي محمّد قد تم تدوينه في حياته؟

عبد المجيد الشرفي: نعم ليس كله. مؤكد أن التدوين في حياة الرسول لم يشمل الاّ عددا لا نعرف كمّه من الآيات والسور، ولا أدل على ذلك من أن ترتيب المصحف العثماني يختلف عن ترتيب مصحف عليّ مثلا. والأخبار التي وردت في التاريخ الإسلامي تكاد تجمع على ذلك. يؤكد المسلمون أن القرآن محفوظ أولا و آخرا في صدور الرجال، لا بالاعتماد على الخط، وحتى هذا الخط لم تكن فيه النقط والحركات، إذ كان الخط العربي في عهد النبوّة بدائيا لا يسمح بالقراءة، بالإضافة إلى أن صناعة الكاغد لم تكن قد استوردت إذ ذاك من الصين. ولذلك فالتدوين في عهد النبي لا يمكن أن يتم إلا على الرقوق، أي قطع الجلد، أو على البّدي الموجود بالعراق ومصر، أو على العظام وعلى سعف النخل وما أشبه ذلك من الوسائل البدائية.

ك. س: هذه النقطة اعترض عليها السيد محمد الطالبي الذي لا يوافق القدح في وضوح الكتابة العربيّة.

عبد المجيد الشرفي : لا أظن أن هذه تهمة نرمي بها العرب، فلا يُنقص من شأن العرب شيء إن كانوا قد انتظروا عهد الخليفة الأموي عبد الملك ابن مروان، أي حوالي 70 سنة بعد وفاة الرسول، لكي تصبح للحروف العربية نقط وحركات. ولنا اليوم عدد من الشواهد على ما دُوّن من القرآن بما يسمّى الخط الحجازي، وهو موجود في رقوق صنعاء، وقد اطّلعت عليها شخصيا. لقد اكتُشفت هذه الرقوق في صنعاء عام 1972، وهي نسخ لا تشتمل على مصحف كامل يحوي جميع السور. لقد اكتُشفت هذه الرقوق عن طريق الصدفة المحض، إذ كان البنّاؤون بصدد ترميم الجامع الكبير في صنعاء، فاكتشفوا هذه الرقوق وراء أحد الجدران،

وكانت موضوعة بين جدارين، واكتشفت بعد ذلك رقوق أخرى، ولكنها لم ترمّم إلى حد الآن ولا يعلم أحد على وجه الدقة ما فيها.

ك. س. : عندما نقول إنّ اللغة العربية عند نزول الوحي كانت خالية من النقط والحركات يعني أن ذلك يؤثر في عمليّة القراة، أي في الفهم من جهة، ويعكس كذلك أنّ تحديد النقاط والحركات في وقت لاحق ومتأخر، أي بعد وفاة الرسول وعدد هام من أصحابه الذين واكبوا الكلام الشفوى يحدد المعاني وقد يعطي للكلام الشفوي معنى جديدا أو مخالفا للمعنى الأصلي؟

عبد المجيد الشرفي: إنّ ما افتقدنـــاه بصفـــة نهائية هو «وضعية الخطاب» التي تجعل المتقبّلين يتفاعلـــون في ظرف ما وبنبـرة معيّنة مع ما يُلقى إليهم من خطاب. وعندما يدوّن الكلام الشفوي فإنه يصبح قابلا نظريا لعدد لا يحصى من التأويلات. وفي الأغلب فإنّ تأويلا واحدا منها هو الذي يسود، تحت تأثير عوامل تاريخية متنوعة. ويتمّ ذلك مهما كان مستوى الخط ودرجة وضوحه ودقّته في المرحلة الشفوية. ويحسن التنبيه في هذا المجال إلى أن إثبات هذه الظاهرة لدى المختصين في تحليل الخطاب مبنيّ على الاختبار، لا على آراء ونظريات تقبل النقاش والأخذ والرد.

ك. س: عندما نقرأ تحاليلكم الدالة على موقفكم من السنة نكاد أو نوشك أن نعتقد أنكم لستم مع الرجوع إلى السنة واعتمادها كأساس، وتنتقدون أساليبها وتشككون في الرواية وترفضون السند وتشككون في صحّة الرواة إن كان ينطبق عليهم أم لا صفة الصحابي،

وهو ما يعطينا انطباعا أنكم مع تركها تركا باتا. ثم تعودون للقول إن السنة كنز. ماذا تعنون بذلك؟

عبد المجيد الشرفي : موقفي هو فقط الموقف غير الدغمائي وغير الوثوقي، وهو الموقف النقدي الذي يصاحب الباحث والمؤمن في كل خطوة من الخطوات. هذا الموقف النقدي المتعلق بالسنّة يقوم على قبول الأحاديث المدوّنة في مجاميع الحديث إذا كانت منسجمة مع الأغراض القرآنية، وهذا العمل تقوم به الآن، حسب ما بلغ إلى علمي، مجموعة تركية تسعى الى تخليص مجاميع الأحاديث النبوية مما لا ينسجم مع القرآن، ويعكس عقليات متخلفة تجاوزها الزمن، مثل حديث الذباب التي ينبغي أن يغمس قبل أن يرمى به إذا ما سقط في سائل سيُشرب أو يؤكل، والأحاديث العديدة التي لا تنسجم مع الأغراض القرآنية. هناك فرق بين أن تقول إن هذه الأحاديث لا يمكن أن تكون أمينة مائة في المائة لما قاله الرسول، فهذا أمر غير ممكن علميا واختباريا، وبما أنها كذلك فإننا نرفضها، وأن تقول إن هذه الأحاديث وإن كانت لا تعكس بأمانة ما قاله الرسول فإنّ فيها رغم ذلك أصداء صادقة لسلوك الرسول ولأقواله. هذا الموقف الثاني هو موقفي. هناك إذن مجال لكي نبحث هل هذه الأصداء أمينة أم غير أمينة، هل هي ضخمت أقوال الرسول وأعماله أم أنها حَرّفتها أو انزاحت عنها؟ موقف الرفض الباتّ للأحاديث بالنسبة إليّ غير مقبول، وموقف الثقة التامة بهذه الأحاديث على علاّتها كذلك غير مقبول. هنالك موقف آخر، وهو اعتماد النقد الشكلي الذي مارسه القدماء على سلاسل الإسناد. وهو وحده غير كاف، فلا بد من نقد المحتوى. وهذا هو الجديد في البحوث الحديثة، لأنّ هناك أصداء صادقة أمينة، وأصداء مضخمة أو منحرفة. فيها ما يمكن أن يقبل بجملته، وفيها ما يمكن أن يرفض. كل هذا يجعل الموقف الحديث موقفا يتطلب خبرات

ويتطلب أعمالا لسنا متعوّدين على ممارستها إلى حد كبير. وهي ليست عملية دغمائية جديدة في مقابل دغمائية أخرى. هذا هو الذي يهمّني في نهاية الأمر. وإذا ما كانت عملية البحث استفهامية باستمرار، تطرح على نفسها وعلى النصوص التي تشتغل عليها الأسئلة التي ينبغي أن تطرح، آنذاك قد تكون النتائج التي تؤدي اليها هذه العملية مختلفة عن النتائج التي تؤدي إليها عملية الأخذ بهذه الأحاديث على تناقضها الكبير أحيانا، أي بدون إعمال للعقل في هذه المدوّنة الغزيرة. لا يمكن للمسلم المعاصر أن يستمر في قبول ما لم يقتنع به عقليا. لا بدّ من براهين وحجج عقلية. في القديم كان هناك تراكم يؤدّي إلى إشباع نفسي، ونحن الآن في حاجة إلى ما يؤدي إلى الاقتناع العقلي، لا الإشباع النفسي والعاطفي فحسب. هذا تحوّل تفرضه علينا ثقافة العصر، وليس موقف عبدالمجيد الشرفي أو زيد أو عمرو. فمن يعيش عصره ومتطلباته المعرفية مضطر إلى أن يفعل ذلك.

ك. س: استشهدتم بابن خلدون و الفوارق بين عدد الأحاديث في كتب الأحاديث. واعتمدتم على نقده لرواة الحديث ولكنّ ابن خلدون في النهاية ورغم نقده وتشكيكه في صحّة الروايات ومصداقية الإسناد ركز على «حسن نية» الرواة للقبول بالسنّة. وهو عكس ما تعتقدون، وهو أيضا سبب انتقادكم لابن خلدون.

عبد المجيد الشرفي : عندما يقول ابن خلدون إنه لم يصحّ عند أبي حنيفة إلّا سبعة عشر حديثا، وأقارن ذلك بالكم الهائل من الأحاديث التي أوردها ابن حنبل بعد أبي حنيفة بنحو قرن، إذ يصل عدد الأحاديث في مسنده إلى أربعين ألف حديث أو أكثر، فهذا دليل على أن هناك وضعا

للحديث كان القدماء يعرفونه لكنّهم يقلّلون من شأنه، لأنهم في حاجة إلى أن يبرّروا بالحديث النبوي المؤسسات المجتمعية والأحداث التي عاشتها الأمّة الإسلامية في الماضي وتعيشها في عصرهم. قد يكون من بين هذه الأحاديث ما هو عاكس بأمانة لما قاله الرسول، ولكنّ عددها لا يمكن أن يكون إلا قليلا جدا. هذا من ناحية. ومن ناحية ثانية أعود إلى قضية حرفية النصوص، فيمكن أن نفهم الحاجة إلى وضع الأحاديث إذا لم تكن متعارضة مع القرآن. يمكن أن نفهمها على أنها فض لمشاكل حقيقية وقعت زمن النبوة، وهناك أخبار عديدة في هذا الشأن، فقد يسأل النبي عن شيء فيجيب بحلّ ليس موجودا بالضرورة في النص القرآني، وهذه إمكانية من الإمكانيات. ولكن بعض الأحاديث لا يروي لنا أقوالا معيّنة بل أفعالا قام بها الرسول أو وصفا له، لهيئته، للحيته، للباسه، إلى غير ذلك. نحن بإزاء موقفين: إما أن نعتبر أن الحديث ذو صبغة معيارية مطلقة وملزم لكل المسلمين مهما كانت ظروفهم التاريخية، وإما أن نعتبر أنّه يدل على سلوك يمكن أن نقتدي به من حيث المغزى، لا من حيث الشكل، ولا نتقيّد بالتفاصيل التي جاءت في الحديث.

إن ما يقع فيه المسلمون من لبس راجع في كثير من الأحيان إلى تأثرهم بالمقولات التي دافع عنها أهل الحديث في القرن الثالث، في الخصومة التي كانت بينهم وبين أهل الرأي والمعتزلة، وانتهت بانتصار أهل الحديث، ففرضوا فهما معيّنا للسنّة وللحديث ولدورهما يختلف عن المفهوم الذي كان موجودا في ذلك العصر، وحتى قبل ذلك العصر. لهذا فالمؤرخ لا يستطيع أن يغمض بصره عن أسباب نشأة هذه المقولات وظروفها، وعن الرهانات الكامنة وراءها. وهذا أمر جديد، لأن المسلمين قد تعودوا فقط على قبول ما هو محل إجماع. ومازالت فكرة الإجماع إلى اليوم فاعلة باعتبارها حجة على ضرورة التمسّك بهذا المفهوم المعيّن لدور السنّة

والحديث، بينما الإجماع في الحقيقة هو مقولة بشرية، وليست مقولة قرآنية. إذا كان المسلمون مجمعين في عصر ما فما الدليل على إجماعهم؟ في الحقيقة، إن الإجماع إن حصل فهو بين مجموعة من العلماء المسلمين وليس كل المسلمين. ثم إنه إذا حصل إجماع الأمة الإسلامية، والعلماء المجتهدين بالخصوص، في عصر ما فلا يجب أن نعتبر أن ذلك الإجماع ملزم للذين يأتون من بعدهم. إنّ اعتبار إجماعهم ملزما بصرف النظر عن تبدل الأحوال والظروف هو من أهم العوامل التي أدّت إلى تحجر التفكير الإسلامي وجعل الخروج عما قاله القدماء يعتبر أمرا منكرا وكفرا وزندقة وانسلاخا من الإسلام. هنا جوهر القضية: هل يحق لنا أم لا أن نخالف ما اتفق عليه العلماء قديما، بقطع النظر عن أنهم اتفقوا فعلا أم لم يتفقوا. لكن لو فرضنا أنهم اتفقوا، هل يجب علينا أن نلتزم بهذا الإجماع أو لا؟ أنا أقول إنهم أجمعوا لأسباب، وإننا نستطيع أن نُجمع لأسباب أخرى، وإنهم أجمعوا لفترة معينة، على ما تسمح به ثقافتهم وآفاقهم الذهنية، وإننا اليوم، سواء أجمعنا أو لم نجمع، نتمتع بآفاق أرحب من آفاقهم، وبثقافة أوسع من ثقافتهم. فلا يمكن أن نقارن بين ثقافة شخص كانت الكتب في عصره مخطوطة وعسيرة المنال وثمينة، وثقافة شخص يعيش في عصر أصبح فيه الكتاب مطبوعا وفي متناول عدد كبير من القراء، على عكس المخطوط. إنَّ وضع من تتوفّر له المعلومة بغزارة وبصفة آنية وهو أمام حاسوبه، لا شك مختلف عمّن كان يعتمد على المخطوط وعلى المخطوط وحده. ونحن نعلم أنه منذ 30 أو 40 سنة فقط لم تكن هذه المعلومات متوفرة على هذا النحو. ثقافتنا نحن تختلف عن ثقافة القدامى بكل المعايير، وحين تختلف الثقافة ومرتكزاتها فإن النتائج التي يصل إليها الإنسان وهو يقرأ أي نص من النصوص تكون بالضرورة مخالفة. الآن ينبغي أن نعترف بهذا التعدد، وبمشروعيته في القراءة. إلا

أن هذا الأمر مما ينبغي أن نتعوّد عليه، وهذا يتطلب بداهة وقتا طويلا ولا يتمّ دائما بالسرعة المأمولة.

ك. س: لن يكون ذلك سهلا ولا عاجلا، خاصة وأن العلماء متمسكون بدورهم. وكلما كانت هناك مؤسسة دينية أو مجموعة تدّعي المشروعيّة الدينيّة وتحتكر بمقتضاها القول في الدين وتدّعي المرجعية إلا وأرادت التمسك بالإجماع وفرض القيود على الاجتهاد.

عبد المجيد الشرفي: العلماء ورجال الدين بصفة عامّة متمسكون بدورهم، ومتمسكون بمصالحهم المعنوية والمادية. لا ينبغــي أن نغفل عن هذا المعطى. لو لم تكن لهم مصالح معنوية، كالجاه والسلطة، وامتيازات مادية من الحكومات الاستبدادية التي تغدق عليهم الأموال لأنهم يعملون على إضفاء الشرعية على الحكومـــات، وخصوصا منها الحكومات الفاسدة بالدرجة الأولى، لكان موقفهم مختلفا. نحن اليوم نجرؤ على وصف دور العلماء ورجال الدين وتصرفهم كما همـــا في الواقع، لكن القدماء كانوا في الأغلــب يتحرّجون من ذلك ويكادون يرون سلوكهم سلوكا طبيعيا، لأن البديل الديمقراطي لم يكن متوفرا لديهم.

ك. س: لكن الذي يعرقل أيضا هذا الفهم الواقعي لدور رجال الدين وأنّهم كغيرهم عرضة للانزلاقات والخضوع لقاعدة الصواب والخطأ والمصالح الدنيوية هو أن المتديّن العادي يصعب عليه تصور إسلام بدون علماء أو دين بدون فقهاء. بالنسبة لعملية الفهم وأنّ القدماء منزّهون بحكم قربهم من فترة النبوّة.

عبد المجيد الشرفي : أنا لا أقول إن الإسلام يمكن أن يستغني عن مختصين في معرفة النص القرآني وفي معرفة الحديث وتاريخ علم الكلام وأصول الفقه. الإسلام في حاجة إلى علماء، ولكن علماء بالمواصفات الحديثة، علماء وباحثين يعرفون كل المسائل التي تهم الدين الإسلامي معرفة جيدة مباشرة، ولكنهم يعرفون إلى جانبها مقوّمات الحضارة الحديثة ومقتضيات المعرفة في علوم الإنسان والمجتمع. فهؤلاء العلماء مختصون فى الدين، ولكن اختصاصهم لا يمنعهم من أن يأخذوا من المعارف الأخرى المتعلقة بالنصوص الدينية، وأن يستعينوا بما توصل إليه زملاؤهم في اختصاصات علوم الإنسان والمجتمع الحديثة. التخصص ضروري ومحبّذ، ولكن ليس على نمط التخصص القديم.

العالم في القديم يؤمن بينه وبين نفسه بأنه يمتلك الحقيقة، وبأن كلامه مستنبط من الإرادة الإلهية، وأنه يعكس هذه الإرادة الإلهية بأمانة. لكن العالم في عصرنا لا يمكن أن يدّعي ذلك، ويكتفي في آخر كلامه بالقول: «والله أعلم». هذا هو الفرق. لا أقول إنه يجب على كل المسلمين أن يتركوا شغلهم واختصاصهم في الهندسة أو في الاقتصاد والزراعة وغيرها، ويصبحوا كلهم مختصين في العلوم الدينية. ولكن، نظرا إلى انتشار التعليم فإن التعامل المباشر مع النص الديني أصبح اليوم متاحا لغير المختصّين، وهو ما لم يكن متاحا في القديم. هذه هي النقلة النوعية التي حصلت. ربما يكون فهم غير المختص بسيطا لكنه يكفيه. المهم هو أن لا يمر فهمه بالضرورة عبر النصوص الثواني والتأويلات التاريخية، لأنه إن مرّ عبر تلك التأويلات فإنه سيعتمد على تأويل لن يتحمل فيه مسؤوليته. هنا تكمن أهميّة المواطنة بالمعنى الحديث، إذ المواطنة مفهوم جامع، خلافا لمفهوم الرعيّة. المواطن شخص مسؤول، وهذه الفردانية التي جاءت بها الحداثة لها انعكاس على الميدان الديني أيضا. والفردانية هي غير الأنانية.

الفرد مسؤول، والفرد حرّ بما أنه متعلم، حرّ في اختياراته ومسؤول عنها وعن أفعاله. أنا أقرّ بأن هذا صعب، وهنا تكمن الصعوبة التي تلقاها الأفكار التي تحمل الناس على أن يخرجوا عن السلوك التقليدي الذي كان مريحا في الحقيقة، بينما السلوك الذي يدعوهم إليه المؤرخ والعالم الحديث هو سلوك المواطن والمؤمن الرشيد. فكما هو مواطن رشيد في ميدان السياسة فهو مؤمن رشيد في ميدان الدين.

ك. س: المواطنة هيَ مفهوم سياسي تطبّقونه على المجال الديني. لكن السياسة عندها مؤسسات وعندها أطر وأساليب تختلف عن الدين.

عبد المجيد الشرفي: والدّين عندما يندرج في التاريخ فهو يُمأسَس دون شك، ولكن له أيضا وظائف تختلف عن وظائف السياسة. له مؤسساته ووظائفه، ما العيب في ذلك؟ وما التناقض بين الإيمان الرشيد الحر ووجود المؤسسة ووظائف الدين؟ لا أرى تناقضا، طبعا على شرط ألا يمر المؤمن كما قلت عبر التأويلات التاريخية التي جاءت في ظروف مغايرة لظروفه. أما إذا بحث هو بنفسه عن المعنى وتعامل مع النص تعاملا مباشرا فأعتقد أنه يكون بذلك جديرا بإسلام أكثر صدقا مع النفس، وبإيمان ربما يكون غير مهتم اهتماما كبيرا بالبعد الاجتماعي، ولكن من الناحية الروحية لا شك أنه سيكون أعمق و أصدق.

ك. س. عندما تقولون : إن المسلم المواطن أي المسلم الحديث بتعامله المباشر مع النص و بتصرفه الحرّ والمسؤول إزاءه «يكون جديرا باسلام أكثر صدقا مع النفس وبإيمان ربما يكون غير مهتم

اهتماما كبيرا بالبعد الاجتماعي ولكن من الناحية الروحية لا شك أنه سيكون أعمق وأصدق» أليس في هذا تحديد لمعنى جديد بالنسبة إلى الإيمان السائد ولكنّه الأصليّ في طرحكم؟ أليس هذا بمعنى آخر تحديث الدين؟

عبد المجيد الشرفي: إن الدين لا يتغيّر في مستوى نصوصه التأسيسية، ويتغيّر باستمرار كلما بقي حيّا في النفوس في مستوى فهم تلك النصوص وتأويلها. فعملية التحديث تمسّ هذا المستوى الثاني وحسب. ويمكن أن تتم بطريقة واعية ومنسجمة، أو تتمّ - كما هو الحال الآن في أغلب الحالات - بطريقة عفوية وبالوقوع في الترميق (bricolage) الذي يركّب تشكيلة تخلو من أي انسجام داخلي ومنطقي، كأن تضع فتاة خمارا على شعرها من جهة، امتثالا فيما تعتقد لأمر إلهي، وتتزين من جهة أخرى بشتى المساحيق، وتلبس ثيابا تبرز مفاتنها. فالأفضل عندي أن تتخلص من إملاءات الفقهاء فيما يخص تغطية الشعر، وأن تلتزم بالتوجه القرآني في الحث على الحياء الخَلَقي والخُلُقي. إن كان في هذا الموقف تحديث للدين، فليَكُن.

ك. س: القراءة الحداثية المجدّدة تصطدم بمشكلة الآليات والمناهج. المعارضون لهذه القراءات الحديثة ينتقدون استعمال آليات القراءة ومناهج البحث الحديثة التي طبّقت في الثقافة الغربيّة على الإنجيل والتوراة وغيرهما من الكتب الدينية، ونشأت في موطن غريب عن النصوص الإسلامية وعن التراث الإسلامي، وبالتالي عن العقلية الإسلاميّة. ويرون في تطبيق هذه المناهج الحديثة على التاريخ الإسلامي، وخاصّة على النصوص الإسلاميّة، عملية إسقاط أحيانا تعسفية، خاصة وأن العلوم القرآنية لها مناهجها وآلياتها الخاصة

بها. وذلك للتقليل من جدوى ومصداقية هذه القراءة الحديثة للنص القرآني وما تؤول اليه من نتائج في فهم الدّين.

عبد المجيد الشرفي: هذا الاعتراض كان قد أجاب عنه ابن رشد منذ القرن السادس حين قال إن التذكية لا يعتبر فيها بالسكين الذي تتمّ به التذكية. الآلة المنهجية التي تُتَناول بها هذه المباحث هي آلة حديثة لا محالة، لكنها أولا وآخرا آلة بشرية، لا غربيّة ولا شرقية. لا يمكن أن ننعتها بأنّها من خارج الإسلام أو من داخله، لأن المسلمين الذين يتشبثون بالمقولات التقليدية يتشبثون في كثير من الأحيان بمقولات ضمنية مستمدة من الفلسفة اليونانية القديمة، عن غير وعي. إذن فهذه آليات بشرية، وعندما تطبّق في العلوم الدينية فلكي يكون الدين حيّا، لا لكي يكون مُتحفيا. بالإضافة إلى ذلك، فهذه الآليّات تستعمل لمقاربة النّصوص المقدسة وكذلك النّصوص التراثية، ولا يوجد اليوم باحث جاد يطلق على هذه الآليّات صفة الإطلاقية ويعتبرها صالحة بدون نقد. إنّما هي آلات تستعمل ويدور نقاش في استعمالها بين المختصين، وما يؤول اليه الأمر حين استعمالها، وما ترتضيه المجموعة العلمية يصبح حقيقة قائمة، في انتظار أن يأتي ما يخالف تلك الحقيقة العلمية من وسائل أكثر ملاءمة للموضوع المدروس. فلا يمكن أن ننكر هذه الآليات جملة وتفصيلا لمجرّد أنها طبّقت لأول مرة على التوراة ولم تطبّق على القرآن. فهذا موقف الجاهل لا موقف العالِم.

قراءة النص القرآني والإيمان

ك.س : هنالك جدل و عراك قديم حول مشروعية قراءة النصّ القرآني. هل الإيمان هو شرط لكل قراءة للتراث وبحث في الدين؟ هل يجب أن يكون الباحث مؤمنا و متعاطفا مع موضوعه عندما يتبحر في بحث المسألة الدينية؟ ونعلم أن في الإسلام حرص العلماء والفقهاء منذ البداية على وضع شروط لا بد أن تتوفر في من يتناول القرآن بالقراءة والتأويل والتفسير أو بدراسة الفقه تفترض الإيمان و«حسن السلوك الديني». وفي التّاريخ المعاصر نرى المفكر الإسلامي الباكستاني فضل الرحمان لا يشترط الإيمان في الدراسة والتحليل النقدي للدين حيث يمكن للمؤمن المسلم القيام بذلك كما يمكن أن يقوم بذلك باحث غير مسلم وإن كان فضل الرحمان يرى فضلا ومنفعة في توفّر عامل الإيمان. في المقابل توجد مواقف أكثر تجذرا في هذه المسألة تشترط قراءة عقائدية، مثل الباحث المغربي طه عبد الرحمان (أنظر كتابه «روح الحداثة») الذي ينتقد القراءة التحديثية. وهو يعرف القراءة الحداثية بقراءة نقدية نافية للقراءة الاعتقادية، فالانتقاد ضد الاعتقاد، وينتقد نوعية القراءة التي يتبنّاها الحداثيون للنص القرآني والتراث الديني مثل عبد المجيد الشرفي ومحمد أركون ونصر حامد أبو زيد وحسن حنفي لأنه يؤكد على مركزية الإيمان ويعتبر

أنّه «بقدر ما تعتمل في صدر المسلم القوة الإيمانية تستعد ملكاته للإنتاج و الإبداع» («روح الحداثة»، ص 194). فهو يشترط أن تكون القراءة عقائدية ترمي الى ترسيخ الاعتقاد والإيمان بمظهره التقليدي في أية قراءة جديدة للنص. من هذا المنطلق يرى أن القراءة الحداثية مقلدة للقراءة الغربية التي طبقت على النصوص المسيحية، وهي غير مجدية، خالية من الإبداع وهو ما يجعله يلقب الحداثيين بـ «حداثويين» مقلدين مثل «التراثويين».

هذا الجدل حول الإيمان و قراءة النصّ القرآني ما زال قائما و لكنه أصبح يوظف في مهاجمة الباحثين في في تجديد الفكر الإسلامي إلى درجة التهجم (انظر محمد الطالبي، ليطمئن قلبي) والطعن في مشروعية اشتغالهم على تحديث الفكر الديني وأحقيتهم في الحقل الديني بهدف إقصائي معلن.

كيف تنظرون إلى العلاقة بين القراءة والإيمان أو موضوع اشتراط الايمان كعنصر أساسي وأولي لأية عملية قراءة أو تعامل مع القرآن؟ هناك من يذهب أبعد من ذلك ويشترط الإيمان والالتزام بالعبادات والطقوس لدى الباحث .

عبد المجيد الشرفي: ربما يحسن أن ننتبه الى وجود أنظمة من الإيمان لا نظام واحد، إذ أن الإيمان من أكثر الأمور استعصاء على الضبط والتحديد والتعريف. أنظمة الاعتقاد هذه تتأثر بالمعطيات التاريخية، فإذا ما كان شخص ما ينتمي الى نظام من أنظمة الاعتقاد التقليدية فإنه باسم إيمانه ذلك يُقصي أية إمكانية لقيام المعتقد على أسس غير الأسس التي قبِل بها هو واعتبرها بديهية. بالطبع، المسلم لا يمكن أن يقبل القراءات التي تدّعي أنها تقدّم الإسلام الصحيح مثلا ويكون أصحاب هذه القراءات من غير المسلمين، هذا طبيعي. لكن إذا ما كانت هذه القراءات، سواء صدرت عن مسلمين

أو غير مسلمين، لا تدّعي تقديم الإسلام الصحيح بل يقوم أصحابها ببحث علمي بحت، فإذ ذاك يمكن أن يتفق، في هذا المستوى، المؤمن مع غير المؤمن. عندما يقوم باحث بالتأريخ لواحد من تجليات الفكر الإسلامي في القديم، سواء كان الأشعرية أو الحنبلية أو غيرها، فيمكن أن تكون النتائج التي يصل إليها ذات فائدة للمؤمن ولغير المؤمن، سواء صدرت عن مؤمن أو عن غير مؤمن. ذكرت الأشعرية والحنبلية على سبيل المثال لأن هناك دراسات هامة جدا تتعلق بهاتين الفرقتين قام بها غير المسلمين: دراسات جيمَري (D. Gimaret) بالنسبة إلى الأشعرية، ودراسات لاووست (H. Laoust) بالنسبة إلى الحنبلية. لا يمكن أن نتجاهل هذه الدراسات، فهي بحوث علمية قيّمة، يمكن طبعا أن يتجاوزها الزمن، ولكنّها تدلّ على مستوى البحث في وقت معين، ولا يمكن للمؤمن ألا يأخذ بعين الاعتبار نتائج هذه البحوث. وهو ما أردت أن أنبّه اليه في كتاباتي.

مقتضيات البحث هي غير مقتضيات الإيمان، وتبعا لذلك فإن الإيمان الذي ورثناه صالح باطراد وبصفة إطلاقية من وجهة نظر المؤمن العادي، وهو ليس كذلك في نظر الباحث. أعتقد أن الكثير من الجدل الذي يدور، ومن التهم التي تُلصق بمن يبحث في التراث الإسلامي بالطرق العلمية، ناتج عن هذه الناحية، أي تطبيق مواصفات معيّنة للمعتقد، وإرادة فرضها على الباحثين.

أنا أقول إن الأفضل أن يأخذ المؤمن بعين الاعتبار ما تؤدي إليه البحوث العلمية عوض أن يحاول فرض مسلّماته هو على العالم. فهذا السلوك عديم الجدوى، ومن قبيل العمل الإيديولوجي البحت. الفكر التقليدي ليس متعوّدا على الحرية في البحث. حرية البحث من مكتسبات الحداثة، لأن البحث في القديم فيه دائما مناطق محرّمة على الباحث. أما الباحث المعاصر فلا يؤمن بالتابوات (tabous) ويعمل بالعكس على كسر الحواجز

التي سيّجت الفهم بإحكام. هذا هو الفرق، لكن لا يعني ذلك أن الباحث الذي تؤخذ آراؤه بعين الاعتبار مجرّد من كل أنواع الإيمان، أو أنه لكي نقبل آراءه أو نرفضها يجب أن يكون مؤمنا أو غير مؤمن. فلعله مؤمن بطريقته الخاصة.

ك. س: من ناحية أخرى تؤكدون على أهمية أن نفرق بين قراءة المؤمن و قراءة الباحث عندما نقوم بعملية التحليل (أنظر «لبنات»)، لا يعني ذلك أن الباحث غير مؤمن و لكن في ممارسة القراءة التحليلية والبحث العلمي لا يحكم إيمانه وإنما يغلب ملكته النقدية التي تتطلب تجردا تاما بحيث تعلق صفة الإيمان كمكوّن شرطي للعقل الذي يمارس القراءة النقدية الحداثية.

عبد المجيد الشرفي: إن البحث في النصوص المقدسة في نظري هو غير التعبُّد بها، والتعبّد يتطلب موقفا من النصّ فيه نوع من التجرّد للعبادة، أما موقف الباحث فيتطلب موقفا من النصّ يستعمل الوسائل المتاحة للتحليل في عصرنا الحاضر. البحث والتعبّد موقفان مختلفان، يمكن أن ينتقل الإنسان من البحث إلى التعبّد، أو من التعبد إلى البحث بدون أن يكون هناك تنافر بين الموقفين، لأن الانسان حين يكون متعبدا فإنه لا يستحضر بالضرورة ما قاله العلماء قديما أو ما قالوه حديثا، وهي حالة نفسانية بالأساس، حالة تجرّد الإنسان من أهوائه ومن كل ما يربطه بالحياة المادية. في هذه الحالة يكون في وضع مختلف عن الباحث الذي في المخبر وبين الكتب وأمامه نص يفرض عليه أن يبحث في الروابط بين أجزائه، وفي دلالاته التاريخية ومسائله اللغوية وغيرها. هذه تقييمات حين يمارسها الباحث فهو لا يقصد منها التقرب إلى الله .

ك. س: عندما يكون المسلم مطّلعا على القراءات الجديدة التي تعتمد على المناهج الحديثة ثم يعود إلى النص للتعبد به قد يحصل لديه تشويش في هذه الصبغة اليقينية وفي ألوهية النص. آخذ مثالا على ذلك ما ذكرتموه، وهو شيء كما قلت معروف، أن نسخة ابن مسعود، أي المصحف الذي جمعه هذا الصحابي، لا تحتوي على سورة الفاتحة والمعوذتين باعتبارها دعاء وليست قرآنا، في حين أن المؤمن يتعبد في صلواته بهذه السور معتقدا أنها قرآن. فإذا اكتشف أنّ هذه السُوّر ليست بالضرورة جزءا من القرآن فهذه حقائق قد تشوّش معتقده، وقد تدفعه إلى التساؤل عن وضع الآيات الأخرى؟

عبد المجيد الشرفي: أفهم أن تكون هناك صعوبة، لكنّها مرتبطة بالتأويلات المتعلقة بالّور. بالنسبة إلى قراءة الفاتحة مثلا، عندما نقرأ «غير المغضوب عليهم ولا الضالين»، هل المقصود بهم اليهود والنصارى أم كل الذين شملهم غضب الله وكانوا على ضلال؟ إن المصلّي لا يفكّر بالضرورة في هذه المسألة وهو يصلي. والفاتحة على كل حال هي دعاء مستعمل منذ عهد النبوّة، ولأن لها مغزى عميقا يتجاوز حتى بعدها الإسلامي البحت، فقد سعى لويس ماسينيون، وهو المسيحي المؤمن، إلى إقحامها في الأدعية المسيحية باعتبارها تخاطب المؤمن بصفة عامة. فما المانع من استعمالها، ولو كانت غير موجودة في مصحف ابن مسعود؟ المهم في هذا النطاق هو الاستعداد النفسي الذي يقوم به المؤمن وهو يقول هذا الدعاء. وأعتقد أن الفاتحة بصفة خاصة لها مفعول عميق في نفس المؤمن، وليس فيها فقط النفس الإسلامي بل النفس الإيماني العميق. ترين إذن أن موقف العالِم وهو يبحث ويحلل، هو غير موقف المؤمن وهو يصلي أو يقرأ القرآن، بل يمكن أن يكون هذا المؤمن مسلما أو غير مسلم، ولكن مؤمنا وموحّدا.

قراءة جديدة للعبادات وكسر التابو

ك. س: لقد أوضحتم أنكم لستم فقيها، لكنكم تناولتم الفقه وقمتم بتفكيك أصوله وتاريخه والمنظومة التي يرتكز عليها بهدف تبيان مدى وفاء الفقهاء للرسالة المحمدية، والوقوف على الانحرافات عن فحوى هذه الرسالة المحمدية والزيغ عن معناها الأصلي..

عبد المجيد الشرفي: أوضح أن العبارة التي استعملتها هيَ الانزياح عن الرسالة المحمدية الذي قد يصل في بعض الأحيان إلى الزيغ، ولكنّه في أغلب الحالات مجرّد انزياح، تحت وطأة عوامل تاريخية مختلفة.

ك. س: عندما يتم التطرق للفقه هناك سهولة أكثر في التعرض لجانب المعاملات فيه، ولكن جانب العبادات كان يعتبر عادة مكتملا ومنتهيا ومرتبطا بالمعبود والإله، فلا يتم التطرق إليه ويكون تحت الحراسة المشددة للفقهاء ورجال الدين. أنتم لم تتحرّجوا، على عكس الكثيرين بل الأغلبيّة، من التطرق إلى العبادات ومن تقديم قراءات مخالفة للسائد والموروث، ومن الدخول في جدل مع التاريخ والفقهاء في قراءة وفهم العبادات كمظهر للتديّن. قد يكون هذا الأسلوب من آثار الفكر الجدلي بين المسلمين والنصارى الذي خصّصتم له أطروحة الدكتوراه....

عبد المجيد الشرفي : أنا حاولت قدر الإمكان أن تكون مواقفي غير جدالية. دراستي للجدل بيّنت لي أنّه لا يؤدي إلى نتيجة، ولا يغيّر من آراء المتجادلين في كثير من الأحيان.

ك. س: المواقف ليست جدالية ولكن الطريقة فيها جدل نجده في استعراض ما قاله الفقهاء أو الأصوليون ثم الردّ عليهم ومقارعتهم بحجج من التراث نفسه. هذا ما قصدته بجدلية. قد تكون العبارة الأنسب جدالية. وقد استفدنا كثيرا من هذا الأسلوب، خاصّة لمعرفة آليات الفكر الإسلامي وتاريخه، وكذلك للتعرّف على جوانب كانت مغيّبة في التراث الإسلامي. في القديم كان التجادل مقبولا، ولم تكن هناك خطوط حمراء مثل ما هو الحال اليوم. هذا ما قصدته بالفكر الجدلي وتأثركم بتلك الفترة عندما تعاملتم مع التراث.

عبد المجيد الشرفي: لقد حاولت كما يفعل المؤرّخون اختراق طبقات التأويل التي تراكمت على النصّ المقدس، واكتشفت أن هذه الطبقات التأويلية التي رانت الآن بثقلها على العبادات، مردُّها الحاجة التي شعر بها المسلمون الأوائل إلى توحيد الطقوس. واكتشفت أن النصّ القرآني فيه مرونة أكثر بكثير من الحسم الذي ثبّته الفقهاء. وهذا واضح بالخصوص في الدراسة التي قمت بها حول الآيات المتعلقة بالصوم. الآيات القرآنية فيها، بدون أي خلاف وبدون أي جدل، تحريض على الصوم، وفيها تفضيل للصوم على الإفطار: «كتب عليكم الصيام كما كتب على الذين من قبلكم»؛ «وأن تصوموا خير لكم». ولكن إلى جانب ذلك فيها إمكانية لتعويض الصوم بالإطعام: «وعلى الذين يطيقونه فدية طعام مسكين» أو «طعام مساكين». والعلماء، منذ القرن الحادي عشر الميلادي مع

ابن العربي وإلى القرن العشرين مع الشيخ محمد الطاهر ابن عاشور، يقولون إن منع الإطعام بدل الصوم إنما فرضه الإجماع، أي أنّه فرضه اجتهاد بشري. ليس هناك لا ناسخ ولا منسوخ في هذه الآيات، أجمع علماء المسلمين على أن الذي يطيق الصوم ليست له حرية في أن يعوّضه بالإطعام، وحصروا هذه الإمكانية في الشيخ الكبير والعجوز والحامل والمريض والمسافر، وإن كانت في المسافر أقوال مختلفة.

ومن جهة ثانية، فالشائع في الأدبيّات الإسلامية هو أن الأمر بالصوم قد نزل في السنة الثانية للهجرة، بينما الشواهد التاريخية حين نقارن بين النصوص - وهي وظيفة الباحث - تجعلنا نشك في هذا الأمر. فالآيات المتعلقة بالصوم قد تكون متأخرة، أي أنّها نزلت في السنة الثامنة للهجرة، لا في السنة الثانية كما هو شائع. هذا يثبت إذن أنّ هناك مرونة، من ناحية، وتطبيقا للصوم بدون ورود آيات فيه، من ناحية ثانية. هذا كله غيّب في كتب الفقه والأصول، والإشارات إليه كانت متناثرة في كتب السيرة والطبقات والتفسير.

وبالنسبة الى الحج، يقول النصّ القرآني: «الحج أشهر معلومات»، لكن تمّ الإجماع على أن الحج لا يتم إلا في التاسع والعاشر من ذي الحجة. فلا مانع نظريا من أن يكون هناك تأويل آخر، كأن تستمر مدة الحج في الأشهر الحُرُم، لأن هذا هو ما يقوله النص القرآني. بالطبع، النبيّ حجّ في التاسع من ذي الحجة ووقف على عرفات وأدّى مناسك الحج، وكان لابد من أن يكون حجّه في يوم من الأيام في الأشهر المعلومات، فهل من الضروري أن نتشبث بذلك اليوم وبذلك التاريخ؟ الإجماع فقط هو الذي فرض ذلك.

نفس الشيء بالنسبة إلى الصلاة. لا نجد في النص القرآني تحديدا لعدد الصلوات في كل يوم، ولا لكيفية أدائها. هناك إشارات إلى السجود وإلى

الركوع، إلى صلاة الخوف وصلاة الجمعة، لكن عدد الصلوات في كل يوم وكيفيات الأداء وحتى تفاصيل الوضوء، ليست كلها موجودة في النص القرآني. لقد حدّدتها الممارسة الإسلامية، وتمّ تبرير هذه الممارسة بحديث «صلّوا كما رأيتموني أُصلّي»، لكن حتى هذا الحديث لا يعني بالضرورة أنّ عدد الصلوات ينبغي أن يكون هو نفسه مهما اختلفت ظروف المسلمين وأنماط حياتهم. ماذا حصل في التاريخ الإسلامي؟ حدث أن المسلمين في المغرب الإسلامي كله، في تونس والجزائر والمغرب، كانوا يعطون أهمية للصوم أكثر من الصلاة، على عكس المشرق الإسلامي. طبعا، كان ذلك قبل شيوع وسائل الاتصال الحديثة والفضائيات. ينبغي أن نتساءل لماذا لم يكن المسلمون في المغرب العربي عموما يلتزمون بالصلاة قبل سنّ معيّنة، ولماذا لم يكن المسلمون في المشرق العربي يلتزمون بالصوم بصفة مطّردة؟ قد يكون الطقس والمناخ من العوامل التي أدّت إلى ذلك، لأن الحرارة في منطقة الجزيرة العربية والعراق ومصر أقوى مما هي في مناطق المغرب العربي عموما.

لكن مهما كانت الأسباب فما يلاحظ في شأن هذه الطقوس هو أن المسلم يعتقد أن أداءها على النحو الذي حدده الفقهاء واجب. وإذا لم يقم به فإن ضميره يوبّخه وينتظر عقابا عليه، ويقوم الضغط الاجتماعي بتوجيهه نحو الوجهة التي ارتضاها التقليد الديني السائد. وهو في أغلب الحالات لا يمكن أن يتصور خلاف ذلك، وعلماء الدين إلى يومنا هذا يعملون على بث هذا الشعور بالذنب لدى كل من يخالفهم رؤيتهم لهذه الطقوس أو لغيرها من المواضيع. فالمرأة التي لا تغطّي شعرها تشعر بالذنب في كثير من الأحيان، لأنها تسمع كل يوم أن تغطية الشعر واجب ديني. إذن فالطقوس الأساسية والممارسات الأخرى التي هي من علامات المسلم بصفة عامة وممّا يمارسه المسلمون في كل المجتمعات الإسلامية لا

تكون لها أحيانا صلة بالنصوص، كما هو الشأن مثلا بالنسبة إلى الختان للذكور أو الإناث. فلا تجد في العادة مسلما لا يؤمن بضرورة الختان، رغم أنه ليس قرآنيا. والقضية ليست قضية نصوص فقط. هذا وجه من القضية، لكن هناك وجها ثانيا يتمثل في صلة الطقوس باللحمة الاجتماعية في كل المجتمعات، وبضرورة الانسجام في الجسم الاجتماعي على أساس الاشتراك في تلك الطقوس حسب نمط موحّد.

ك. س: في موضوع الصلاة، استشهدتم أيضا بقراءات أخرى من داخل التّراث الديني الإسلامي، وبرأي من يقول إنّ من صلّى ركعتين فقد أدى ما عليه. ومن ناحية أخرى نجد في النص القرآني إشارة إلى ثلاث صلوات، ومع ذلك حافظ الفقهاء على خمس صلوات طيلة كل هذه القرون. لو المشكلة هي مشكلة توحيد الطقوس ما الذي يمنع أن تكون الصلوات ثلاثا بدلا من خمس؟ تعاقبت أجيال من الفقهاء وحافظوا كلهم على هذا الاتجاه وعلى فرض الأقصى والأشدّ دائما إن كان في العقاب أو في الطقوس.

عبد المجيد الشرفي: ليس هناك في الأمر غرابة لأن ظروف المجتمعات الإسلامية لم تبدأ في التغيّر بصفة جذرية إلا في منتصف القرن التاسع عشر، بالنسبة إلى المجتمع التونسي مثلا، أما بالنسبة إلى المجتمع اليمني فمنذ بداية الستينات في القرن العشرين. إذا كانت الظروف المعيشية بصفة عامة لا تتغير، فلماذا تتغير المواقف الفكرية أو التعبديّة أو الأخلاقية أو غيرها؟ لهذا فإن الاستقرار الذي تحدثت عنه طبيعي جدا، والإشكال اليوم مردُّه إلى أن الظروف تغيّرت على كل الأصعدة، وتمّ الإبقاء رغم ذلك على فهم متكلِّس مَتحجّر لكيفيات التعبّد. هذه هي المشكلة. أما

لماذا أجمع المسلمون في القديم، فلأنهم لا يمكن أن يكونوا إلاّ مجمعين، لأن ظروفهم غير مختلفة عن ظروف الأجيال التي سبقتهم، ولو اختلفت هذه الظروف لاختلفت المواقف. وهذا ما نعيشه اليوم.

الباحث لا ينطلق من عقليّة «هذا هو الإسلام، فإمّا أن نطبّقه أو أن نُعتبر غير مسلمين». هو ينطلق من الإسلام الذي يمارسه المسلمون. الإسلام المعيش هو المعيار بالنسبة إلى الباحث، و لا مجال لكي ننكر أن هذه الطرق في أداء الصلاة تجد اليوم صعوبات لدى الذين يندرجون في الدورة الاقتصادية والصناعية والخدماتية الحديثة. وبالنسبة إلى الصوم، هناك الآن ملايين من المسلمين الذين يعيشون في مناطق يطول فيها النهار جدا في الصيف ويقصر جدا في الشتاء، ولا يمكن لهم عمليا أن يطبقوا قواعد وشروط الصوم التي أقرها الفقهاء تطبيقا حرفيا. هذا واقع جديد. لم يكن المسلمون في القديم يعيشون في السويد مثلا أو في غيرها من المناطق المشابهة.

ك. س: في كتاباتكم ذكرتم أن ليس هناك مشكل لمن يؤمن بأن الشعائر والطقوس كما أقرّها الفقهاء هي الطريقة التي يفضل والتي تريحه في التعبد ولا تتناقض مع حياته وفهمه. ومن يحبذ هذه الطريقة ليس معنيّا بقراءتكم، وإنكم تتوجّهون إلى المسلم الحديث الذي تسبّب له هذه القراءات التقليدية قلقا ومشكلا في الملاءمة بين نمط حياته العصري الحديث ودينه، ولا يمكنه الامتثال دون الوقوع في ما أسميته سكيزوفرينيا.

وهنا السؤال: عندما نأتي بتوضيح الانزياح أو الزيغ عن الرسالة المحمّديّة الذي وقع فيه الفقهاء في مسألة الطقوس ومظاهر التعبد مثلا، ونُبين كما بينتم آنفا أنّ طريقة التعبد حددها في الكثير من

الأحيان وفي نهاية الأمر بشر، كيف يمكن أن نقبل تواجد نظريتين مختلفتين في نفس الوقت، رغم أن اقتناعكم واضح بعدم وفاء النظرة التقليدية للرسالة المحمدية وتبيينكم لمرونة النص القرآني؟ هل التصريح بقبول التعدّد حسب النظرة التقليدية في هذه الحالة هو من قبيل تجنب المهاجمة أو درءا للخوض في المسكوت عنه، وإن كانت كتاباتكم ومواقفكم تشهد بغير ذلك؟

عبد المجيد الشرفي: ليست وظيفتي أن أُحدد ما ينبغي أن يفعله المؤمنون، ولا آخذ بعين الاعتبار حتى ردود الفعل التي تنشأ عن هذه التحليلات. أنا أحاول فقط أن أكون نزيها، والنتائج التي أتوصل اليها أعرضها على القراء. وإذا ما كانت فيها أخطاء فأنا مستعد لمراجعتها، لكن ما يترتب عليها عمليا هو من قبيل حرية كل مؤمن. أنت هنا تتحدثين عن نتائج هذه البحوث، وهذه النتائج ليست مسؤوليتي أنا. وليس لأنني بيّنت ما كان مغيّبا أو مسكوتا عنه أو ما كان مغمورا فإن ذلك يجعل الناس مضطرين لمتابعة نتيجة واحدة من النتائج المترتّبة على هذه التعرية أو على كشف المغيّب. إني أعتبر أن الحرية هي الأساس في هذا الأمر كما في غيره. وبمقتضى هذه الحرية والمسؤولية الفردية فكل شخص مسؤول عن اختياراته. إذا ما كان يؤمن بأن نتائج هذا البحث غير ملزمة له فهذا لا يحرجني البتة.

ك. س: بالنسبة إلى الزكاة، بيّنتم أنكم تفضلون المنظومة الحديثة لتوزيع الثروات أو فرض مستحقات على الثروات، وترون أن تنظيم ذلك في إطار الدولة الحديثة أفضل من الزكاة حسب ما حدده الفقهاء في طريقة احتسابها وتوزيعها. هذا أيضا يخالف الفهم السائد للزكاة.

عبد المجيد الشرفي: ليست الغاية فيما قلته هي استحسان هذا أو ذاك، لأن الاستقراء التّاريخي يؤكّد أن البشريّة بصفة عامّة، بما فيها المسلمين، قد مرّت من مرحلة الصدقة والإحسان للحد من تكديس الثروات بطرق مختلفة، إلى وسائل جديدة للحد من تكديس الثروة وكذلك لحفظ كرامة الفقير والمحتاج. ألاحظ بكل فخر واعتزاز أن الإسلام هو أول من اعتبر أن المال الذي يؤخذ من الأغنياء هو حقّ للفقراء. لقد استعمل القرآن كلمة حق: «والذين في أموالهم حقّ معلوم للسائل والمحروم» (المعارج 70 / 25-24)، أى أنّ ما يعطى ليس من باب التكرّم على الفقراء. وهذا يعني أن الاجتهاد ممكن في الوصول الى أخذ حق الفقراء والمحتاجين والمحرومين والسائلين. هل يُقتصَر في ذلك على الطريقة التي كانت تستعمل قديما؟ ألاحظ بحكم اطّلاعي على كتابات الفقهاء القدامى والمحدثين فيما يتعلق بالزكاة أن الكثير من مصادر الثروة في عصرنا خارجة تماما عن مشمولات الزكاة. من ذلك مثلا السندات والأسهم، فهي ليست ذهبا أو فضة أو أوراقا مالية. هذه السندات التي هي مصدر ثروة أساسية لجل الأغنياء في الخليج وغيره غير موجودة لدى الفقهاء. كذلك الشأن بالنسبة إلى العقارات، فهي لا تخضع للزكاة عندهم. نلاحظ الآن أن العديد من مصادر الثروة تخرج عن التصنيفات التي أقرّها الفقهاء. هنالك أيضا اختلاف في كيفية أخذ هذه الزكاة، هل تقوم به الدولة ؟ هناك من يعتمد على التطوّع وهنالك جمعيات تقوم بجمع الزكاة. هناك أيضا بعض الدول التي تأخذ نصيبا من ثروات الأغنياء لفائدة صندوق الزكاة. ولكن بما أن القرآن نص على المبدأ الذي هو حداثي بمفهومنا، وهو أنّ للفقراء حقا في أموال الأغنياء، ألا يمكن أن نجتهد في جعل طريقة أخذ هذا الحق لا تؤدي إلى النيل من كرامة المستفيدين منه؟ في هذه الحالة تصبح القاعدة هي الضرائب التصاعدية، لا الضرائب كما تؤخذ

اليوم في صناديق الزكاة، أي اثنين ونصف في المائة، و5 في المائة، و10 في المائة. فمن له 100 مليون يمكن أن يدفع 5 ملايين و لكن من له 200 مليون ينبغي أن يدفع مثلا أربعين مليونا لا عشرة ملايين وحسب. هذا هو معنى الضريبة التصاعدية، وهذا المفهوم غير موجود بتاتا في أي من المصادر القديمة والحديثة التي تتحدّث عن الزكاة. إنّها تكتفي على سبيل المثال بتحديد عدد المواشي: كم شاة وكم رأس بقر مما يستوجب الزكاة، يقابله نصيب قار. هذه الطريقة في تحديد هذا الحق قابلة للاجتهاد. لكي تكون الضرائب تصاعدية يجب أن تقوم بها الدولة. الدولة هي التي تفرضها وتوزعها، لا بالطريقة التقليدية، أي بالعطاء فقط، بل كذلك بمشاريع الاستثمار، بتهيئة البنية الأساسية، بتوفير التعليم والصحة والشغل وباقي الخدمات.

هكذا يتبين أنّه بالنسبة إلى العبادات، سواء أخذنا المدوّنة التقليدية وطبقناها حرفيا أو ابتعدنا عنها ونظرنا في الأسس التي قامت عليها غير مكتفين بالحلول التي ارتضاها القدماء منذ قرون وفي ظروف مختلفة عن ظروفنا اختلافا جذريا، كما أكدنا ذلك أكثر من مرّة، فإن هناك اليوم مجالات للخوض في هذه القضايا غير المجالات التي كان مسموحا بها في القديم.

ك. س: تركزون على أهمية الزكاة بالنسبة إلى العدالة الاجتماعية، ولكنكم في الآن نفسه قد لا توافقون هذا التأكيد المفرط على هذه الناحية في الإسلام، في حين يتم إغفال جوانب جوهرية غير العدالة الاجتماعية.

عبد المجيد الشرفي: بالنسبة إلى مسألة توزيع الثروة، لم أعثر في

كل الأدبيات الإسلامية التقليديّة على اهتمام بإنتاج الثروة وبخلق الثروة. قبل أن نوزّع الثروة يجب أن نخلقها. قديما كانت الغنائم من مصادر الثروة بالنسبة إلى الفقهاء، لأن بدايات الفقه كانت مع الفتوحات. وما دام مصدر الثروة الغنائم فإنهم يفكرون في توزيعها. لكن مصادر الثروة في عصرنا تختلف بالنسبة الى الذين ليس لهم بترول. من أين تأتيهم الثروة؟ من إنتاج العقول قبل كل شيء. ولذلك ينبغي أن نفكر في طرق خلق الثروة الحديثة حتى قبل أن نفكر في توزيعها توزيعا عادلا. التوزيع العادل ينبغي أن يكون كما قلت معتمدا ضريبة تصاعديّة حتى لا يكون هناك تفاوت مجحف بين الطبقات الاجتماعيّة. والقيم الإسلامية المتفق عليها لا تقبل التطرف في أية جهة من الجهات. هي معتدلة في الكثير من الأحيان. والاعتدال لا ينبغي أن يكون تسوية من الأسفل. الاعتدال ينبغي أن يكون رفيع المستوى، يكون غير مكبّل لمبادرة الأفراد ولجهدهم وكفاءتهم الذاتية. ليس هو القبول بالأمور الدونية مهما كانت.

ك. س: مهمة من هذه وغيرها ؟

عبد المجيد الشرفي: مهمة المسلمين أفرادا وجماعات. أنا أعتقد أن الوعي بهذه المشاكل هو الذي سيولِّد حوارا حولها، وإذا بحثنا عن الحلول فإنها تأتي مع الزمن. أنا لست مستعجلا من هذه الناحية لأنّ تغيّر المعطيات الحضارية في مجملها سيؤثر بالتأكيد في ولادة ذلك الوعي، وأعتقد أنه لا فائدة في معارضة المتشبثين بالحلول القديمة، لأن هؤلاء المعارضين سيبقون على الساحة مهما حاولنا، شأنهم شأن المنكرين لكل حل له صبغة إسلامية. وجود هؤلاء وأولئك لا يحرجني، وأعتقد أن الحرية هي الأساس، فإذا ما توفّرت حرية التعبير وحرية الاجتهاد وحرية

كسر الحواجز المعرفية فإذ ذاك سيكون تصادم بين الآراء والمواقف، ومن تصادمها وتلاقحها تتبلور الحلول.

ك. س: في هذه الحالة لا بد أن يكون الإطار ديمقراطيا. وما هو دور السياسة ؟ هل الدور السياسي هو الذي سيفرض اجتهادا متفتحا مثلما فعل بورقيبة؟

عبد المجيد الشرفي: بورقيبة لم يكن ديمقراطيا، حاول أن يفرض التحديث فرضا فوقيا، وأنا لا أعتقد بجدوى هذا العمل على المدى الطويل إلاّ في حدود ضيقة جدّا. قد يضطر رجل السياسة أحيانا إلى أن يجرّ المجتمع نحو التغيير، ولكن لا ينبغي أن تكون هذه المسؤولية مسؤولية رجال السياسة فقط، وإلّا فإنه تنتج عنها ردود فعل عكسية. وأظن أنا ما حصل في تونس لسياسة بورقيبة هو هذه الردود العكسية.

ك. س: و لكن في تركيا فرض كمال أتاتورك التغيير بصفة متطرفة وجذرية وذلك أدى بعد عقود إلى نظام حديث ومستقر حتى أنّه أصبح أنموذجا يُستشهد به ويطمح إليه كثيرون، بمن فيهم الحركات الإسلاموية؟

عبد المجيد الشرفي: في تركيا كان موقف أتاتورك معاديا للدين، وكانت هناك نخب من المدن مُنساقة في تياره، وأغلبية ريفية رافضة لهذا التوجه رفضا كليا. عندما تم التقارب بين هاتين الشريحتين الكبيرتين، أي الحضر وأهل الريف بفضل انتشار التعليم ووسائل الإعلام الحديثة، أصبح الجيش هو الحارس لهذه السياسة القسرية التي تقصي الريفيين

المتشبثين بالدين، وكان لابد من التوفيق بين مقتضيات هذا الواقع الجديد، ومن أخذ مصالح هاتين الفئتين الكبيرتين بعين الاعتبار. فأصبح التدين التقليدي في أشكال متطورة معترف بها ولم يعد مقصيا، واقترب الموقف المعادي الذي يسمى علمانيا هو كذلك من الموقف المتدين، فحصل التقاء الفئتين تحت ضغط المأزق الاقتصادي الذي كان الجيش مسؤولا عنه إلى حد بعيد، وبفضل توفّر ظروف موضوعية مؤثرة، مثل انتهاء الحرب الباردة، والطموح التركيّ إلى الانضمام إلى أوروبا، وغيرها. من هذا الواقع الخصوصي نشأت التجربة التركية. إذا لم نستحضر دور أتاتورك ودور الجيش والواقع الإسلامي الريفي والمدني، والظرف العالمي، فلا يمكن أن نفهم هذه التجربة التي تعيشها تركيا والتي لم تنته بعد، بل ما زالت مفتوحة على احتمالات عديدة. وفي كل الحالات لا أظن أنها صالحة للتصدير، لا إلى تونس ولا إلى غيرها.

لا أعتقد ان استيراد الحلول من الماضي ومن الآخر، مهما كان ذلك الآخر، عمل مُجدٍ على المدى الطويل. أنا أعتبر أن الانطلاق من الواقع أهم من استيراد الحلول، لأن الانطلاق من الواقع هو الحداثة ذاتها. التشبث بالانبهار بالآخر وبالماضي هو نوع من أنواع التقليد، والحداثة ليست تقليدا. هي معادية للتقليد والمحاكاة. هذا من خصائص العقلية التقليدية، أما العقلية الحداثية فهي التي تنطلق من تحليل الواقع وتستنبط الحلول لمشاكله.

ك. س: أنتم تؤمنون في نفس الوقت بالحداثة وبتحديث الفكر الديني من الداخل على ضوء الواقع. كيف يكون ذلك ؟

عبد المجيد الشرفي: على شرط ألا نفهم التحديث من الداخل بمعنى إقصاء كل الآليات الحديثة كما قلنا سابقا.

ك. س: نفهم من ذلك استحضار الجانب «الحديث» في الماضي وإقصاء التراث الذي يتلاءم مع الحداثة؟

عبد المجيد الشرفي: أنا أُميّز، ولست الوحيد بكل تأكيد، بين ما هو حداثي أو حديث من جهة، وما هو عصري من جهة ثانية. فليس كل جديد جيّد، وليس كل قديم غير صالح، إذ يمكن أن نجد في القديم ما هوَ حداثي. قد أشرت الى ذلك في مبدأ كمبدأ الزكاة، إذ ينص القرآن على أن في أموال الأغنياء «حقا» للفقراء. هذا أمر مضى عليه خمسة عشر قرنا، ورغم ذلك فإنه من القيم التي يمكن أن تعتبر حديثة، بينما محاكاة الآخرين في اللباس أو في وضع قرط في آذان الرجال لا يمكن أن يكون عنوانا للحداثة. هو تقليد ومجرد تقليعة عابرة. فلا ينبغي أن نحكم على الناس فقط لأنهم يسمعون نوعا معينا من الغناء أو يقرؤون نوعا من المجلات، لا نحكم على الناس بحسب ما يستمعون إليه. من يفكر تفكيرا عقلانيا وعميقا لا يحتاج إلى التقليد. هنا ينبغي أن ننتبه الى شيء كثيرا ما يغِيب عن أنظار المحللين، وهو أن الهوة في المجتمعات المعاصرة قد تباعدت بين النخبة والعامة، رغم المظاهر. النخبة هي التي تمتلك وسائل المعرفة والسلطة. لقد أصبحت هذه الوسائل مجتمعة في يديها، في حين يترك لعامة الناس ثقافة هابطة بسيطة وتقليدية تُبهرهم لا محالة ولكنها ضعيفة المحتوى ويقصد منها فقط الاستهلاك المادي. وهي تُنمّي الطاعة والانقياد. هذا شأن كل البلدان المعاصرة مهما كانت أنظمتها، وعلينا أن ننتبه إلى ذلك حتى نتجنب الوقوع في هذه السلبيات. فالتسوية من الأسفل حسب العبارة الفرنسية (Nivellement par le bas) تحتوي على مخاطر جمة. سيحمل لنا المستقبل مفاجآت، وقد تكون الثورات التي تعيشها البلدان العربية من هذا القبيل. الشباب بالخصوص افتكّ مكانة لم يكن معترفا له بها في السابق. العوامل مرتبطة ببعضها البعض. لا يمكن

أن نفصل بين ما يدور في المجال السياسي وما يدور في المجال المجتمعي و/ أو الاقتصادي. إننا نعيش في مجتمعات معقّدة أكثر فأكثر، في حين أنّ الكثير من المعاصرين يريدون أن يطبقوا على هذه المجتمعات المعقدة نماذج بسيطة يحنّون إليها، هي نماذج حكم الرسول في المدينة، ونماذج الخلفاء الراشدين، ونماذج السلف الصالح، حين كانت الأمور أبسط آلاف المرات مما هي عليه اليوم. إن كان لي من أمر أنبّه إليه فهو أخذ هذا التعقيد بعين الاعتبار، وعدم تبسيط الأمور وقياسها على القضايا التي كانت محلّ خوض العلماء في القديم، لأنها غير ملائمة لتشعب المشاكل في عصرنا.

المواطنة هويّة المسلم الحديث؟

ك. س: تتحدثون عن المسلم وعن المواطن كمستويين مختلفين، وعن ضرورة ولادة مسلم حديث وولادة المواطن، لأن في غياب الديمقراطية لم يكن الحديث عن المواطن الحر والمسؤول ممكنا أو واقعيا، واليوم أصبحت الديمقراطية بفضل الثورات أفقا قريبا وممكنا. مرّة أخرى نجد أنفسنا أمام مفهوم جديد من إفرازات الإسلام والحداثة: المسلم المواطن، المسلم الحديث. تحدثتم عن التقاء الحداثة والتديّن في صلب الرسالة المحمّديّة. هل المواطن المسلم يفترض التقاء الدين والسياسة؟ كيف تكون المرجعية في هذه الحالة؟ للدين أو للحداثة؟

عبد المجيد الشرفي: إننا نسجّل ولادة شكل جديد من الانتماء لم يكن معروفا في القديم هو الانتماء إلى الدولة الوطنية. وإذا ما كان المسلم الحديث يُقرّ بهذا النوع الجديد من الانتماء الذي يفترض حقوقا وضعية صادرة في نطاق حدود جغرافية معيّنة، فإن ما يربطه بأفراد الأمة الإسلامية لا ينبغي أن يبقى الفقه، كما كان الشّأن في القديم، إذ أنّ المذهب الشافعي يُطبّق مثلا في ماليزيا وفي مصر وكأنه لا فرق بين البيئتين. هذا الوضع غير المسبوق يتطلب إذن ذهنية جديدة تأخذ الواقع بعين الاعتبار.

وكذلك الأشكال الجديدة من العلاقات التي تربط بين أفراد الأمة

الإسلامية. فالمسلم الأندونيسي هو أخ للمسلم السينغالي أو التونسي أو اليمني، الخ.، لكن لا يجب أن نحشر هؤلاء المسلمين في خانة واحدة وأن نطبّق عليهم نفس المعايير. فهناك دائما نواة صلبة في الإسلام، وحول هذه النواة الصلبة إمكانيات لا حصر لها من الممارسات والتأويلات التي ينبغي أن تكون محل نقاش خاضع لحرية التعبير، ومحل بحث وتقارع للآراء، بدون تكفير أو اتّهام . هذه هي منزلة المسلم المعاصر، وهو مؤمن بحدوده في نهاية الأمر، وبتواضعه أمام مقتضيات الإيمان بالله الذي يجعل كل ما سوى الله نسبيا، مبدؤه تطليـق الإطلاقية على ما سـوى الله. (Tout ce qui n'est pas Dieu est relatif. Dieu est le seul absolu.)

لهذا السبب أرى أن الرجوع إلى الرسالة هو من مقتضيات الإسلام، وهذا الرجوع في نظري على كل حال أكثر وفاء من الإسلام التقليدي، رغم الإجماع الذي تم حول ذلك الإسلام التقليدي. قد أكون مخطئا في ذلك، ولكني أقول: هذا رأيي، هذه قراءتي التي لا تلزم سواي، والمسلم المعاصر هو الذي يتحمل مسؤوليته، سواء أخذ برأيي أو لم يأخذ به.

ك. س: هذه الخلاصة تحملنا على استنتاج أنّنا أمام عمليّة تحديث للإيمان (La mise à jour de la foi).

عبد المجيد الشرفي: قلت إن الإيمان من أعسر الأمور على التحديد، أنا أفضل تحديث أشكال التديّن ومظاهره على تجديد الإيمان أو تحديثه. الإيمان في نهاية الأمر قضية شخصية بين الإنسان والله. أنا لا أستطيع أن أحكم على إيمان أيّ كان بأنه أفضل من إيماني أو أقلّ منه، أو بأنه مثاليّ. هذه صفة لا تتعلق إلا بالأفراد، بينما أشكال التدين ذات بعد اجتماعي، وأنا لا أنكره. فهذا البعد يمكن أن يتطور، لا حرج عندي في ذلك، ولكن

المسلم الحداثي هو مسلم ربما أول ما ينبغي أن يتعود عليه هو أن يقبل إعادة النظر في كل خطوة من خطوات بحثه عن الطمأنينة واليقين، وأن يقبل بإعادة النظر في هذا الذي اطمأن إليه في يوم من الأيام. هذه مسألة نفسانية، وفي الآن نفسه مسألة تربية على التفكير الحر وعلى استقلالية الشخصية. إذا لم نغذِّ في بناتنا وأبنائنا هذه الملكة وهذه القيمة الأساسية، فإننا لا نستطيع أن نصل إلى مسلم يعيش عصره، بل نبقي على مسلم ممزّق بين مقتضيات القيم الحديثة ومقتضيات القيم التقليدية. كل هذا نرى أنه مترابط بعضه ببعض، وأنه لن يتحقق بسهولة كذلك. إني لا أظن أنه توجد حلول سحرية أو نماذج جاهزة، ولا أعتقد أن تغيير العقليات يمكن أن يتم بين عشية وضحاها.

ك. س: الا اذا حصل شيء قد لا تحبّذونه، وهو أدلجة هذه القراءات الحديثة التي ترتكز على تغيير العقليات والأساليب، وتجسد القيم الحداثية، فنتصور أن نرى بعد عقود أو حتى قبل ذلك حزبا يأخذ هذه القراءات وهذه الرؤى الحديثة للدين وللسياسة، أي هذا الخطاب الديني الحداثي، ويدرجه في مشروعه السياسي والمجتمعي؟

عبد المجيد الشرفي: كما ترَيْن، أحاول في مواقفي ألاّ أهتم بهذه الناحية العملية، وقد أعاب على ذلك، وعابه عليّ بعض النقاد. لا أنكر الناحية العملية مبدئيا، ولكنها ليست قضيتي. قضيتي تبقى بالأساس معرفية، ومشاغلي أيضا معرفية بالأساس. وبصفتها هذه، يمكن أن تطبّق عمليا بطرق مختلفة، لكنها مسؤولية الذين يؤمنون بهذه الأفكار. أنا أُقِرّ بعجزي في هذا المستوى.

ك. س: أنتم تؤمنون باختلاف الأدوار والفرق بين السياسي والباحث، ولكن تقرّون بتضافر جهود هذه الشخصيات المختلفة.

عبد المجيد الشرفي: هل يتم ذلك في شكل أحزاب أو جمعيات، أو عن طريق الكتب والنشريات، والحصص التلفزية والإذاعية، أو غير ذلك من الوسائل؟ هذه ليست قضيتي، ولا يكلّف الله نفسا إلا وسعها. وعلى المؤمنين بالأفكار التي أعرضها في نطاقي المتواضع، ويعرضها أمثالي من الباحثين، أن يتدبروا استنباط الوسائط التي توصل تلك الأفكار إلى الجمهور العريض، متى رأوا في ذلك جدوى عملية. أما تضافر الجهود الذي أعنيه ففي القيام بالبحوث العلمية الرامية إلى التقدم في فهم الماضي والحاضر فهما صحيحا، حتى يتمّ بناء المستقبل على أسس متينة لا تعود بنا دوريّا إلى الوراء كلّما ظننّا أننا تجاوزنا مرحلة من المراحل.

ك. س. المجهود الجماعي هل يعوّض الإجماع ؟ هل هو إجماع جديد، رغم أنكم أكدتم رفضكم لمبدإ الإجماع التقليدي؟

عبد المجيد الشرفي: لقد بيّنت تجربة مجمع الفقه الإسلامي الذي مقرّه جدّة محدودية المجهود الجماعي، نظرا إلى المواصفات التي اختير على أساسها المشاركون في أعمال هذا المجمع. وإذا ما أمكن تجميع الكفاءات الموجودة في العالم الإسلامي من مختلف الاختصاصات، وتوخّوا في عملهم مقاربات غير دغمائية، ومتحررة من الحلول التي ارتضاها القدماء، فربّما أمكن تفعيل هذا المجهود الجماعي في عدّة مسائل مطروحة اليوم بحدّة على الضمير الإسلامي، والوصول إلى حلول مُرضية، لكن لا مجال للتقنين على غرار ما ينتظره كثيرون من فقه جديد. إن القوانين في عصرنا لا تكون إلا بإرادة شعبية عن طريق البرلمانات، ولا دخل فيها

لغير المؤسسات الديمقراطية. وإن مبدأ المسؤولية الشخصية لكل مسلم، وحريته في تبني الحل الذي يراه مناسبا في كل مسألة نظرية أو عملية، أي أن لا تكون للمجهود الجماعي صبغة إلزامية، كل ذلك ينبغي أن يكون غير قابل للمساومة.

ك. س: في ختام هذا الحديث أريد أن أتطرق الى مسألة الفقه اليوم. لقد أكدتم أننا في حاجة اليوم الى فلسفة جديدة للفقه وتشيرون إلى نظريّة المقاصد. نعلم أن نظريّة مقاصد الشريعة نظرية قديمة في تاريخ الفقه الأسلامي قام بتطويرها أبو إسحاق الشاطبي، وقد قام عدد من المصلحين ورجال الدين والمفكرين، مثل محمد عبده والطاهر ابن عاشور وعلال الفاسي ومحمد عابد الجابري، واليوم أيضا الداعية يوسف القرضاوي، بمحاولة إحياء هذه النظرة بما يوهم أن هذه النطرية قد تكون الحل لتحديث الفقه الإسلامي. ولكنكم تنظرون الى هذه المسألة نظرة مختلفة.

عبد المجيد الشرفي: مقاصد الفقه في القديم كانت هي التي تنظم المجتمع، وتنظيم المجتمع اليوم لا يقوم على نفس الأسس الدينية التي كان يقوم عليها المجتمع القديم. ولهذا يكون الفقه برمّته قد تجاوزه الزمن. هذا ما كتبته وقلته بصراحة، وأتحمل مسؤوليتي فيه. الغرض الأساسي من الفقه هو تنظيم الحياة الاجتماعية حسب معايير دينية، ونحن نستطيع أن نعتبر من وجهة نظر إسلامية أن تنظيم الحياة الاجتماعية هو مسؤولية بشرية وليس مسؤولية دينية.

ثم إن مقاصد الشريعة يجمعها ما يسمّى بالكليات الخمس، أي حفظ الدين وحفظ النفس وحفظ المال وحفظ العرض وحفظ العقل. ليس في

المثل الأعلى الذي تلخصه هذه الكليات مجال مثلا للمبادرة والإبداع والاكتشاف وتحقيق الذات. المقاصد القديمة مرتبطة بمثل أعلى يُعتبر اليوم غير كاف، لا بمعنى أنها غير ضرورية بل لأنها لا تشمل قيما أساسية في عصرنا.

فالمقاصد إذن تختلف، وتنظيم الحياة الاجتماعية في عصرنا مسؤولية البرلمانات والمجالس المنتخبة بصفة عامة، وعلى الحكومات الديمقراطية أن تنفذ ما تسنه تلك الهيئات من قوانين وضعية، بينما في القديم كان الفقهاء هم المسؤولون عن تنظيم الحياة، وكثيرا ما يكون الفقيه قاضيا في نفس الوقت، إذا ما عيّنه الحاكم، وبنفس المقتضيات. أمّا اليوم فالقاضي يحكم حسب القوانين الوضعية. نرى إذن أنّ المقاصد في الأساس مختلفة، وأنا رجل واقعي لا أريد أن أسلّط أي نص على الواقع، بل أريد أن أفهم ما هي الأهداف التي رمى إليها المصنّفون في المدونات الفقهية، سواء بصفة واعية أو غير واعية، وألاحظ أنها أهداف شريفة ومتلائمة مع عصرها، وأقرّ لهم بذلك بدون احتراز، لكن أقول إن ظروفنا تجاوزت ذلك الذي ارتأوه وأداهم إليه اجتهادهم، فينبغي أن يكون موقفنا من المدونة الفقهية عموما مختلفا وجريئا في القطع مع أحكامها.

الفـهـرس

Printed in the United States
By Bookmasters